JN033514

インターネットとヘイトスピーチ

法と言語の視点から

中川慎二／河村克俊／金尚均［編著］

明石書店

はじめに

インターネットによって変わる暮らし

　巨大 IT 企業を牽引してきたエリック・シュミットらが「ガーファー」（GAFA）と呼んだのは、グーグル（Google）、アマゾン（Amazon）、フェイスブック（Facebook）、アップル（Apple）のことで、現在の 4 大 IT 企業を指している。すでに私たちの暮らしの中では日常化してしまい、知らない漢字もサクッとググっている。インターネットはアイフォン（iPhone）やスマートフォンにも欠かせないものになった。

　私たちはレストランの情報をグーグルで調べ、グーグル・マップでレストランの場所を確かめ、待ち合わせ時間と場所は LINE で友人に知らせて、ついでに地図も添えておく。待ち合わせに遅れそうになれば WhatsApp で連絡「2 分遅れるから _(._.)_ 」と。行きつけのレストランは LINE で割引がある。通話もライン電話かスカイプ（Skype）のテレビ電話を使う。旅行に出る前には、インターネットで飛行機や新幹線の予約をして座席も指定する。ホテルも旅行社のサイトで複数のホテルから比較して選ぶ。ホテルや航空会社のアプリケーションもスマートフォンでダウンロードする。予約の確認にメールが届く。書籍はアマゾンのサイトで注文し、自宅で受け取る。今日の昼の会議の弁当もインターネットで注文したら、職場に配達してくれた時には、サービスにペットボトルのお茶がついていた。支払いは電子マネーで OK。給与は銀行口座振り込み、公共料金を銀行口座から振替払い、学会や研究会の年会費の振り込みもインターネット・バンキングで済ませる。ほぼ支払のすべてをインターネットで行うので、毎月払い出す現金もわずかである。

　駅前の銀行の店舗はなくなり自動支払機（ATM）だけになった。街中で書店、写真店、旅行社を見つけるのも一苦労である。海外旅行に行っても、

自動翻訳アプリを使えるので、旅行のために外国語を学ぶ必要性も感じられない。いまやインターネット普及率が 80％を超えた日本では、消えゆく職業の話も現実味を帯びてきた。これが私たちの「便利な」暮らしなのである。

インターネットの普及と SNS の拡散性

　インターネットが普及する大きなきっかけとなったウインドウズ 95（Windows 95）の発売と汎用パーソナルコンピューター（PC）の価格破壊が進行した 90 年代後半には大きな出来事があった。1995 年 1 月 17 日の阪神・淡路大震災と 3 月 20 日の地下鉄サリン事件である。情報の流れと社会問題のあり方が新たなステージに入った時期でもある。

　私たちの生活を大きく変えてきたインターネットでは、2000 年代に入って LinkedIn など、国内ではミクシー（Mixi）などのソーシャル・ネットワーキング・サービス（SNS）がサービスの提供を開始した。電子メール、フォーラム、SNS とネットワーキングのあり方が急速に変容する中、フェイスブックやツイッター（Twitter）が登場してからは、とりわけ 2005 年頃以降はインターネット上でのコミュニケーションと関係づくり、ネットワーク構築の仕方が大きく変わり、その影響の仕方にも変化が表れ始めた。2010 年から 12 年にかけて起こった中東、北アフリカでの民主化運動の始まりは、チュニジアでの大規模デモだった。この抵抗運動の情報はフェイスブックやツイッターなどの SNS を通してエジプト、イエメン、リビアへと拡散し、アラブ諸国に広がった。政治を変える大きな力となり「アラブの春」と呼ばれる抵抗運動となった。

　PC から電話回線でサーバーに接続した時にのみ利用できた情報検索や情報交換は、軽量化したノートパソコン、携帯電話、そしてタブレット式端末などの開発で、「いつでも、どこでも」アクセス可能な「ユビキタス・コンピューティング」をさらに推し進め、労働は場所、時間を問わず可能となり、コロナ禍はそれをリアルに体現し始めた。ホーム・オフィスやリモート・ワーキングも実現する一方で、新たなリスクマネジメントの必要性が生まれた。セキュリティや個人情報保護のことである。不正アク

セス、ウイルス攻撃、サイバー攻撃などは日常的なリスクとなり、これら
のリスクとともに生きていくことが必要になった。

　また、ユビキタス・コンピューティングを作り出したユビキタス社会は
「新たな民主主義のルール」を必要とするようになった。インターネット
により簡単に地理的な障害は乗り越えられ、そこに「国家」を超えた「サ
イバー・スペース」が出現した。ところが、そこに生じたのは「管理され
ない」ネットワークであった。サイバー・スペースでは、ネットワークが
「神の見えざる手」によっては管理されないために、便利な一方で「ヘイ
トスピーチ」のような人権に関わる大きな問題を生じさせることになった。
その人権侵害は、ユーザーのハンドル名使用により「匿名性」の下で実行
され始めたために、被害者側からすると加害者の特定はきわめて困難であ
り、加害はエスカレートしていくばかりであった。しかも、法に訴えると
被害者の２次被害は避けられないのである。それとともに、ネットワーク
管理業務、つまり悪質な書き込みを削除する下請け業務に携わる人たちの
人権侵害が心配されるまでになった。フェイスブックはフィリピンにその
作業センターの一つを持っており、ドキュメンタリー映画『清掃人』(The
Cleaner) でその実態が報道され、ドイツの公共放送でも一斉放映された。
この映像で問題になったのは、加害者（第１者）からすると第２者となる被
害者の被る２次被害ではなく、第３者と言える削除業務に関わる人たちの
被害（２次被害のリスク）であった。

国際法の視点、日本とドイツの法規制

　戦後の民主的な社会の再構築のためにヨーロッパでは欧州評議会が
1949 年に創設された。民主主義、人権、青少年育成、そして言語政策を
中心的な課題とし、欧州連合（27 か国）に加盟していない国も含めて 47 の
加盟国がある。その中の ECRI（欧州評議会レイシズムと不寛容と戦う欧州委
員会）はウィーンに設立されたレイシズムと闘う機関で、人種差別、不寛
容、反ユダヤ主義に取り組んでいる。レイシズムの問題を、国内法の視点
からだけではなく国際法の視点からも議論する必要があるのは、問題その
ものが多文化・多言語・多民族の問題を含んでいるからである。日本でも

アイヌや沖縄、在日外国人に対する差別問題があり、国連人種差別撤廃委員会からの勧告を受けている。女性年、障がい者年などの制度化の行動も、批准した国際法から国内法の整備を要請するためのもので、必要な議論を引き起こす方法である。

　また、表現の自由を主張する議論と法的規制を主張する議論の対立は日本でもドイツでも見られる。しかし、人権侵害が起こっている以上、人権擁護・被害者救済のためには表現の自由は一定の範囲で法的に規制されなければならないという法的規制の議論が起こり、日本でもドイツでもその規制法が成立した。日本では「ヘイトスピーチ解消法」という刑事罰のない理念法のみが成立した。それ以外は、基本的に自治体の「ヘイトスピーチ条例」にゆだねられてしまった。一方、ドイツでは「SNSにおける法執行を改善するための法律」（NetzDG）が成立し、罰則規定がある。しかも、制裁としての過料はきわめて高額である。

　日本もドイツも、法規制の方向付けはよく似ているように見えるが、その社会的背景には大きな違いがある。それはドイツでは「民衆扇動罪」や「ホロコーストの歴史の否定罪」があり、ナチスドイツの歴史的事実を否定し（歴史の否定罪）、そのことで民衆をたきつけるように演説する（民衆扇動罪）ことには刑罰が科せられるからである。日本では映画『主戦場』で取り上げられたように、排外主義者たちによって「慰安婦」問題が否定されるということが起こっている。しかし、歴史的事実を否定することはドイツでは犯罪なのである。歴史修正主義を受け入れないのは、まさにドイツの良心であり教訓である。

　一方日本では、広島・長崎での原爆投下により戦争が終結したために、ともすれば被害者の側面だけが強調されてしまい、戦争に対する加害者責任を忘れてしまったかのように見える。日本における戦後の教育、とりわけ歴史教育の大きな誤りの結果である。慰安婦問題を隠蔽し、否定するのは表現の自由ではない。まして、人権侵害にあたるヘイトスピーチを許容するのは、表現の自由の問題であろうか。そのことをドイツにおける法規制の例に見ることができる。

扇動するうわさ、エスカレートするフェイクニュース

　スマートフォンやアイフォンを持っていれば、移動中でも簡単にインターネットにアクセスし利用することができる。偶然出くわした事故の現場で写真をとりアップロードすることができる。その情報はたちまち世界中でつながっている友人や知人に送られ共有される。場合によっては不特定の人たちに拡散する。

　ところが、その書き込み情報がフェイクニュースであればどうであろうか。それが嘘や冗談、誤報であっても、それを見た人がリツイートする、あるいは「いいね」することで、まことしやかなニュースとして瞬時に拡散し始めるのだ。しかし、フェイクニュースや誤報は、それが「誤り」であるがゆえに、被害を発生させる。それは攻撃する「武器」であり、一旦炎上すると、関わりのある人々を次々と傷つけ破壊し、時には人を自殺へと追いやってしまう。こうなるとその火を消すことがかなり難しくなる。もはや元の状態に戻すことはできない。インターネットに上がってしまった情報は、ほぼ完全な消去は不可能だからである。リツイートや「いいね」などの追認行為の際に、攻撃的な書き込みを加えると、それはもはや表現の自由とは言えないものとなり、「暴力」へとエスカレートする可能性が増幅する。ヘイトスピーチは人々を扇動し、特定の人を不当にも攻撃する。弁護士の懲戒を求めた行動の動機も、ネットのまとめサイトや書き込みを信じ込んだことが理由であった（唐沢貴洋『炎上弁護士』）。さらにことばの暴力はたちまち物理的な暴力へと姿を変え、それが被害者の個人情報の特定と公表、不審物の送付や不審者の訪問にまでいたる事件になってしまう。フェイクニュースは人権侵害につながる有害で危険な行為なのである。2020年米国大統領選挙では、トランプ大統領支持者が連邦議事堂に乱入するという民主主義の根幹を揺るがすような事件にエスカレートしたが、まさにそれは断絶した社会の亀裂が顕在化した瞬間であった。

この論集の目指したもの

　この論集の題は「インターネットとヘイトスピーチ」で副題が「法と言語の視点から」である。ヘイトスピーチの議論は、法律学者や法実務家に

よってなされる、「言論の自由」とそれを制約する「ヘイトスピーチの法的規制」の議論がその大勢をしめる。また、社会学者の研究や、ジャーナリストのルポルタージュもヘイト犯罪の実態解明に大きく貢献してきた。しかし、人文科学とりわけ言語学や哲学からの議論は少ない。そこで、私たちはヘイトスピーチの問題を、法律学だけでなく、人文科学からもアプローチし議論することを意図した。また、研究者だけでなく、ドイツで排外主義の犠牲者を支援する弁護士、日本でヘイトスピーチの法的規制に貢献する弁護士、また日本でヘイトスピーチや排外主義に反対する活動家の論考を収めることで、広く市民に訴えかけることを心がけた。さらに、この論集の特色として、国際人権法、ドイツ刑法、言語学（ドイツ語）、倫理学（ドイツ）からの論考が含まれ、ヨーロッパにおける研究成果を議論に含めることもできた。右傾化する社会の抱える問題やヘイトスピーチの問題は国内問題ではないからである。この論集が単なる学術書ではなく、広く一般市民にも訴えかけるもの、とりわけ未来を担う大学生との議論の材料にもなるユニークな書となることを意図した。

　この論集の成立過程では、論集の主軸をなす2つの研究集会があった。最初が関西学院大学人権教育研究室公募共同研究「ヘイトスピーチに関する基礎研究——日本とドイツの比較」(2015年度)、次に同「ヘイトクライムに関する基礎研究——日本とドイツの比較研究」(2017年度) 主催の研究集会で、2015年12月6日の研究集会（西宮市大学交流センター）では、申惠丰が基調講演を行い、その後中村一成、藤井幸之助を交えてシンポジウムを行った。2回目が2018年1月20日に関西学院大学図書館ホールで開催した集会である。河村克俊の司会で師岡康子、金明秀、金尚均が基調講演を行い、その後パネラーに菅原真を交えて、郭辰雄、中川慎二の司会でシンポジウムを行った。ドイツで弁護士活動を行うエツァータの原稿は、2018年8月5日龍谷大学法学部で開催された研究集会での報告がもととなっている。さらに、2020年2月1日ベルリン自由大学コリア研究所でのシンポジウム「レイシズムとナショナリズム」では、オヌール・エツァータ、金尚均、中川慎二が講演した。編集の最終段階では、コロナ禍が深刻な事態となり、コロナ禍の暮らしとヘイトスピーチ、さらにドイツでの経

験を話題にして2020年5月にZOOMにより3都市を結んで鼎談を行った。これらの発表や論考が今回の論集の基礎となったのである。

　この論集の全体を概観しておこう。第1部に入る前に、編集委員による「はじめに」がある。この論集が成立した背景と論集に含まれる学術的な観点が述べられている。その後、中村一成の巻頭エッセイでは自身のヘイトスピーチや排外主義との熾烈な闘いがエッセイとして描かれている。鼎談では、コロナ禍で顕在化した日本社会の中の排外主義が主に話題となっている。ドイツでの経験をもとにして、辛淑玉、木戸衛一、中川慎二は日常的な自分たちの感性で語ろうとした。これがこの論集への導入である。

　第1部は「法の視点から」。法学者による学術論文が2篇である。国際人権法を専門とする申惠丰は、主に第二次世界大戦後の民主的で平和な秩序を再構築するために制度化された国際連合や欧州評議会、欧州連合における国際人権法としての法制化を詳細に論じた後、日本の国内法の問題へと光をあてる。金尚均は京都朝鮮第一初級学校襲撃事件からヘイトスピーチ解消法の成立とその問題点を指摘し、インターネットにおける問題を、SNS提供者の責任に関してプロバイダ責任制限法をめぐって議論した。また、同様の問題をドイツの法制化に考察し、日本の問題点を顕在化させた。

　第2部は「現場の視点から」。法律の実務家として現場で活動する弁護士と活動家の論考である。オヌール・エツァータはドイツの弁護士で、マイノリティを支援する。自ら弁護士として関わった地下ナチ組織の殺人事件裁判を詳細に論じた。コラムを寄せてくれた師岡康子は川崎市反差別条例についてその社会的意義を論じた。郭辰雄は大阪市生野区鶴橋周辺でのヘイトスピーチと反差別の闘いを活動家の視点から論じた。特に、カウンターの存在とその役割を評価し、在日コリアンの女性に対する複合差別の裁判にふれ、選挙活動における差別表現への対策と人種差別禁止法の実現を訴えた。

　第3部は、「言語と倫理の視点から」。人文科学からの論考である。中川慎二はオーストリアのポピュリスト政治家の言説を分析し、コミュニケーション論とジャンル論からヘイトスピーチの本質を探ろうとした。「話し手」からではなく「聞き手」の視点から議論し、制度内で慣例化した人種

差別とスーパーダイバーシティの状況で常態化したヘイトスピーチについて論じた。河村克俊はウェブサイトに見られるヘイトスピーチの定義、マイバウアー、シャロートらの定義を引用し、ドイツでのヘイトスピーチの実例を排外主義団体ペギーダにとり、ドイツ基本法から言論の自由を論じた後、カントの「定言命法 目的の方式」に見られる互恵性原則からヘイトスピーチを考察した。

最後に

　インターネットとヘイトスピーチという困難な課題に簡単な解決法はない。また、単純に解明するなどということは不可能である。H・M・マクルーハン（『グーテンベルクの銀河系』）が予言したように、通信技術や交通手段の発展により私たちの生活は加速度的に変化した。それによって変化したのは、技術や手段だけではない。社会が変わり、生活圏が広がるにつれて、対人関係も大きく変わることになった。ところが日本における外国人差別、在日韓国・朝鮮人差別はなくなるどころかエスカレートし、在日韓国・朝鮮人はヘイトスピーチの大きな標的となった。社会の亀裂が顕在化した。私たちがこの論集で目指すのは、その変わりゆく社会の中で、在日外国人に対する差別言論であるヘイトスピーチに対処するためには、私たちがこれからどこに向かっていけばいいのかを指し示すことである。ともに前へ進むために。

編者一同（中川慎二、河村克俊、金尚均）

第2部　現場の視点から

第3部　言語と倫理の視点から

SNS と人権

中村一成

ムハンマド・ブアズィーズィーをご存知だろうか？　中東・チュニジアの貧しい家庭に生まれた彼は、3歳で父を失い、初等教育すら満足に受けられず、青果の行商で病弱な母と何人ものきょうだいを養っていた。だが彼はある日、生活の糧「荷車」を警官に没収される。「みかじめ料」を払えなかったためとみられる。抗議は警官の暴力に踏み躙られ、市長への直訴を拒まれるに至り、2010年12月17日、青年は市役所前でガソリンを被り、自らの体に火を放った。彼は翌年1月に死去、26歳の若さだった。

　将来の展望もなく、腐敗した官憲がのさばる社会に蹂躙され続けた貧しい一青年の憤死は、四半世紀もの独裁体制で溜まった民衆の怒りに引火し、それは一気にチュニジア全土へと広がった。わずか4週間で政権は崩壊し、エジプトやリビアへと、革命は燎原の炎のごとく燃え広がった。いわゆる「アラブ革命」である。この高揚に衝き動かされて書かれたターハル・ベン゠ジェルーンの短編小説『火によって』（以文社）は、彼の短すぎる生涯を作家の想像力で再構築している。

　小説では書かれていないが、中東各地に火を運んだ導火線はインターネットだった。火柱となったブアズィーズィーを目の当たりにした者はその青年の怒りをSNSなどに投稿、一地方の出来事は次々と転送され、衝き動かされた者たちは仮想空間から路上に飛び出し、彼が発した炎を「各々の言葉」としたのだ。焼身自殺を肯定するのではない。国境を易々と越える驚異的な伝達範囲と、一瞬で地球の裏側にまで情報を届ける速度。新聞、TVを凌駕する情報量。いったんアップされれば半永久的に残る記憶性。そして対権力で重要な「匿名性の確保」といったネットのメディア的優位性は、秘密警察の目と耳が張り巡らされ、「言論／表現の自由」とは程遠い社会においても、自由や平等という普遍的価値を求める人々を繋げたと言いたいのだ。だがそれらの強みは、人権侵害のツールとなった時にも十二分に発揮されてしまう。

　新聞記者になって数年後の1990年代終盤以降、私は「ネトウヨ」と蔑称されるネット右翼の攻撃対象になった。彼・彼女らが飛びつく「人気記事」は、日本軍元「慰安婦」ら侵略戦争や植民地支配の被害者たちの証言

や、国籍を「理由」に社会保障や戦後補償から排除された者たちによる制度的差別の撤廃を求める闘い、京都府宇治市の在日集住地域「ウトロ地区」の住環境改善を求める運動を報じた記事などだ。旧植民地出身者の存在を通してこの国の「汚辱の歴史」が暴かれた時や、一方的に喪失させられた国籍を「理由」にした二級市民状況に抗して在日朝鮮人が声を上げた時、ネット右翼は沸騰した。彼らにとって「歴史」とは自らを同一化させた自国の無謬性や優位性を示す「物語」であり、それ以外は嘘っぱち。朝鮮人や中国人を劣なる者として嘲笑し、彼・彼女らとの「平等」を恐怖し、憎み、潰そうとする。彼らネット右翼とは、この社会の病理が濃縮された存在なのだ。

　匿名掲示板や誰かのブログに、私を名指しした罵詈雑言が並んでいく。それが一気に加熱したのは2000年以降である。この前年、当時勤めていた毎日新聞社がニュースサイト掲載記事の無料化に舵を切ったことが契機だった。同社は1996年、業界で最も早く記事の原則署名化に踏み切っていた。私の名前を検索すれば記事はすぐに出て来る。アップされた私の記事を何者かがコピーし、匿名掲示板「2ちゃんねる」（現・5ちゃんねる）にペーストすると、その下に「反日記者」「捏造記者」「偏向左翼」など悪罵の限りが並んでいく。「チョン記者」など、私の属性をネタにした差別の煽動も多かった。むしろ私が朝鮮ルーツの人間であることが、彼らにとっては「反日捏造記事問題」の「元凶」なのだ。書き写す手間も不要、コピペで罵詈雑言や差別を「楽しめる」のである。彼・彼女らの作業を効率化したのもまた、ネットの優位性だった。

　顔の見えない関係で言葉が飛び交うサイバースペースでの「言論」は、「過激さ」や「極端さ」を競うものになりやすい。米国の憲法学者キャス・サンスティーンはこれを「サイバー・カスケード現象」と名付けている。カスケードは英語で「滝」を意味する。

　さらし上げが簡便で低コストになり、私への攻撃と手法はエスカレートしていった。「ウトロの記事を書くと非難が殺到するが、差別主義者とは闘う」などと、書いても言ってもない言葉を私の文言として記した書き込みもあった。「ウィキペディア」に、出身地も属性も事実とは異なる「中

村一成」の項目が現れたのもそのころである。

　そもそもライターになって以降、日本の歴史認識や在日朝鮮人への差別を指弾する記事を書き続けてきたので、振り出し時代から抗議やトラブルの数は人後に落ちなかった。むしろ腕まくりをしてイキがっていた部分もあった。右派系議員やその支持者と人前で怒鳴り合うことは何度もあったし、初任地の香川県で草の根保守が進めていた、「慰安婦」の教科書記述削除運動を批判する記事を量産した時は、どこで調べたのか自宅に毛筆書きの教育勅語が届いた。「罵詈雑言」や「脅迫」にはそれなりの耐性があるつもりだったが、不特定多数の悪意がサイバースペースで増殖していく様は、想像するだけで気持ちが悪かった。

　当時、多かった「助言」は、今でも主流の「無視すればいい」「気にするな」だったが、自らの「正義」に酔う彼・彼女らは、放置すると確信を強めて過激化していく。やがて彼らはネットの掲示板を飛び出し、電話やメールで直接攻撃してきた。記事に登場する在日朝鮮人たちを「嘘つき」「物取り」「乞食」などと誹り、記事を「虚偽」「捏造」などと非難、書いた私を「記者の資格なし」「筆を折れ」などと罵倒する。応対した社員とのやり取りを誰かが文字起こしして「電話突撃隊（電凸）」なる掲示板にアップし、誰かがその次を引き継ぎまた電凸するのである。エスカレートしていくなかで、次第に実名や住所を記した抗議が増えていった。

　私が新聞社に入ったころもこの類の電話や手紙はあったが、基本的に匿名だった。戦争被害者やマイノリティの証言を罵ることに一定の「疚しさ」があったのだと思う。しかしネットから飛び出した彼らは、自らの言動を「世直し」として位置づけ、「嘘記事」を書き連ねる私を打倒すべき「敵」としていた。ツイッターもない当時の抗議は一日に多くて20件程度だった。たとえば元在特会会長と、匿名掲示板の罵詈雑言をまとめて脚色したサイト「保守速報」を相手に裁判で賠償を勝ち取ったフリーライターの李信恵さんには、ツイッターのDMなどを通じて、連日数十から数百もの罵詈雑言が送られている。それを思えば私への攻撃量はたかがしれていたが、ネット上で連携した者たちによる波状攻撃は初の経験だった。

　書いたものが本当に間違いなら訂正も出すが、それはない。腹も立ったし、上司から求められて詳細な反論を書いたこともあったが、彼が抗議先に送った返信の文面はすべて「こちらの記事に誤りはありません。貴方様とは見解が違うようです」のみ。要するにその上司は匿名「読者」の言うことが本当か否か、即ち私が虚偽を書いているか否かを知りたいだけだった。会社の基本は「読者と喧嘩せず」。ネット右翼も「読者」だというのだ。馬鹿馬鹿しいから以降、同様の求めは拒否した。

　やがてネット右翼の世界では、私が上司から「ウトロのことは書くな」と命じられたとか、「担当を外された」「干された」といった物語が創り上げられていった。彼らにとってそれは、「嘘記事を暴露」してマスコミに巣くう「チョン記者」を潰した「闘いの成果」である。実際のところ私は、彼らが誹謗中傷した記事群や、それをもとに書き下ろした単行本の出版を評価されて本社の社会部に異動となり、そこでも引き続き人権・平和報道を担当した。客観的には「左遷」とは真逆の「栄転」だった。

　だが状況は次第に変わっていった。本社勤務になれば、記事の扱いも大きくなる。特ダネを書けば夕刻のテレビニュース番組で取り上げられるなどして読者の範囲もさらに広がる。それに比例してネット右翼の攻撃が激しさを増すと、私は社内で「迷惑施設化」していった。「アイツがあんなことを書くから『わが社』が批判される」などと陰口を叩く部長クラスもいたし、私が書いたのではない記事への抗議で右翼集団の街宣が本社に来ると、フロアで周囲に聞こえよがしに、「あれ（街宣）君の記事への抗議じゃないの？」と笑う者もいた。

　批判や白んだ目だけではない。なかには私に感心してみせる人もいた。面と向かって、「いやあ、君はタフだなぁ。俺ならもたないよ」と言い、自分との間に一線を引いた役員には苦笑する他なかった。社内外の友人・知人のなかにも、私の「気丈さ」「強さ」を讃える人が少なからずいた。本人は励ましているつもりだったのだろうが、正直、これには参った。私だって傷つきもすれば悲しくもなる。彼らの言葉は、何もしない自分を正当化しているように思えたのだ。ある人物がそんな言葉を発した場に臨席し、「いや違うでしょ、あれだけ書かれて大丈夫なわけないと思います、

そら嫌ですよ！」と反論してくれた在日の友人には今も感謝している。

　そんな日々のなかで、とりわけ私が気がかりだったのは、代表電話を通じてかかって来る電凸に日々、対応を強いられる読者室のことだった。罵声と差別用語を浴びる心労は如何ほどだったかと思う。疲弊した表情の担当者が、刷り出した誹謗中傷のメールや「彼ら」と自分とのやり取りの記録を手に遊軍席に来る度に、いたたまれない気持ちになった。これらの経験は、差別被害、特にネット被害に対する私自身の想像力の射程を伸ばしてくれた面もあるとはいえ、今思い起こしても、当時の周りの空気がごわつくような感触が蘇って来る。だから2019年の「あいちトリエンナーレ」での「表現の不自由展・その後」の中止（後に再開）を巡り、芸術監督だった津田大介氏が大きな理由に挙げた、不特定多数からの抗議に対応する職員の精神的限界についても自分なりに想像ができる（事態を巡る主催者の判断を肯定するわけではない。「表現の自由」擁護の観点からも、歴史改竄主義やヘイトとの闘いの意味でも、大村秀章知事らの対応は大きな禍根を残した）。

　退職後に取材した「京都朝鮮第一初級学校襲撃事件」（「在日特権を許さない市民の会」の幹部などで構成するレイシスト集団「チーム関西」が同校〔当時〕への差別街宣を繰り返した）でも、証拠提出のために在特会のヘイト動画を繰り返し観た弁護士が、涙が突然止まらなくなるなどの変調を来していた。ヘイト暴力を含むネガティブな情報に、一義的にはその出来事に無関係な誰かが対応するシステムの問題は、国際共同制作のテレビドキュメント『ソーシャルメディアの"掃除屋"たち』（原題 "The Cleaner"、2018年）を観てさらに痛感した。全世界数億ものユーザーによるフェイスブックへの投稿から、残虐な描写や暴力、ポルノ、差別などをチェック、削除する検閲作業が、フィリピンの貧困層に丸投げされている実態をスクープしたおぞましい内容だった。毎日、数千件に及ぶこれら「不適切画像」を視聴する少なからぬ者たちが精神のバランスを崩し、場合によっては自死していた。心が耐えうる限界を超えたのだ。ある種の「公害輸出」である。

　ネット右翼による私への罵詈雑言をわざわざデータ保存し、名誉毀損で訴訟をしようと声を掛けてくれた弁護士もいた。だが社員たる記者個人の

名を署名として商品化したのは会社である。それで生じた問題は会社が解決するのが企業の責任だと思い、気持ちだけ有難く頂いた。訴訟はフリーになれば検討しようと決めたが、書き、話した分しか収入がない今では金も手間もかかる裁判は難しい。やはり会社員時代に法的措置をとり、当時の法制度で、ネットによる攻撃の問題にどこまで対応できるのかを示しておくべきだったと思っている。それは退職から10年を経た今もこの社会の課題であり続けている差別の法規制を巡る立法事実の提示たりえたかもしれない。また、差別に対して次々と提起されている法的応戦（その差別の多くがネットを最大限利用したものだ）に寄与しうる判例の積み重ねになったかもしれないからだ。

　私の「人気」がピークに達したのは2006年ごろ。2年後、私は当時、記事の大半がネットにはアップされていなかった学芸部に異動、2010年には人の原稿を見る仕事が中心の部署に移ったため記事が減り、並行して「ストーカー」は離れていった。だが、私を貶めるサイトも虚偽情報も多くはネット空間を漂っている。出身地や属性を捏造したウィキペディアもそのまま。数年前まで私の項目には、ウトロの記事を書く時には、土地を転売した人物が「在日」である事実には決して触れないとしたうえで、「これは毎日新聞社内でも話題になっている」とする記述があった。まるで出鱈目だが、ネットに残された「妄想」は検索すれば一瞬で収集できる。2011年にフリーに転じてからもネット右翼からの攻撃は付き纏うが、これら新聞社時代にされた書き込みの引用も結構ある。私はいくつかの大学で教えているが、履修科目を選ぶ際の参考材料として、講師である私の中傷ブログのURLをツイッターに投稿した学生もいた。企業や役所での講演会では、司会者がこのウィキペディアをそのまま使って講師紹介をしたことも何度かあった。大学の授業で、私が学生に念押しする注意事項は「ウィキペディアは信用せず、ネット情報は必ず幾重にもチェックすること」だが、ネットを鵜呑みにする傾向は大人も変わらない。

　そして2007年以降、ネットで増殖したネット右翼は一気にリアルに溢れ出した。「在日特権を許さない市民の会」の登場だ。ネットで人々を糾

合し、「運動」への支持を集める彼らの運動は、翌年には一つのスタイルを確立する。2009年4月には埼玉県蕨市でフィリピン人一家の「退去強制」を求めるヘイトデモ（「蕨市事件」）が完遂され、約半年後には京都朝鮮第一初級学校への攻撃が始まる。翌2010年にはほぼ同じ面子が朝鮮学校支援への抗議として徳島県教職員組合に乱入、書記長を取り囲んで罵詈雑言を浴びせて暴力を振るった。植民地主義と侵略戦争の結果としての破局を被った後も、この日本社会が清算せずに溜め込んできた歴史改竄とレイシズムがネット空間で発酵していき、ついに爆発したのだった。

　差別主義者自身が撮影したそれらの現場映像は動画サイトに投稿され、数限りない支持を集めた。人間の下劣の下限を競うかのような行動が不特定多数に視聴され、賛同を得るのだ。私も事件数日後に初めてそれを観た時は、会社のトイレで嘔吐した。実際に事件を経験した当時の小学生や教員、幾人もの保護者は、襲撃の動画を観た時に惹起した感情をこう吐露した。「世界が変わってしまった」。外の人々すべてが、レイシストやその支持者、あるいはそれを看過する者たちに見えるようになったのだ。典型的なヘイト被害、世界への信頼感覚の崩壊である。

　これらの動画は、今もネット上の至る所に存在している。直接の被害者に忌々しい記憶を呼び起こさせるだけではない。人種や民族、出自への暴力は、同じ属性を持つ者の心をズタズタにする。本来、様々な情報を即座に得られる便利で楽しい場であるはずのサイバースペースが、マイノリティには地雷原なのだ。しかもそれらの動画に嬉々とするネット右翼がどこに潜んでいるかもわからない。マジョリティが水や空気のように享受している情報へのアクセスと発信の権利が損なわれているのだ。この状況に目を向けず「表現の自由」を口にするなど笑止千万である。なぜ多数者の「心地よさ」のために社会的少数者が「抑圧」を強いられなければならないのか。ヘイト対策全般に通じることだ。

　レイシズムのビッグバンが起きた2009年から10年が経つ。フリーとして取材してきた京都事件や徳島事件の法廷闘争。さらには川崎・桜本の反ヘイト運動など、被害当事者たちの地べたを這う闘いの数々によって、反

差別の連帯は拡大、判例や法整備は前進している。京都、徳島の民事判決ではネット被害をも含めた人種差別を認定した。とりわけ特筆すべきは徳島事件だ。高松高裁は 2016 年、ネットに動画を公開することで社会に「みせしめ」を発信し、マイノリティ支援の委縮を狙った動機と効果を判断材料として、直接の被害者が日本人である事件で人種差別を認定したのだ。同年には日本初の反人種差別法「ヘイトスピーチ解消法」が成立、2019 年には川崎市でヘイトスピーチを刑事罰の対象とする歴史的な条例が可決された。この年には川崎などで、特定個人の在日を対象としたネット上での攻撃や差別書きこみに対して罰金が科された。2020 年には、京都の朝鮮学校関係者を貶めるヘイト動画を投稿したレイシストの罰金刑が確定するなど、刑事司法での闘いも前進している。とはいえまだヘイトデモは止まらず、その繭であるインターネットのヘイトは野放し状態にある。

　1989 年に発覚した首都圏幼女連続殺害事件を契機に、自民党議員の間から噴出した「有害漫画」「残酷ビデオ映画」規制論に対し、ルポライターの竹中労（故人）がこう叫んだことを思い出す。「たとえ "馬の糞" でも表現の自由は擁護せねばならんのです。なぜなら（有益な表現と有害な表現は）判別のしようがないからです」。残念ながらこの至言は、悪貨が良貨をとことんまで駆逐する場＝ネット空間が無限大に広がった現代世界、とりわけこの日本社会では有効性を失ってしまった。ネットの普及は独裁政権の情報統制を打ち破り、冒頭に記した「アラブ革命」の導火線となったが、一方でそれは、まるで「馬の糞」のごときこの日本の「民度」をも明らかにしている。

インターネットとヘイトスピーチ
——コロナ禍後の世界

参加者●辛淑玉（東京）、木戸衛一（京都）、中川慎二（グラーツ／進行役）
日時●2020 年 5 月 13 日（火曜日）18 時（JST）（11 時 GMT+1）
場所●ZOOM

私たちはコロナウィルス感染拡大の時期を どう過ごしたのか

中川 世界的なコロナウィルス感染拡大という危機的な状況の中で、コロナ禍のあとの世界について一緒に考えたいと思います。このコロナの感染拡大が起こった時、特にヨーロッパでかなり感染が拡大することが確実になってきたのは3月になってからですね。3月から5月にかけてのこの期間に、まだ私たちは渦中に暮らしているわけですが、この期間をどんな風に過ごしてこられましたか。

木戸 僕は3月17日に日本に戻ってきたのですが、ちょうどドイツでコロナをめぐる状況が深刻化していく最中でした。客員教授をやったボーフム大学ではすでに握手は禁止、行事も中止、図書館も閉館。直後にキャンパスの全面閉鎖、夏学期の授業のオンライン化も決まりました。それで日本に戻ってくると、関西空港で何の検査もない。あまりに「普通」の風景に驚きました。帰国した翌々日、学校に顔を出す必要があったのですが、事務の人に「私は潜在的な感染者なんですよ」と言ったら、笑って受け流されたんですね。内心は分かりませんが、彼らは、37.5度の熱が4日続けば受診するという国際的には相手にされない日本政府の基準にまじめに従っているわけです。この時期、日本はまだオリンピックをやるつもりでした。息を吐くように嘘をつく首相を僕は端から信用していませんが、客観的に明らかなのは、政治指導者の信頼性という点で日本はガクンと落ちることです[1]。当然ですよね。

　ドイツにいた時、コロナがらみで直接嫌な思いをしたことはありません。ただボーフム在住の日本人が、たまたま結婚式を終えたアラブ系の人たちを眺めていたら「コロナ！コロナ！」と追い払われたとか、その手の話はありますね。たしかに、治療薬もない、ワクチンもない、感染のプロセスもよく分からないという中で、不安を抱えるのは人間の心理として当然ですが、そこから他者を病原菌扱いする風潮が生まれるのは本当にまずいですよね。特にドイツは、ユダヤ人を「寄生虫」、タチの悪い「ばい菌」と呼んだヒトラーのもとでユダヤ人虐殺をやってのけた歴史があるわけです

鼎談の出席者。左上から時計回りに木戸衛一、中川慎二、辛淑玉の各氏

から、そうした過去を踏まえた議論も必要ですね[2]。

辛　ドイツから戻ってきて韓国に渡って、2月あたまくらいに日本に入ったんですけれども、その後体調を崩したんですよ。なので自主自宅隔離状態でした。あのとき、もし自分がコロナに感染していたら、もうここで死のうと思いましたね。この日本の社会の中で、例えば辛淑玉がコロナになってクラスター感染を起こしたなんてことになったら、朝鮮人の子どもたちは日本の大衆に攻撃されるのではないかと思ったわけです。だから病院にも行かず、誰にも会わずで、もしこれで症状が悪くなったらこのまま本当に死のうと思って時間を過ごした。恐怖に駆られた大衆っていうのは残酷ですから。

コロナウィルス感染拡大と外国人差別

中川　私は辛さんや木戸さんにドイツでお会いしたあとも、オーストリアにいました。コロナ感染がオーストリアで拡大した最初の頃ですが、ベルリン在住の映像作家に対するインタビュー記事[3]が掲載され、すでにベルリンで中国人差別が始まったことが報道されています。日本ではどうで

しょう、阪神・淡路大震災や東日本大震災の時もそうだったと思いますが、大きな自然災害が起こると、すぐに差別問題、排外主義が顕在化します。辛さんも指摘して下さったのですが、今の日本の日常生活ではどんな風に感じておられますか。

辛　ヘイトクライムは確実に起きてますね。例えば医療従事者に対するものがあったり、感染症患者を隔離していたホテルも放火されました。その上、東京から他県に入った人たちが酷い状況にあうとか、メディアや政府が名指しで出しているのがパチンコ屋さんだったり水商売の人だったりとか。つまり、メディアが叩いても殺してもいい人たちをちゃんと指示している。感染が確認された人が村八分にあうだけじゃなくて、病院に勤めている人たちまでもがやられる。エスカレートしてますよ。みんな自警団になってます。大衆による自発的な制裁って、ファシズム国家でもできなかったことですよね。政府が犬笛を吹けばそのターゲットに向かって走っていくという、日本人大衆の習性みたいなものがここでも見事に発揮された。どこかできちんと分析しなければならないんだろうと思うんですが。

中川　この自警団の問題は深刻ですよね、これは関東大震災の時にもありましたね。このところ横浜の中華街の料理屋さんや個人の商店がターゲットにされる場合もありましたし、病院関係者や医療関係者が同じような形で村八分にあう、休業しないパチンコ屋さんの問題もありましたし、パチンコ屋さんそのものの問題ではなくて、いわば自警団がターゲットにしているということなんですが。

辛　パチンコ屋がターゲットになるのは、あれは朝鮮人の商売だという思い込みがあるからなんです。実際には経営者のほとんどは日本人ですよ。だけどもパチンコ屋は北朝鮮に送金をしている、といったメディアによる長いデマの蓄積があるうえに、反社会的だというような言い方をコメンテーターがすることによって、経営者の名前や住所が暴露されて叩かれるってことが実際に起こっています。で、他にも朝鮮人がやっているお店がネットに上がってるわけですよ。自らが感染するリスクを負って店を開けている在日は、いつ日本人に襲撃されるか分からないという恐怖を抱えながらやってるわけですよね。

　私の知ってる在日の医療関係者は、病院の中での中国人ヘイトが凄まじいって言うんですね。で、そのエネルギーがいつ朝鮮人に向かってくるかと思うと、病院の中で誰もやらない仕事を受けざるを得ないって言うのね。しかもマスクは病院なのに1週間に2枚しか配られない。

木戸　さいたま市が朝鮮学校にはマスクを配らないといった、あからさまな上からの差別もありますね。それはたしかに、昔からの差別意識、人種偏見が日本では全然克服されていないということなのですが、他方でここ40年ぐらいヨーロッパにも共通する問題も関係していると思います。それは、イギリスのサッチャーに始まって、アメリカのレーガン、日本の中曽根康弘、小泉純一郎と受け継がれていった新自由主義ですね。競争で勝てば「努力した」とほめられ、負ければ「自己責任」と切り捨てられる。勝ち負けの基準は儲かったか儲からないかという結果で、もともと存在する社会的不公正は問われない。この新自由主義が蔓延し、格差拡大の政治が行われる。2000年代半ば、政治学の世界では「ポスト・デモクラシー」が話題になりました[4]。憲法、議会、選挙などデモクラシーの制度は一応ある。けれどもその中身が崩れているということなんですね。あるいは、絶対的な権力者がいない企業国家体制の下で、市民が無力化される「逆さまの全体主義」という言葉もあります[5]。

　冷戦が終わった頃フランシス・フクヤマが、これからは市場経済と民主主義の世界になって、ファシズムや共産主義のような挑戦はない、歴史は終わった、世界史は退屈になると言いましたね[6]。そもそも市場経済と民主主義との間には矛盾があると思いますが、それはともかく政党は似たり寄ったりになってくる。それでも選挙はやるので、見世物のようになる。市民は政治からどんどん疎外される。市民の政治への無力感とともに、反民主主義的な傾向が強まっていく。「自分たちの国には外国人が多すぎる」とか「議会や選挙を気にかけない強力な人物が必要だ」といった声です。反イスラムや反ユダヤ主義を含め、ここ10年以上そういう傾向があるわけですね。したがって、日本が、過去を全然克服しないどころか賛美するような政府の下で、差別状況が酷くなっているというのは全くその通りですけれども、ドイツでも看護師やスーパーのレジ係が罵倒されることは起

木戸衛一氏

こっているし、隣国への八つ当たりもある。それから最近は、コロナ危機で制限された基本的人権を守ろうというデモに極右が入り込んで、不安な人々に憎悪の種をまき散らす問題も起こっています。というわけで、決してドイツやヨーロッパは素晴らしいと言えない状況がありますね。

辛 日本でもよく新自由主義の結果という言われ方をするんですけど、私がビジネスの現場にいて思ったのは、新自由主義が疾走していた時っていうのは、生産性が上がれば何でもよかったので、その限りでは過去の差別が消えていったんです。男でも女でも朝鮮人でも生産性を上げる人がいい人であって、差別なんかしているほど暇じゃなかった。そういう空気があったわけですね。しかし、バブルの頃しかそれは成り立たなくて、一旦こう、成長が止まったりとか、退行していった時にはパイの奪い合いになりますよね。

中川 新自由主義の中で、今回のように大きな自然災害などが起こって社会全体あるいは一部の経済活動がストップしてしまうと、その中で誰を切るのかという話になるんですね。常にそのターゲットになる人たちがいたし、今もいる。基本的には外国人、在日外国人がターゲットになっているんですね。コロナ禍の今、社会がどんな問題を抱えてるのかが見えてきました。特にこれは「自然災害」というよりは人の移動や環境破壊からくる人災の部分がありますからね。今回の災害は、今までの震災のように日本の一部の地域だけの問題だけではありません。今や世界中で進行している感染です。だから、日本で起こっていることも、もちろんヨーロッパでも起こっていますね。

コロナ禍後の世界
──ヨーロッパ暮らしの経験から

中川　それで、お二人はドイツで暮らされた経験があるので、日本とヨーロッパ、そしてアジアで起こっていることについてお聞きします。このコロナの問題には簡単に出口はないと思います。おそらく専門家が言ってるように、多分このような状況がしばらく続くのでしょう。ですから簡単に元の暮らしに戻ることはないと思います。おそらく元に戻るということ自体があり得ないだろうと思うんですが、この先私たちの社会はどのように進んでいくと思われますか。

辛　良くなる兆しは何もない。それから、ヨーロッパにももちろん人種差別もあるし排外主義もありますよ。だけども、彼らは基本原則を守ろうとしている。要するに、差別をしてはいけないっていうようなことを、少なくとも政府はそれを掲げています。で、それが日本にはないんです。つまり、政権や政府や自民党がまず率先して排外主義であったり差別的なことをやってるわけですから、そこはやっぱりちょっと問題が違うんだなって思いますね。

中川　政府がしていることが違う。

辛　違いますね。短期間のドイツ滞在でしたが、自分の肌感覚で言うと、ドイツ人は何かあるとドイツ基本法ではって話になるんですよ。要するに原則はこれなんだっていう。原則をベースに社会的合意を取ろうとするわけです。

　酷いレイシストもいるけれども、それと闘おうという市民社会というか文化がまだあるんですよね。日本の場合は、トップの意識も低いし政治的合意もないわけです。何が差別かも分かっていない。だから、中国や韓国や台湾で何か先進的な試みがあっても、決してそれを学ぼうとはしません。むしろ侮蔑的に扱って、その結果自分たちが遅れてしまったら、今度は遅れた理由を正当化していく。

中川　ヨーロッパでは、例えば中国や韓国の対応は非常に注目されてます。オーストリアのメディアでは、もちろん台湾やシンガポールのことも出ま

すが、日本は出てきません。コロナに対応する、その優れた外国の例を、すぐに今取り入れて自分たちの政策を修正し、変更していくようにはならずに、自分たちの政策の責任を逃れるために、そのための保身のような方向にしか動いてないですね。

辛 典型例がアベノマスク。たかがマスク２枚で、決断しました、とか言い切っちゃう。しかもそのマスクが不潔なうえ届きもしないっていう、それが日本の実情で、国家としての力量なんです。それをいまだに日本は立派だ、すごい、クールなんて言って、大本営発表ですよ。

　今回彼らが最も活用したのがインターネットです。メディアはもう押さえたから、あとはネットの中でいかに政権を批判するものを皆で叩くかっていう。ネットは散弾銃みたいなものだから、これで撃たれると再起できない。しかもネットで晒されると、実生活の中でもいろんな危機がその後にくっついてくるってことですからね。そして撃った奴は誰も責任を取らない。

木戸 日本が相も変わらぬ植民地主義的な意識から近隣諸国から学ぼうとしないのは、ご指摘の通りですけれど、ただ中国と韓国・台湾とはやっぱり違うと思うんですね。自民党の中には密かに、中国的な解決の仕方、つまり徹底的に人権を抑圧し監視するやり方に魅力を感じている向きもあるのではないか。「コロナ独裁」というか、これをチャンスに自分たちが権力を使ってやりたい放題できる国にしたいという願望です。2012 年の改憲草案というひな型もあるわけだし。コロナの感染経路をスマホで追跡するという方法はたしかに問題ですが、それでも韓国と台湾は自分たちの手で民主化をした国で、情報の開示や政策決定の透明性が中国とは全然違いますね。ヨーロッパでは、韓国や台湾の取り組みが評価されて、中国の「成功」は危険視されています。先月半ば、『ビルト』というドイツの大衆紙の編集長が、自国発のコロナを利用して監視と覇権を強めようとする習近平を非難するビデオメッセージを流していました[7]。

中川 中国に対する評価が「高い」と言えるかもちろん疑問がありますね。ただ、中国が評価されてる背景には、例えばオーストリアやドイツ、イタリアにもですが、ヨーロッパの国に防護服やマスクを空輸し、メディアに

よく見える形で支援をしたことがありますね。それを早い時期にもらった
国の一つがオーストリアです。イタリアが援助をドイツに依頼してドイツ
が難色を示した時に、中国・武漢のコロナ禍が少しおさまりかけてた頃、
3月の下旬ですね、イタリアにすぐに支援を申し出た。立ち回りがとても
中国的だった。

辛　それより、ヨーロッパの中にある差別によって、例えばイタリアやギ
リシャやセルビアはやっぱり排除されたんですよ。助けてもらいたかった
のにEU内部のプライオリティの中で排除された。そこを中国が拾ったっ
ていうことですね。これは、EUって何だったのかが問われるべきでしょ
う。危機的な状況になったら、そこには歴然としたカーストがあるわけで
す。

　だからむしろ、商売で市場を拡大するという意味では中国が最も資本主
義的なことをやってますよ。

中川　皮肉な話ですけど、そうですね。

木戸　そういう意味では、ドイツの責任は本当に重いと言わざるを得ない
ですよね。

辛　重いね。

木戸　歴史をまた少しさかのぼってみると、2009〜10年のいわゆるユー
ロ危機の時、ドイツは緊縮政策ではっきりとEU全体を差配していたと思
います。ナチスの時代ドイツを離れたノーベル文学賞作家のトーマス・マ
ンは第二次世界大戦中、ドイツはヨーロッパの覇権を握るのではなく、民
主的なヨーロッパの中で生きるべきだと訴えていました[8]。ヨーロッパが
ドイツ化するではなく、ドイツがヨーロッパ化するということですね。実
際、戦後西ドイツはフランスとスクラムを組んで、ヨーロッパの一員とし
て生きてきた歴史があります。ところが、1990年の統一以降ドイツの自
意識が強まって、ギリシャ金融危機、ユーロ危機の際にまたぞろヨーロッ
パのドイツ化が始まっていると、社会学者のウルリッヒ・ベックが批判し
ました[9]。そして今回また、新型コロナウィルス対策の資金を調達するた
めの「コロナ債」を、イタリアやスペインが強く要望しているのに、ドイ
ツは先頭に立って拒否する。EUというのは、ただ目先の商売を上手くや

るための道具なのか。不戦共同体としての初心はどこに行ったのか。本当に幻滅しますね。ドイツでも文化人からヨーロッパの連帯を呼びかける声は聞かれますが、肝心の政治の世界で弱いのはすごく悔しいですね[10]。

メルケルの演説、成熟した政治家の言葉

中川 そうですね、このコロナの問題では、ドイツのメルケル首相の評価がちょっと上がってきてますよね、これはどんな風に思われますか。

木戸 3月18日の演説ですね。僕も感激して聞きました。メルケル首相は東ドイツ出身ということもあって、基本権を制限することは、本来民主主義社会であってはならない。けれども、今は生命の危険と天秤にかけてどうしても必要な措置なのだと、冷静に語るわけですね。そして、医療関係者だけでなく、スーパーのレジ係や陳列棚に商品を揃える人など、普段あまり敬意を払われない人たちへの感謝の気持ちを述べるわけです。どこぞの首相など、逆立ちしたって真似できないセリフだと思いました。

　ですが、それから2ヶ月近く経って、その言葉への信頼感はかなり色褪せてきたように思います。もちろん、個人事業主や芸術家、仕事を持つ保護者などへの経済支援は、日本など足元にも及ばない規模と速さで行われました。けれど、彼女が演説で触れた、普段あまり敬意を払われない人たちは、結局苦しい状況の中で働き続けているわけですね。感染拡大を抑えるためのさまざまな規制に人々が疲れてきていることも考えると、3月18日の演説ですべてを判断することはできないと思います

辛 あのメルケル首相の言葉って、やっぱり政治家として成熟してると思うんですね。それから、ヨーロッパの先進的な政治家の言葉って、やっぱり人の心に届くんですよ。上手い。で、そういう言葉を日本の政治家は持っていない。

　だけどもメルケル首相の言葉も、他の国の人たちの粗雑で無能な言葉も、言ってることは実は一つなんですね。「自宅待機している金持ちのために貧乏人は頑張って働いて下さい」ってことです。そのために危険な所で、スーパーやドラッグストアや宅配業で、そういう人たちは働きなさいと。

それは金持ちたちの命を守るためですよね。だからそれに感謝しましょうっていうのは、金持ちのための生命線をきちんと維持するための言葉であって、それが非常に気持ちよく聞こえてきたのがメルケル首相の言葉で、あとは言い方が違うだけ。世界各国共通ですよね。金持ちのためにあらゆる物流を動かし、交通機関も止めてはいけない。でも、そこで働く貧乏人たちは感染しようがどうしようが頑張りなさい、素晴らしいですね、って言う。コロナ禍の中で働く人々の命を守るためにどうするかということを語った政治家は私はまだニュースで見たことがない。少なくとも私が理解できる英語圏、それからアジアの中では聞かない。

　そして、出口戦略という、いかに経済を元に戻すかっていう話ばかりが出てくるわけです。でも、検査もろくにしていない日本でこれをやれば、感染してるけど無症状の人たちが外に出ていく。感染したら死ぬ人たちの命を考えないっていうのは、国家による人体実験ですよ。731精神と変わりがない。これってジェノサイドだよね。

木戸　ただ、前言を翻すようですが、メルケル首相に限らず、世界的に見て女性の指導者の言葉というのは。

辛　まとも。

木戸　きちんと市民に向き合っていますよね。アイスランドでも、ノルウェー、台湾でも、ニュージーランドでもそうです。ノルウェーの首相は、子ども向けの特別の会見もしましたよね。

辛　ニュージーランド、いいですね。

木戸　男性の指導者は、二言目には「戦争だ」とか「戦いだ」とか「勝利する」とか。

辛　金だとか。

木戸　言葉だけは勇ましいけど、中身はスカスカという場合も多いですよね。

辛　弱いものとか命に対するまなざしが全くないよね。

中川　それは大きいですね。自宅待機、ステイホームすることが非常に肯定的に言われるのは象徴的ですね。ところが、その背景には危険な所で働いている人たちがいる、医療関係者ももちろんそうですね。オーストリア

35

でもスーパーのレジなどで働く人たちの多くは女性と「外国人」で、いつもは感謝されなかった人たちに対するメッセージとして感謝することがオーストリアでも肯定的に言われるわけです。人の心には訴えかけるものはありますから。しかし、そこで問わないといけないのは、誰を守ってるのかってことですね。そうすると、自宅待機をできているのは「金持ち」で、その金持ちの生命線を維持している側面があるわけですね。もちろん学校や病院もそうですね。

辛 特攻隊を賛美するのとあんまり変わらない。感謝し拍手をしてありがとうって言いながら、でもその人たちの安全とか、その人たちの命を守るための対策を何も取っていない。こんなものは政策でも政治でもないですよ。

中川 そうですね。私はオーストリアの様子と日本の様子を見てると、基本的に日本とやってることは同じなのに、どうして日本はこんなに酷いんだろうと思うんです。自宅待機のことはやはり議論にはなってて、自宅待機で安全な所にいられる人たち、安全な暮らしを続けられている人たちがいるという議論はあるんですけど、でもその深刻さは日本の方が酷いように思いますね。

辛 政治が無策だからね。

木戸 それを垂れ流すメディアも酷いですよね。

辛 そう、今何を伝えなければならないのかをメディアは分かっていない。そこにSNSがガセネタを流す。これで踊らされないでいるのは本当に難しいと思う。

中川 そうですよね。もともとドイツだと「ドイツのための選択肢」党（AfD）とか、オーストリアならオーストリア自由党（FPÖ）の人たち、極右政党の人たちは、難民を受け入れたくないので、国境を閉じろって、封鎖しろって言ってたわけです。ところが今はコロナで国境を封鎖せざるを得ない状況に陥った。だから全然理由は違うのに自分たちの希望が叶ってしまった。すると彼らは言うことを直ちに変えるんです。国境を閉じざるを得ない状況になったら、国境を開けろとすぐに言いだした。

辛 自分たちが自由にやりたいから。

中川　そう。驚くべきことですね。安倍首相の発言はよく取り上げられてますけど、「そういうつもりで言ったのではない」とか、彼らが得意とする否定論法がありますね、全然論理的ではないんですけどね。自由党にヘイトスピーチで有名な政治家キックル（Kickl）がいますが、彼の発言を聞いてると、ばんばん出てくる。これがネットの中で垂れ流しされ、テレビにも出てくるし、政党のネットチャンネルも持っている。さらに YouTube にも上げて流していき、再生産され拡散されていっている。それに書き込みが行われる。あれを見てると本当にとんでもない書き込みばっかりですね。

辛　中でもヘイトを一番垂れ流してるのはトランプ大統領ですよ。世界的に最も影響力があるし、彼は SNS も使いますしね。毎日の記者会見もそうですし。

木戸　トランプを擁護するつもりは全然ないですが、これはいわば鶏が先か卵が先かみたいな話ですね。少し話題がそれますが、気候変動は昨今のグローバルなテーマですよね。それにトランプが背を向けたのは、パリ協定を結んだオバマ大統領が黒人だからです。オバマケアへの異様な敵意も同じです。わざと差別的な言い方をすると、「クロンボの大統領がやったことは全部ひっくり返す」という憎悪ですね。これが、ラストベルトの白人労働者に受けるわけです。これは、トランプに始まった話ではありません。その前にはティーパーティーという、まるで非理性的でけんか腰の運動がありましたね。僕自身の反省としては、当時「馬鹿な奴ら」くらいにしか思っていなかったのですが、どんなに馬鹿げて理解不能に見えても、それが起こる可能性は否定できないわけです。こういう勢力がトランプを大統領に押し上げた。ついでに言うと、トランプの指南役だったスティーヴ・バノンは、ヨーロッパ極右のネットワーク化を進めています。

辛　日本では安倍首相が民主党のやったことと全部反対のことをやろうとしたのと全く同じ構造ですよね。

中川　自警団が「ヘイトスピーチの標的」に特定の業種を槍玉に挙げるという話が出ました。3月末に京都の大学生が欧州旅行から帰国したあとに卒業祝賀会に参加したことで、クラスター感染を引き起こしたという報道

がありました。京都府の感染情報公表の際に、個人が特定されかねない程度の個人情報が公表されています。年代、性別、国籍、保健所の管轄まで示しています、大学名ももちろん府のホームページに上がっていまして、そこに国籍情報までも盛り込んで記述しているのです[11]。

辛 国籍必ず出ますね。

中川 この事例では個人情報保護とは全然違う方向に動いています。その結果、「犯人」たちをあぶりだしてスケープゴートのようにしてしまっている。すでに大学には「抗議や意見が数百件」届いている[12]そうで、「殺しに行く」という脅迫的な内容もあるそうです。そのプロセスで自治体が関わり、自警団が動いている事例なんです。東京なんかではこの種の事例ではどんなものが出てきてますか。

辛 いろいろ出てきているんですが、叩く相手としてすごく分かりやすいのは、深夜営業のクラブとか接客業が危ないっていう話が出てきた時に厚労省かどこかが出したペーパーがあるんですけど、そこには「一人の女の人から多数の男の人が感染する」って書いてあったのね。女性が被害者なんだっていう視点はないわけですよ。で、あと叩きやすかったのは慶應義塾大学病院の研修医たちですよね。研修医が集団で感染した事件。あれは感染爆発を起こしていた病院の問題なのに、みんなで、こんな時期に懇親会をしたという言い方で研修医たちを責めた。慶應義塾大学病院はなぜ感染爆発をしたか、その前の政治の無策の問題がある。そこを突く人はいない。

中川 なるほどね、夜のクラブは最初の頃から言われてましたね。

辛 三密とかね。

中川 ところがヨーロッパで行われてるような「三密を避ける」ことから見ると、日本ではものすごく近い距離にみんないますよね。びっくりするくらい近くにいて、マスクくらいしかしていない。本当に大丈夫かなって思います。例えば、大阪でも「雨がっぱ」のような維新のパフォーマンスがあります。彼らは現場で働く医療関係者や公務員が、場合によっては感染爆発を起こすような媒介にもなりうるのだという発想は全く持ってなくて、最初から叩く相手だけは決まってるんですよね。

辛　そう、自分たちがね、保健所とか公務員を叩いてガンガン首切りをして、その結果この危機的な状況には対応ができなくなっているにも関わらず、そんなこと一切忘れて。維新そのものというより、維新を支えている、維新的なものが大好きな人たちが社会を壊している。だから、この人たちの問題を抜きに先は語れない。

木戸　それと、政治と市民を繋ぐメディアの問題は避けて通れませんね。スポーツ新聞やワイドショーの維新ヨイショ報道は異様です。

辛　19世紀イギリスの作家、スマイルズが「ある国の政府の実態は、その国を構成している一人ひとりの国民の姿を反映しているにすぎない」と言っていたけど、その通りだと思う[13]。その民度の上に成り立ってるのが今の政権、マスク2枚もまともに配れないような人たちなのだから、そこに明るい未来はないし、開ける展望もない。

　もう、殺されないですむにはどうすればいいのかっていうレベルなんだと思うんですよ。

　私は日本社会に対して期待をしすぎた。一番分かりやすいのは、本名宣言っていう運動が昔あったんですよ。あの時、体を張って反対したのが、いわゆる無学な親たちだった。私は当時すでに「辛淑玉」でしたからあまり興味もなかったし特別の思い入れもなかったんですけど、どうしてあんなに必死になって自分の子どもが民族名で生きるのに反対した親たちがいたかっていうのが、今になって分かるんですよ。

　つまりあれは動物的なカンですよ、日本社会に対する。そして私自身も今、病気になったらいけない、もしなっても医者には診てもらえないんだっていう感覚に既視感があるんです。私が子どもの頃、在日には健康保険がなかったから、病院に行けなかったわけです。あの時に自分にいましめていた、ある種の抑圧的な感覚っていうのが、今は全く同じなわけですよ。

辛淑玉氏

自分が六つや七つの時に持ってた感覚を、今この60にもなって同じように感じるって、つまりこの社会は変わってなかったのかっていう。私は変えられると思って闘ってきたけれど、負けたわけですよ。その時に、果たして自分がやってきたことは次の世代を助けることになったのかっていう深い反省があるんですよね。絶望に近いものが。

　正しく絶望しない限り生きられない。あの時、字も書けない親たちが必死になって、この社会で生きていくには民族名じゃダメなんだって言っていた、あの親たちの感覚を思い出さなければ私たちは生き残れないだろうと思っているんです。

　しかも、ネットによって一個人でも散弾銃並みの武器を持つようになった。自分の頭でモノを考えない人たちがこれだけ恐ろしい武器を持っている時代の中で生き残るのは、私が子どもだった頃よりはるかに難しいと思うんです。言葉の暴力の次には物理的な暴力もそれに便乗して出てきますから。

中川　そうですね。

辛　そう思ってます。

中川　社会的暴力ですね。社会は「ダイバーシティ」という点ではたしかに多様化したのでしょうが、本質的な社会のあり方が変わったわけではないんでしょうね。

辛　ないです。もともとあった社会の姿があらわに見えてきたっていうか、変わりたくなかったし、この姿をよしとしてきたこの社会の中で、なんか上っ面だけ頑張って民主主義とか共生とか言っていた、その上っ面が脱げて、そしてはっきりと本当の社会の姿が見えてきた。

文化って不要なものなの？——フライデーズ・フォー・フューチャーの問うているもの

中川　気候変動の問題では、コロナ以前から、ヨーロッパでフライデーズ・フォー・フューチャーっていう金曜日のデモ活動が若い人たちの中から起こってて、そしていろんな所でそれに関連する動きがあったんですが、

コロナが起こってから経済活動がストップする中で、皮肉にも空気が良くなってきた、星がよく見えるようになってきたとか言われたりしたことがありました。

辛　フランスなんか特に変わりましたよ、パリとか。

中川　そういう中で「不要不急」がスローガンのように言われてますね、「不要不急の外出は避けて下さい」という言い方で、それ自体はそうだと思うんですが、その時に私たちの暮らしってそんなに不要なものばっかりだったのかなと思ったんですね。徐々にコロナの感染拡大が落ち着いてきて、コロナと共に生きていかないといけない社会になっていくと思います。不急不要を避けるだけでは上手くいかないだろうと思います。今の時期には必要ですけれども、それをコロナと共に生きるっていう発想にしていかないといけないと思うんですが、私たちに本当に必要なものと、そして必要でないものについてはどんな風に思われますか。

木戸　フライデーズ・フォー・フューチャーのことは、僕も取り上げたいと思っていました。コロナ後の社会のあり方について、日本では専門家なる人たちの会議が「新しい生活様式」とか言っていましたが、ちゃんちゃらおかしいですよね。政治家や役人こそ、スマホで必ず行動履歴する「新しい生活様式」をやってみろと言いたい。それはさておき、昨年ドイツで暮らしていて一番インパクトがあったのは、やはりフライデーズ・フォー・フューチャーです。ベルリンにある「抗議運動研究所」の受け売りですが、ドイツでは、フライデーズ・フォー・フューチャーが、ペアレンツ・フォー・フューチャーとかアーティスツ・フォー・フューチャーという形で幅広く広がっていった。若い人たちの訴えを大人社会がきちんと受け止めたのは、ドイツの特徴だそうです。

　フライデーズ・フォー・フューチャーが問題提起しているのは、今までの生き方、過剰生産・過剰浪費・過剰廃棄の生活様式でいいのかということですよね。先ほども新自由主義の話題が出ましたが、強欲資本主義というか、自然環境も人間社会もボロボロにする暴力経済を何とかしなければいけない。それで今度の新型コロナ危機ですが、感染症の原因には、人間による自然破壊が指摘されますね。特に、森林の伐採が進み、動物を介し

て人間が新しいウィルスに直面してしまう。だからこそ、今の経済や社会のあり方を根本的に反省する必要があるわけです。そのことと、先ほどから淑玉さんが指摘されている階級と民族という古典的な課題が改めて私たちの目の前に現れてきているわけですね。

辛　あの、コロナは文化を殺しましたよね。特に大衆文化。

　で、私は2年間のドイツ生活で、ヨーロッパとかドイツはこんなに不便な中で生きてるのかと思ったんですね。つまり、こんなに不便でも社会は回るんだということにびっくりしました。日本とか中国では到底考えられないほどの不便さですよ。だけども、便利でなくとも社会は回るんだなって。便利さの何を諦めることによってより豊かな社会になれるのかということを、少なくとも私は学んだ。我慢することも覚えましたよね。

　だけど環境問題で考えるならば、政治による公平な分配がない限り、環境を含めた破壊は止まらないと思うんですね。一方により多く持ちたい人たちがいて、そして奪われた人たちは何とか挽回したいと思う。世に言う「新しい生き方」を選択するなんて、人間の本質から言ってないだろうと。むしろ、自分たちが生き残るためにより弱いものを収奪するっていうところに加速していくのではないでしょうか。

　当初コロナでマスクの値段が10倍になったんですよ。10倍になったら貧乏人は買えないですよね。生活保護の人たちも買えないわけですよ。そして、今まではマスクとかアルコールだったんですけれども、今度は食料が上がってきているわけです。特に輸入もの。自給率の低い日本はハイパーインフレになる可能性がいつでもある。

　今どんなに空気が良くなったり、PM2.5が少なくなったりとか、公害が抑えられたりとか、海がちょっときれいになったりとかしてみても、きれいな環境になった頃には、貧乏人は生きていない。失業したら安いものを買うお金もなくなっている。

中川　なるほどね、まあ、そんなに短期的に私たちの暮らしがごっそり変わってしまうっていうことはあり得ないんでしょうね、おそらくね。

辛　金が絡むからね。

中川　ただ破壊されるっていうことを考えると、日本だと文化的な支援が

本当に少ないですね。

辛　ゼロです。

中川　そうですよね。文化的なところで生計を立ててた人は活動が継続できないところに追い込まれてますよね。

辛　社会的に価値がないと思われてましたからね。だから多くの日本の音楽家たちはドイツに来るわけです。デュッセルドルフの交響楽団にどれほど日本人が多いか。日本では音楽では食えないからですよ。いわゆるクラシックでもその価値は認められていないし、まして大衆芸能となれば賤民扱いですよね。それを守ろうなんて発想はないですよね。

中川　そうですよね、その辺りの良い兆しは見られないですよね。ヨーロッパではある程度の支援があります。オーストリアは鉄鋼や自動車産業もありますがドイツの下請けに近くて、基本的に文化とツーリズムでもってるような国です。農業や社会福祉での働き手はルーマニア、ハンガリーなどの周辺の国から来ていますので、行き来ができなくなると収穫も介護もストップ

中川慎二氏

する。ドイツのように屋台骨になる産業がある国とは違うので、周辺の国とともに生きていかなければならない。だから、やっぱり元の暮らしに戻りたいという気持ちをすごく感じます。でもそれはかなり難しいと思うんですよね。

辛　自分以外の人たちは違う動きをして下さいって言うことでしょうね。自分は今までの便利さを享受して、それ以外の人たちは我慢して下さいってことなんでしょうね。

中川　その構造の中では、社会の中で生き残っていく人たちは誰なのかっていう話ですね。結局……

辛　医療だけじゃなくすべての分野で、誰を生かして誰を殺すのかっていうのが、もう決まったんだと思うんですよね。だからその中で殺される側

に入ってる人たちが生き残るには、より弱いものを踏み付けるしかないでしょう。

中川 今日は、コロナの現状、日本の現状、そしてヨーロッパで起こっていることを話題に入れながら話してきました。で、本質的なところで本当に社会が変わるというのはなかなか起こりえないということなんですね。ドイツにカール・レーヴィット [14] という哲学者がいました。彼はユダヤ人なんです。それで迫害され亡命する途上で日本に立ち寄って、東北大学で少し教鞭をとってました。彼が戦後ドイツに戻った時に、ドイツは全く変わってないと言ったんです。第二次世界大戦でユダヤ人の虐殺があり、戦後の再民主化は占領軍からの課題としてもあったわけですけれど、ドイツに戻って彼が感じたことは、社会が変わるってことはなかなか起こらないっていうことだと思います。

木戸 同じユダヤ系のハンナ・アーレントも、似たようなことを言っていますね。彼女は、1949 年 8 月から翌年 3 月にかけて、亡命後初めてドイツを訪れたのですが、それをまとめた文章で「平均的なドイツ人は、先の戦争の原因を、ナチ政体の所業ではなく、楽天からのアダムとイヴの追放に導いた出来事に求めている」と書いています [15]。

中川 ええ、そうですね。でもそれにも関わらず、ある部分は変わらざるを得ないし変えていかないといけないと思います。この日本の社会が、あるいは世界の中にあるこの日本の社会が、今後どういう方向に進んでいくと思われるでしょうか。

木戸 たまたま先週の金曜日、5 月 8 日はドイツの敗戦記念日、ちょうど 75 周年でした。敗戦という大きな節目にもかかわらず、社会はあまり変わらなかった。戦後の特に西ドイツはしばらく復古主義的で、ナチスの時代をドイツ史の突然変異のように見ていました。変化が生まれたのは、1968 年の学生運動が決定的ですね。それから、5 月 8 日を、ナチス暴力支配からの「解放の日」と位置づけた 1985 年のヴァイツゼッカー演説も非常に重要です [16]。

　先日のシュタインマイアー大統領も、ヴァイツゼッカー演説に触れていました [17]。シュタインマイアーは、過去を想起しないことこそ重荷にな

る、責任の否定こそ恥ずべきことだと、日本の歴史歪曲主義者たちに聞かせてやりたいことも言っていましたが、「新たなナショナリズムの誘惑から、権威主義的な政治の魅力から、各国間の相互不信、分断、敵対から自分たちを解放する」必要も説いていました。右翼ポピュリズム・極右暴力がはびこる今、曲がりなりにも75年間積み上げたものが崩されかねないという強烈な危機感ですね。

　それでコロナ後の世界ということですけれど、究極的には、「ショック・ドクトリン」よろしく「パンデミック撲滅」を大義に市民の基本権を抑圧する「コロナ独裁国家」の続出を許すのか、市民のエンパワーメントに基づいた民主的で連帯的な社会を国内的にも国際的にも実現できるのかがポイントだろうと思います。フライデーズ・フォー・フューチャーのように、強欲資本主義では地球はもうにっちもさっちも行かないという自覚、それから淑玉さんが指摘された、資本主義を底辺で担わされている人たちの民族的出自への認識も求められているのでしょうね。たとえ世の中がすぐには変わらないとしても、75年後、100年後に、後世の人たちが2019年、2020年をどう評価するか。その時に彼らが、何が積み上げられてきたと見るのか、私たちが試されているわけですね。ただ何年経とうが、判断の基準は「人間の尊厳」であってほしいと思います。

辛　そうですね。正直、私は木戸さんや中川さんが生きてる間は、明るい話はないと思う。

　つまり、生産性を求めて世界が追い求めてきた小さな政府では、人が殺されるんだっていうことです。危機には対応できないっていうことです。その時に、大きな政府を求める動きが出てくるかどうか。

　で、日本で言うならば、例えば津久井やまゆり園の事件、それから維新から候補者で出ようとした長谷川豊[18]の、人間以下の人間がいるっていう、そういう命に対する感覚が欠落している発言、それを言うことが権力によって放置される社会である以上、日本が大きな政府を選択するっていうことはあり得ないと思うんです。

　で、大きな政府を作れない限り人類は生き残れないとなった時に、日本の選択っていうのは、おそらく稀に見る馬鹿なものになるでしょう。世界

ナンバー・ツーだった経済大国がここまで落ちるんだ、というサンプルとして歴史に残るでしょう。

その中で、もし生まれるものがあるとしたら、奪われし者である貧乏人が貧乏人を助けるという、最後のセーフティネットが出てくるだろうという風には思いますね。金持ちは人を助けないから金がたまる。私も「こぎつねの家」（マイノリティのシェルター）をやってますけど、苦しくて壊れそうな人たちが、お互いに食料を出し合ったり、マスクを出し合ったりしてやってるわけです。でも、これが続くのもあと1〜2年です。貧乏人が最後の力を振り絞って助け合う社会が生まれてきたけれども、これは多分消えるでしょう。

中川 それで何か新しい大きな動きになるというのは非常に難しい。

辛 難しいですね、なぜなら、殺されていく人の方がはるかに少数だからです。つまり、今コロナになっても、死ぬ人は1割ですよ。9割はちょっと治療すれば何とかなっちゃうんですね。1割は急激に悪化していくけど、その1割のために社会が動くというようなベースがないから、だから希望的なことは何もない。だけどその時に絶望しないで生きるにはどうしたらいいのかっていうことだけ。

社会は良くならない。では良くならない中でどう生きていくのか、そこに生きる意味があるのかっていう問いにも、もう経済とかの問題じゃなくて、自分はなぜ生まれたのか、なぜ死ぬのかっていう哲学的な問題に対して答えられない限り、もう答えはない。

日本の選民思想、天皇制をどう議論するか

中川 はい、ありがとうございます。最後にもう一言お願いします。

木戸 今のお話は、日本の文脈ではどうしても天皇制の問題に行きついてしまうと思うんですね。もう抜き差し難い選民思想と言うか、僕もあまり合理的な説明ができないですが。

中川 まあ、そこに行きあたってしまうんですよね、特に今の日本の社会の中ではね。

辛　でも、日本の人はそこに行きあたることを許さないんですよ。そこに触れることも許さないし、そこが原因だとは決して考えようとしない。思考が止まってるんでしょうね。

木戸　貧困の問題にも関わるのですが、去年の天皇代替わりの時、一連の儀式にいったいどれだけのお金がかかったのか。秋篠宮が大嘗祭は天皇家の私費で行うべきだと言ったそうですが、私費って何なんですかね。ともかく、人々の暮らしが苦しくなる中で、神がかった身分制を温存するためにどれだけの税金を使うのか、国会でもどこでもオープンに議論していいわけじゃないですか。ところが、そうした議論を封殺する、税金の使い方を自分の問題として考えさせないメカニズムがあるわけですね。丸山眞男が批判した「無責任の体系」は、しっかり下々にまで根を下ろしています。

　皇室と言えば、三笠宮崇仁という昭和天皇の弟がいました。彼はオリエント史の歴史家ですが、『日本のあけぼの』という本を出しています[19]。昔懐かしい「カッパブックス」ですね。これは、戦前の紀元節を復活させる、今は「建国記念の日」とされていますが、その制定をめぐる議論が起こっていた時期の本です。この本で編者の三笠宮は、「偽りを述べる者が愛国者とたたえられ、真実を語る者が売国奴と罵られた世の中を、私は経験してきた」と冒頭に書いているんです。ところが、日本のマスメディアが今ほど堕落していないあの時代でも、三笠宮は白い目で見られ右翼に狙われました。話は飛びますが、当時の明仁天皇が、皇室と朝鮮半島との血の繋がりを指摘しただけで「反日左翼」とか言われたわけですね。非合理主義、反知性主義もここまでくると、とてもついて行けませんが、こんな理屈にもならない理屈がまかり通る国というのはいったい何なんだろうなって思いますね。

辛　どこの国にも偏狭な人はいるけれど、それが日本ではメインストリームだというのが問題。

中川　やっぱり敗戦の時に本当に天皇制を廃止していたらよかったんですよね。

辛　学習された無力感ですね。でもそんな人たちが有権者で、主権のない、例えば私たちのようなマイノリティはその人たちに自分の命を託さなけれ

ばいけないので、もううんざりですよ。そんな人たちに命を託すくらいなら自分の手で死にたいと思いますね。

中川　やはりこういう議論は、そもそもが深刻な問題で、われわれの社会の中に巣くっていて、相変わらず同じ問題が何かの機会に、そう震災だったりコロナ禍だったり、何かがあるとそれがふっと出てくるんですね、そしてよく見えるようになる、この時のことを私たちは忘れてはいけないですよね。そして、記憶に留めながら、そしてただ記憶に留めるだけではなくて行動しなければいけませんね。でも、今回のコロナ禍で出てきた問題はやはり深刻な問題だという実感は強くなりました。とても大きな課題ですが、こういうことについて議論できることが大切ですね。若い人たちと共有できるっていうことがあれば、そのことにはとても意味があると思います。ありがとうございました。

* 　* 　*

追　記

　鼎談で「コロナ危機で制限された基本的人権を守ろうというデモに極右が入り込んで、不安な人々に憎悪の種をまき散らす」（30ページ）と指摘した状況は、この間異様な展開を遂げた。ドイツの「反コロナ運動」の核心は、政治・科学・ジャーナリズムへの不信・敵意を煽ることにある。コロナウィルス否認論者、予防接種反対派、「帝国市民運動」・「第三の道」・「アイデンティタリアン運動」など極右団体のメンバー、米国発の陰謀説プラットフォーム「Qアノン」の信奉者、極右政党「国民民主党」（NPD）・「ドイツのための選択肢」（AfD）の党員・支持者らが混在するこの運動は、インスタント・メッセージ・サービス「テレグラム」を媒介としている。

　彼らは、コロナ対策を1933年ナチスの全権委任法と同列に置き、自らを当時のユダヤ人差別政策の犠牲者に見立てるなど、常軌を逸した歴史歪曲を唱えている。「自由」を叫ぶその姿は、かつてナチスが「国防の自由」「食糧の自由」「デモの自由」「ヴェルサイユの鎖からの自由」を訴えたの

を彷彿とさせる。

　8月1日、首都ベルリンで、マスクを着用せず、物理的距離も取らずに3万人が参集したデモに気をよくした「反コロナ運動」は、同月29日には約4万人を糾合、一部参加者は帝国議会議事堂に突進し、「黒白赤」のドイツ帝国旗を振り回した。こうした極右の浸透と顕在化は、大衆のレベルだけでなく、11月7日、ライプツィヒのデモを許可したバウツェン上級行政裁判所のように、警察・司法・公安機関・連邦軍などでも確認できる。

　コロナ危機に乗じて差別とニヒリズムを使嗾し体制転覆も謀る「反コロナ運動」は、民主主義は民主主義の敵にどれだけ寛容であるべきなのかという問いを改めて投げかけている。

（木戸衛一）

注

1) 時事通信によると、23カ国・地域における各指導者の新型コロナウィルス対応への評価に関する国際比較調査で、日本は最下位であった。https://www.jiji.com/jc/article?k=2020050800721&g=int

2) ヒトラーは1925年に書いた『わが闘争』で、ユダヤ人が「典型的な寄生虫であり続ける。つまり悪性のバチルスと同じように、好ましい母体が引き寄せられさえすればますます広がってゆく寄生動物なのである。……かれらが現われるところでは、遅かれ早かれ母体民族は死滅する」と述べている。アドルフ・ヒトラー『わが闘争』（上）角川文庫、1973年、434頁。

3) Der Standard（2020年2月8日9日週末版）„China ist keine Krankheit", p.13.（https://www.derstandard.at/story/2000114298103/rassismus-in-corona-nachrichten-china-ist-keine-krankheit）ベルリン在住のコリア系映像作家 Sun-Jo Choi さんのインタビュー記事。名前は Sun-Ju Choi が正しい表記のよう。

4) コリン・クラウチ『ポスト・デモクラシー』青灯社、2007年。

5) ノーマ・フィールド『いま、〈平和〉を本気で語るには』岩波ブックレット、2018年。

6) フランシス・フクヤマ『歴史の終わり』上・下、三笠書房、1992年。

7) https://www.bild.de/politik/ausland/politik-ausland/corona-krise-bild-chef-schreibt-an-chinas-staatschef-70087876.bild.html

8) トーマス・マン『講演集　ドイツとドイツ人』岩波文庫、1990年。

9) ウルリッヒ・ベック『ユーロ消滅？』岩波書店、2013年。

10) その後5月18日、ドイツ・フランス両首脳は、新型コロナウィルス危機後の欧州経済再建のため、5000億ユーロのEU基金の創設を共同提案した。

11) 新型コロナウィルスの感染者情報を感染症法に基づいて情報公表が行われており、京都府の公表では、年代、性別、国籍（日本国籍が外国籍か）が示されていた。龍谷大学法学部金尚均教授が「外国籍かどうかは、海外からの帰国者が特徴的に発症し、市民の衛生に関わる場合のみ示すのが妥当であって、現状で公表する必要は全くない」と府の対応に疑問を呈し、「周囲に外国籍だと明かしていない人もおり、長期入院などを機に『日本国籍でない』と知られることもあり得る。ヘイトスピーチが頻発する近年の日本社会において、外国人差別を誘引しかねない」とコメントしている。（京都新聞 2020 年 5 月 8 日付 20:00）

12) 朝日新聞デジタル（2020年4月8日付）「京産大に抗議や意見が数百件　『殺しに行く』脅迫も」によると、これらの意見の中には誹謗中傷にあたる内容も確認されるという。

13) サミュエル・スマイルズ『自助論』アチーヴメント出版、2016 年、26 頁。

14) Karl Löwith（1897-1973）全集出版の際に死後に発見された遺稿が *Mein Leben in Deutschland vor und nach 1933*（1933 年の前と後のドイツにおける私の生活）としてまとめられ、全集の付録として出版された。その中に、Curriculum vitae (1959)（履歴 1959 年）があり、そこでレーヴィットはドイツから 1935 年にローマ経由で日本へ亡命し（1936-1939）東北大学で教鞭をとった後、真珠湾攻撃（1941）の半年前にはアメリカへと亡命したことや、18 年にわたる亡命生活の後にドイツに戻った際に見たドイツの大学人、知識人が「変わっていない」ことに気が付いたと記している。日本語訳はカール・レーヴィット著秋間実訳『ナチズムと私の生活──仙台からの告発』（法政大学出版 1990）。

15) Hannah Arendt, *Besuch in Deutschland*, Berlin: Rotbuch-Verlag, 1993.

16) リヒャルト・フォン・ヴァイツゼッカー『新版　荒れ野の40年』岩波ブックレット、2009 年。

17) 全文は https://japan.diplo.de/ja-ja/themen/politik/-/2339710

18) 2019 年夏の参院選比例代表に日本維新の会公認で立候補予定であった元フジテレビアナウンサー長谷川豊が、差別を助長する発言をした問題で公認を取り消された。

19) 三笠宮崇仁編『日本のあけぼの』光文社、1959 年、3 頁。

第 1 部　法の視点から

特定の集団に向けられた憎悪に満ちた表現活動が、しばしば人通りの多い道路や繁華街の一角でそしてインターネット上で、公然と不特定多数の人々に聞こえるような態様で行われるようになった。街宣活動やデモなどの機会に、「殺せ、殺せ、○○人!!」「日本から出て行け、出て行け、ゴキブリ○○人」「日本から出て行かなければ、南京大虐殺のつぎは鶴橋大虐殺をするぞ」などと、公然と、多数人が大声で、脅迫的、侮辱的または反復的な態様で、誹謗、中傷したり、または社会的排除もしくは暴力を扇動する。このような表現行為がまさに日本で問題になっているヘイトスピーチである。陰湿にこっそりと行われるような差別落書きもさることながら、ヘイトスピーチは、公然性、拡散性、攻撃性そして人々に対する扇動において悪質さと将来の暴力を誘発する危険性を持つ。

　第二次世界大戦前・戦中を知る世代が亡くなっていくことで過去と現在の関連が薄れつつある。また社会心理として、未来に対する展望の不確かさや社会の治安に対する不安がつきまとい、他方では、清廉さや美しさが強調される社会の中で、不確かさ、不安そして美しさという相矛盾し融合しあえない概念が同居するといった様相を呈しており、社会における不一致が生じているように思える。この矛盾を自らの痛みを伴うことなく、いわば社会の敵を探すように、特権を持っていることに無自覚・無意識な人々（マジョリティ）によってヘイトスピーチが発せられる。

　それにもかかわらず日本では人種差別発言・ヘイトスピーチは野放しにされてきた。国際社会においてヘイトスピーチとこれが誘因するヘイトクライムの危険性は明らかである。関東大震災時の朝鮮人虐殺という歴史を日本社会は過去に持っている。国連も人種差別撤廃委員会が再三にわたり日本政府に包括的な差別解消法を制定し、ヘイトスピーチを処罰するように勧告してきた。しかし日本政府はこれに耳を貸さなかった。

　社会における格差の拡大、歴史認識の修正、国際関係における南北朝鮮および中国との関係の悪化の中で、これらにルーツをもつ人々への攻撃は「敵」に対する攻撃と認識され、正当化される風潮が生まれてきた。民主主義に不可欠な権利のはずの表現の自由という権利が、民主主義を否定するために謳歌される。これにより、政府の認識と軌を一にする表現が保障され、マイノリティは社会から排除され、本来、武器なき者の武器であるはずの表現の自由という権利は押しつぶされていく。

　ヘイトスピーチ規制を促進する社会的・理論的運動は、表現の自由を規制するベクトルとして働くのではなく、社会における民主主義の充実化のベクトルとして作用すると理解することで、ヘイトスピーチ規制は、社会における表現の自由の保障の弱化を食い止めることになる。

　ヘイトスピーチの規制は法的にどのように理論化されるのであろうか。第1部ではこの問題に真正面から取り組む。

第 1 章

インターネットとヘイトスピーチ
——国際人権法の観点から

申惠丰

はじめに

　人種差別や排外主義との闘いは、南アフリカのアパルトヘイト体制や
ヨーロッパでのネオナチ出現への危機感を背景とした人種差別撤廃条約採
択（1965 年）にみられるように従来から国際社会の大きな課題であったが、
1990 年代以降のデジタル通信技術の飛躍的進歩でこの課題は新たな挑戦
を受けている。かつては、出版物の発行、チラシやパンフレットの手渡
し・郵送、電話等、個人にとって限られていた情報発信・流布の方法が、
インターネットの普及によって劇的に変わり、映像や音声を含む様々な情
報を、安価で容易に、しかも瞬時に拡散させることが可能となった。反ユ
ダヤ主義を始めとするヘイトの調査研究を行う人権団体サイモン・ヴィー
ゼンタール・センターは、年次報告「デジタル・テロリズムとヘイト」で、
人種差別や宗教的原理主義を拡散するプロパガンダ活動やそのような思想
に基づくテロ行為の唱道、テロ行為実行者のリクルート、資金調達活動等
を行っている世界中のおびただしい数の SNS、ブログ、ビデオサイト、オ
ンラインゲーム等について調査し、注意を喚起している[1]。同センターの
クーパー氏が講演でふれたように、日本でも在日韓国・朝鮮人へのヘイト
を煽るようなサイトやツイッターアカウントがある[2]ことは周知の通り
で、ネットはヘイトスピーチ[3]の拡散の格好のツールとして活用されて
いる。世界各地では、過激派組織 IS がネットを利用して拡散してきた思
想に影響を受けたテロ事件が後を絶たない。本稿執筆中の 2019 年 4 月には
スリランカで、カトリック教会等が標的となり 250 名以上の死者を出す大
規模な爆破事件が発生したが、これに関与したイスラム過激派組織ナショ
ナル・タウヒード・ジャマート（NTJ）が IS への忠誠を誓う動画や、NTJ
リーダーが IS の思想を紹介したフェイスブック投稿があることが明らか
になっており、IS が「領土」を失ってもその過激思想は強い影響力を保
持していることが示されている[4]。

　このようにインターネットがヘイトスピーチやヘイトクライムを促進す
る強力な媒体となっている現状では、これらに対する実効的な取り組みも
また、ネット時代の要請に対応したものであることが緊要になっている。

国際人権法では、人種差別撤廃条約が中心的な規範枠組みであるが、同条約で設置されている人種差別撤廃委員会は 2013 年、一般的勧告 35「人種主義的ヘイトスピーチと闘う」[5] を採択し、その中で、締約国はインターネットを通して流布されるものを含めあらゆる人種主義的ヘイトスピーチに対し十分な注意を払って実効的な対処を行うべきであるとしている[6]。欧州評議会（Council of Europe）で 2003 年に採択された「コンピューター・システムを通じて行われる人種主義的及び排外主義的性質の行為の犯罪化に関するサイバー犯罪条約の追加議定書」[7] は、コンピューター・システムを通して人種主義的及び排外主義的な資料を公衆に流布することや、人種主義的及び排外主義的動機に基づいて行われる脅迫・侮辱を国内法上の犯罪とするための立法措置を取ることを義務づけている（3～5条）[8]。但し、ヘイトスピーチの法的規制については米国が際立って消極的な立場を取っているため、同議定書は、米国によるサイバー犯罪条約批准を確保するために別途の条約として採択された経緯がある[10]。世界的にみるとヨーロッパ諸国の取り組みが最も顕著であり、EU では 2008 年に後述する「刑事法の手段による人種主義及び外国人嫌悪との闘いに関する EU 理事会枠組み決定」が採択されて、これに沿った国内法整備が行われている。2016 年には、この枠組み決定で定義される違法なヘイトスピーチであってオンラインで行われるものについて、フェイスブック、マイクロソフト等の大手 IT 企業が対処するという行動綱領に合意している。ヨーロッパ人権裁判所も 2015 年の大法廷判決（デルフィ対エストニア事件）で、ネット上のヘイトスピーチについて国内法に基づきポータル運営事業者に損害賠償責任を課した国内裁判所の決定は、表現の自由に関するヨーロッパ人権条約 10 条に違反しないと判断した[10]。

　本稿では、紙幅の制約上、人種差別撤廃条約の国内実施状況を中心に検討することとし、補足的に、ヨーロッパにおける取り組みを概観しながら、インターネットで流布されるヘイトスピーチにかかわる論点について考察を加える。

Ⅰ．人種差別撤廃条約とその国内実施

　人種差別撤廃条約は、1条で人種差別を定義した上で、2条で締約国の基本的な差別撤廃義務について定め、人種差別行為に従事しないこと並びに国及び地方の当局及び機関がこの義務に従って行動するよう確保する義務（(a)）、人種差別を後援、擁護又は支持してはならない義務（(b)）のほか、「すべての適当な方法（状況により必要とされるときは、立法を含む。）により、いかなる個人、集団又は団体による人種差別をも禁止し、終了させる」こと（(d)）も規定する[11]。加えて、人種差別を助長し扇動するヘイトスピーチについては以下に紹介する4条の規定をおいている。また、6条は、管轄下にあるすべての人に対し、条約に反する人種差別行為について、権限のある裁判所その他の国家機関による効果的な保護及び救済措置を確保し、並びに差別の結果被った損害に対して適正な賠償又は救済を裁判所に求める権利を確保することを締約国に義務づけている。

1．4条の規定とこれに対する留保・解釈宣言

　4条は、柱書で、締約国は人種的憎悪及び人種差別を正当化しもしくは助長することを企てる宣伝及び団体を非難し、また差別の扇動又は行為を根絶するための「迅速かつ積極的な措置」を取るとし、このため、世界人権宣言に具現された原則[12]及び本条約5条に定める権利[13]に十分な考慮を払って特に次のことを行うとして、(a)「人種的優越又は憎悪に基づく思想のあらゆる流布」「人種差別の扇動」、他人種集団に対する「暴力行為又はその行為の扇動」及び「人種主義に基づく活動に対する資金援助を含むいかなる援助の提供」も「法律で処罰すべき犯罪であると宣言すること」、(b)「人種差別を助長し及び扇動する団体及び組織的宣伝活動その他のすべての宣伝活動を違法であるとして禁止し、このような団体又は活動への参加を法律で処罰すべき犯罪であることを認めること」、(c)「国又は地方の公の当局又は機関が人種差別を助長し又は扇動することを認めないこと」と規定する。

　本条約の締約国は2019年4月30日現在で180カ国であるが、4条の規

定について留保や宣言を付している国は、日本を含め 19 ある[14]。但し、このうち、条約の規定の法的効果を排除又は変更することを意図したもの（ウィーン条約法条約 2 条 1 項（d）にいう留保）はごく少数（米国[15] 等）であり、大多数は、4 条が言及している通り世界人権宣言の原則や諸権利に十分な考慮を払って本条を実施することを確認し宣言する内容のものであって、留保と称しているものも含め、4 条で許容されている解釈の範囲で自国の立場を明らかにする解釈宣言にあたる（例えば、スイスが「4 条に関する留保」として、「スイスは、とりわけ世界人権宣言に規定された意見の自由及び結社の自由に十分な考慮を払いつつ、4 条の実施に必要な立法措置を取る権利を留保する」[16] としている例）。

　日本は、「4 条（a）及び（b）の規定の適用にあたり、同条に『世界人権宣言に具現された原則及び次条に明示的に定める権利に十分な考慮を払って』と規定してあることに留意し、日本国憲法の下における集会、結社及び表現の自由その他の権利の保障と抵触しない限度において、これらの規定に基づく義務を履行する」という留保を付しており、米国型の留保にもみえるが、日本の留保は 4 条の柱書や（c）には係っておらず、4 条の義務を全体として排除したものではない。また、憲法 14 条によっても何人も人種差別を受けないことが認められているところ、人種による差別なく人権を確保することや法律の平等な保護を保障することは 1979 年に批准した市民的及び政治的権利に関する国際規約（自由権規約）でも義務づけられている（2 条 1 項、26 条）こと、日本はあらゆる人種差別を撤廃するという人種差別撤廃条約の趣旨・目的に賛同してこれに加入したこと、同条約 2 条 1 項（d）により私人や団体による人種差別をも禁止する義務を負っていることからすれば、集会、結社及び表現の自由についての憲法上の保障も人種差別禁止との関係で変容を受けざるをえないことはむしろ当然と考えられる[17]。すでに国内法上も、表現の自由が名誉毀損や侮辱との関係で民事的にも刑事的にも制約を受けるように、これらの権利は絶対的ではないし、日本の留保が想起している世界人権宣言の原則及び人種差別撤廃条約 5 条の考慮はまさに他者の権利の考慮にかかわり、国際人権法上もその要請が組み込まれているのである[18]。なお、自由権規約 20 条は

1項で「戦争のためのいかなる宣伝も、法律で禁止する」、2項で「差別、敵意又は暴力の扇動となる国民的、人種的又は宗教的憎悪の唱道は、法律で禁止する」こととし[19]、表現の自由の制限に関する19条3項によって許容される権利制限の一つを明記したものになっている（20条が対象とする行為は19条3項によってもカバーされる[20]）が、日本はこの20条については留保を付していないことにも留意すべきである。

2.　4条の国内実施状況

4条は締約国に義務を課すものであって、ヘイトスピーチを行う人の行為について直接適用しうる規定ではない[21]から、国内的平面における4条の実施には、国内法の整備が不可欠となる。4条（a）・（b）が一定の行為を「法律で処罰すべき犯罪（an offence punishable by law）」とすることとした規定は、単なる「禁止」を超えて、それらを犯罪とすることを求めたものと解される[22]から、多くの締約国では、これを受けてヘイトスピーチ処罰のための法整備が行われている。

重要なのは、それは、4条に留保や宣言を付していない国（例えばカナダ[23]）だけでなく、付している国についても広くみられる実行だということである。例えばフランスは、「同条において世界人権宣言の原則及び同条約5条に定められた権利についてなされている言及は、これらの文書で保障された意見及び表現の自由並びに平和的な集会及び結社の自由と両立しない反差別法を制定する義務を締約国から免ずるものと解釈する」という宣言を付している[24]。しかしフランスでは、本条約を1971年に批准したことを受けて、翌1972年には、人種差別的行為及び人種差別的表現の両方を対象とした包括的な人種差別法（「人種差別との闘いに関する1972年7月1日の法律72-546号」[25]、通称プレヴァン法）が制定され、これによって主に刑法典と出版の自由法[26]が改正されて、ヘイトスピーチについては、出版の自由法で、人種的憎悪扇動罪（24条）、人種的名誉毀損罪（32条）、人種的侮辱罪（33条）の規定が新設されている[27]。同法は、23条に規定された公表手段（「公共の場所において行われた演説、訴えもしくは威嚇」「公共の場所又は教会において販売されもしくは陳列された販売用又は頒布用の著作物、印

刷物、図画、版画、絵画、紋章、映像その他、著作、言語もしくは映像の媒体となるあらゆるもの」「公衆の面前に貼り出された貼り紙又はビラ」、又は「公衆に対する電子技術によるあらゆる伝達手段」)によって、「出生又は特定の民族、国民、人種もしくは宗教への帰属の有無」[28] を理由とする人又は人の集団に対して行われた名誉毀損、侮辱、差別・憎悪・暴力の扇動を処罰対象とし、1 年の拘禁及び 4 万 5000 ユーロの罰金又はそのいずれかを法定刑としている。オーストラリアは、4 条 (a) に規定された諸行為は名誉毀損罪等既存の刑法で規定されている限りにおいて処罰可能であり、本項の実施については議会の立法に委ねるという内容の宣言を付しており [29]、その後 1995 年には人種差別禁止法を改正して、人種、皮膚の色、国民的もしくは種族的出身を理由に、個人又は集団に不快感を与え、侮辱し、屈辱を与え又は脅迫する行為を違法とする規定(18 条 C)を盛り込んだ [30]。同法に反する差別を受けた者は、国内人権機関であるオーストラリア人権委員会に申立を行うことができる。しかし、オーストラリアのように人種的憎悪や人種差別の扇動について刑事法による規制を行っていない国は、他のほとんどのいわゆる西側民主主義諸国の中では稀で、足並みを揃えていないと評されている [31]。

　他方で、4 条が求める積極的な措置は、刑事規制のみに限られるわけではない。人種差別撤廃委員会は一般的勧告 35 で、「最低限の要求として、民事法、行政法及び刑事法を含む、人種差別に関する包括的な立法が、ヘイトスピーチに対して効果的に闘うために不可欠である」とし [32]、ヘイトスピーチの犯罪化は、スピーチの性格や影響の大きさ等を考慮に入れた上で特に深刻な形態のものについて行われるべきで、それほど深刻でないものは他の手段で取り組まれるべきであるとしている [33]。刑事罰の対象とするヘイトスピーチについて考慮に入れられるべき要素としては、内容と形態(挑発的で直接的なものであったか等)、特定の集団に対する差別のパターンの存在を含め、スピーチがなされた時の経済的・社会的・政治的状況、話者の社会的立場・地位(政治家やオピニオンリーダーの役割は大きい)、伝達の方法を含めた、スピーチの射程範囲(主流のメディア又はインターネットで流されたのかどうか、また伝達の頻度等)、スピーチの目的(人権擁護

のためのスピーチは処罰対象とされるべきでない）が挙げられている[34]。本稿のテーマとの関連では、インターネットで流布されるヘイトスピーチは、それが拡散される射程範囲の広さという点で、ヘイトスピーチの深刻さを評価する一要素とされている点が重要である。上にみたフランスの立法例、カナダの立法例はいずれも、電子的に伝達されたヘイトスピーチを規制対象に含むことを明記している。

3.　日本の状況

　日本では、条約加入時から今日まで、2条1項（d）や5条の規定を国内実施するための、「人種差別禁止法」のような包括的な差別禁止法は制定されていない。4条についても、(a)・(b) について留保を付したまま長い間立法措置を怠り、「留保を撤回し、人種差別思想の流布等に対し、正当な言論までも不当に萎縮させる危険を冒してまで処罰立法措置をとることを検討しなければならないほど、現在の日本が人種差別思想の流布や人種差別の扇動が行われている状況にあるとは考えていない」という立場を取り続けてきた[35]（2016年のヘイトスピーチ解消法制定について（2）で後述）。

(1)　ヘイトスピーチ（インターネット上の公開行為を含む）と不法行為法の
　　　解釈・適用

　このようにヘイトスピーチについても現行法の枠組みによる対処が前提とされる状況で、ヘイトスピーチに対する法的対応としては、(威力業務妨害罪等で刑事事件にもなった京都朝鮮第一初級学校襲撃事件[36]のようなケースを別とすれば) まず民事上の救済が模索され、不法行為法に基づく損害賠償請求や人格権に基づく差止請求において人種差別撤廃条約や憲法上の人格権が援用される形がとられてきた[37]。

　人種差別に関し、入店差別のような事案の裁判例ではこれまでも、憲法14条及び人権条約（自由権規約、及び特に人種差別撤廃条約）に照らして不法行為を解釈し、私人間においても撤廃されるべき人種差別にあたる行為について救済を認めてきた[38]。ヘイトスピーチが行われた場合の損害賠償請求においても、裁判所は、発言の趣旨から、それが同条約にいう人種差

別にあたるかどうかを検討し、条約2条1項や救済に関する6条の観点も
ふまえつつ救済を図っているが、そこでは、以下にみるように、拡声器を
用い怒号を上げるといった態様や、そのような示威活動の様子を撮影した
動画をインターネット上で公開する行為は、（人種差別該当性を満たすととも
に）不法行為の悪質性を基礎づけるものと位置づけられ、被害の深刻さに
対応した損害賠償額の認定において考慮要素とされている。

①京都朝鮮第一初級学校襲撃事件民事訴訟

　排外主義団体のメンバーらが、朝鮮初級学校（小学校）の前で、「北朝鮮
のスパイ機関」「不逞な朝鮮人を日本から叩き出せ」「保健所で処分しろ」
等と叫ぶ示威活動を行った事件の民事訴訟[39]で大阪高裁は、「人種差別
を撤廃すべきものとする人種差別撤廃条約の趣旨は、当該行為の悪質性を
基礎付けることになり、理不尽、不条理な不法行為による被害感情、精神
的苦痛などの無形損害の大きさという観点から当然に考慮されるべきであ
る」とした。「本件示威活動における発言は、その内容に照らして、専ら
在日朝鮮人を我が国から排除し、日本人や他の外国人と平等の立場で人権
及び基本的自由を享有することを妨害しようとするものであって、日本国
籍の有無による区別ではなく、民族的出身に基づく区別又は排除であり、
人種差別撤廃条約1条1項にいう『人種差別』に該当する」。「しかも、そ
の態様は、多人数で、多数の児童らが在校する日中に、いきなり押しかけ
て拡声器を用いて怒号して威嚇し……、街宣車と拡声器を使用して声高に
叫んで気勢を挙げ、広範囲の場所にいる不特定多数の者らに聴取させた
……というものである。……さらには、本件示威活動の様子を撮影した映
像を、控訴人在特会及び主権会の立場からタイトル等を付した上で、イン
ターネット上の動画サイトに投稿して公開し……不特定多数の者による閲
覧可能な状態に置いたことは、その映像を広く拡散させて被害を増大させ
たというだけでなく、映像の流布先で保存されることによって今後も被害
が再生産されることを可能としている。以上の事情を総合するならば、本
件活動は、その全体を通じ、在日朝鮮人及びその子弟を教育対象とする被
控訴人に対する社会的な偏見や差別意識を助長し増幅させる悪質な行為で

あることは明らかである」。裁判所はこのように行為の悪質性を認め、これらの活動は「憲法 13 条にいう『公共の福祉』に反しており、表現の自由の濫用であって、法的保護に値しない」とも述べて、一連の行為について合計 1,200 万円余という高額の損害賠償を命ずる判決を下した。

②徳島教職員組合事件

　本件は、①事件の被告とも重なる排外主義団体メンバーらが、貧困の子どもへの寄付を朝鮮学校にも渡したことを理由に教職員組合に対し抗議の街宣を行い、事務所に乱入し拡声器を用いて事務員に罵声を浴びせる等の示威活動を行った上、現場を撮影した映像を動画配信サービスを用いて公開したという事件である。高松高裁は、被告らの行為は、自らが差別対象とする在日朝鮮人らを支援する者は攻撃を受けるということを広く知らしめ支援活動に萎縮効果をもたらすことを目的としたものであると認め、「人種差別を撤廃すべきものとする人種差別撤廃条約の趣旨は、条約が『人種差別』として禁止し終了させる措置を求める行為の悪質性を基礎付けることになり、当該不法行為の違法性、非難可能性の程度を評価するにあたって十分に考慮しなければならない」とした。そして、動画のネット公開後、実際に組合事務所に嫌がらせ電話が殺到し、動画には視聴者が原告らを非難中傷するコメントが多数書き込まれたことからも、その目的に沿う効果があったことは容易に推認できるとして、この公開行為は「人種差別撤廃条約 1 条に定義する、少数者の『平等の立場での人権及び基本的自由を認識し、享有し又は行使することを妨げ又は害する目的又は効果を有するもの』に該当し、強い非難に値し、違法性の強いもの」とした。また、損害賠償額についても、原告事務員は「本件各示威活動等やその映像をインターネット上で公開する行為という不法行為により、私生活の平穏・人格権を侵害されるとともに、謂われのない『募金詐欺』などと誹謗中傷されてその名誉を毀損され、外傷後ストレス障害に罹患した」と認め、精神的苦痛の慰謝として 300 万円の損害賠償を認定した[40]。

③フリーライター事件（その1）

　フリーライターである在日朝鮮人女性の李信恵さんが、排外主義団体のメンバーらによる街宣活動中に「朝鮮人のババア」等の攻撃を受けたほか、動画配信サービスやツイッター上でも名指しで同様の誹謗中傷を受けた事件で、裁判所は不法行為を認め被告に損害賠償の支払いを命じた[41]。第一審の大阪地裁は、これらが人格権を侵害する不法行為であると認めるとともに、「上記名誉毀損行為及び侮辱行為は、多数の者が閲覧ないし閲覧可能なインターネット上においてなされるか、又は、人通りの多い繁華街の路上での街宣活動において、その場に来ていた原告を名指ししてなされたものであり、その行為態様は悪質」とした。そして、被告の発言が在日朝鮮人への差別を助長し増幅させることを意図して行われたことは明らかであるとして、「人種差別を撤廃すべきとする人種差別撤廃条約の趣旨及び内容（人種差別撤廃条約2条1項柱書、6条）に照らせば、……上記不法行為（名誉毀損及び侮辱）が上記のような同条約の趣旨に反する意図を持って行われたものである点も、慰謝料額の算定において考慮されなければならない」として、精神的苦痛の慰謝料として70万円を認定した。

　控訴審判決は、原審の認定をほぼすべて維持したが、これらの不法行為が「一審原告が女性であることに着目し、その容姿等に関して貶める表現を用いて行われており、女性差別との複合差別に当たる」という認定を加え、人種差別と女性差別との複合差別があったことも認めた[42]。

④ブログ（まとめサイト）運営者の責任——フリーライター事件（その2）

　フリーライター事件で、原告は、上記裁判（その1）で団体メンバーらの責任を問うだけでなく、原告を「寄生虫ババア」「雌チョン」「クソアマ」「バカ左翼鮮人」「朝鮮の工作員」等と揶揄し「日本から叩き出せ」等の攻撃的表現を用いる投稿をネット上のブログ「保守速報」の記事（約1年間に45本）にまとめたブログ運営者に対しても不法行為責任を問う訴訟を提起したが（その2）、その判決では、その1の控訴審判決と同様に複合差別が認められたほか、2016年6月3日に施行されたヘイトスピーチ解消法（後述）の趣旨・内容にも言及がなされた[43]。加えて本件では、他のサ

イトに掲載された第三者の投稿行為の責任とは別個に、それを加工してい
わゆる「まとめサイト」である当該ブログに掲載したブログ運営者の責任
が認定された点でも重要である。

　第一審判決は、一連の記事の内容は、名誉毀損及び侮辱に加え、「在日
朝鮮人であることを理由に原告を著しく侮辱し、日本……社会から排除す
ることを煽動するものであって、憲法14条1項、差別的言動解消法及び人
種差別撤廃条約の趣旨及び内容（差別的言動解消法1条及び2条、人種差別撤
廃条約1条1項、2条1項柱書及び6条）に反する人種差別に当たる内容」、並
びに「原告が女性であることを理由に、その性別、年齢及び容姿をことさ
ら侮辱するものであって、女性差別に当たる内容」を含むと認めた。そし
て、被告は「2ちゃんねる」のスレッドや原告のツイッターに掲載された
ものを単に引用しただけでなく、表題の作成、情報量の圧縮、レス又は返
答ツイートの並べ替え、表記文字の強調といった加工を行っていること、
また、本件ブログ記事はインターネットという不特定多数の者が瞬時に閲
覧可能な媒体に掲載されて広く知られるようになったことを総合考慮する
と、「本件各ブログの掲載行為は、引用元の2ちゃんねるのスレッド等と
は異なる、新たな意味合いを有するに至ったというべきである」とし、「2
ちゃんねるのスレッド又はツイッター上の投稿の掲載行為とは独立して、
新たに憲法13条に由来する原告の人格権を侵害した」と認定した[44]。そ
の上で、一連の「侮辱、人種差別及び女性差別に係る表現は、侮辱的又は
不穏当な表現を繰り返し用いて、原告の精神状態、知的能力、人種、性別、
年齢、容姿等を揶揄してその人格を攻撃し、原告を日本の地域社会から排
除することを扇動するものであるから……原告の名誉感情、生活の平穏及
び女性としての尊厳を害した程度は甚だしいものと認められる。特に、本
件においては、複合差別に根ざした表現が繰り返された点も考慮すべきで
ある」とし、不法行為の態様の執拗さ、名誉毀損・侮辱・人種差別・女性
差別の目的があった点を総合考慮して、精神的苦痛の慰謝料として180万
円を認定した[45]。

(2)　ヘイトスピーチ解消法

　先にふれたように日本は本条約加入に伴う国内法整備を怠ってきたが、2000年代後半以降、特に2010年代に入って、在日韓国・朝鮮人を公然と排撃する団体が街宣活動を繰り広げ[46]、それを撮影した動画をネット配信するといった事態が深刻化するに至って、人種差別撤廃委員会は2014年の総括所見で日本に対し、一般的勧告35もふまえつつ、デモ中の人種主義的暴力の扇動を含むヘイトスピーチに毅然と対処することを求めた[47]。併せて委員会は、インターネットを含むメディアにおけるヘイトスピーチに対しても適切な措置を取ること[48]、そのような行為を行った個人及び団体を訴追すること[49]、ヘイトスピーチや憎悪扇動を流布する公務員や政治家に対する適切な制裁を行うこと[50]、ヘイトスピーチの根本原因に対処し、偏見をなくすため教育分野の措置を強化すること[51]も求めた。このような中、事態を重くみた国会議員[52]らの尽力により国会で立法措置の動きが漸く本格化し、最終的には与党（自民・公明）案として数々の妥協を経たものが2016年5月、「本邦外出身者に対する不当な差別的言動の解消に向けた取組の推進に関する法律」（ヘイトスピーチ解消法）として成立した。

　同法は、「専ら本邦の域外にある国若しくは地域の出身である者又はその子孫であって適法に居住するものに対する差別的意識を助長し又は誘発する目的で公然とその生命、身体、自由、名誉若しくは財産に危害を加える旨を告知し又は本邦外出身者を著しく侮蔑するなど、本邦の域外にある国又は地域の出身であることを理由として、本邦外出身者を地域社会から排除することを煽動する不当な差別的言動」（2条）につき、その解消に向けた基本理念と施策を示したものである（1条）。本法は反人種差別に関する日本初の法律ではあるが、保護対象が限定的にすぎ、人種差別撤廃条約にいう人種差別が適切にカバーされていない難点がある。また何よりも、差別的言動が「許されない」と前文で理念的に宣言しているものの、ヘイトスピーチを禁止する明文規定はなく、当然罰則もなく、国民に対する協力要請（3条）、差別解消に向けて取組む国の責務と地方公共団体の努力義務（4条）を定めているにすぎないため、同条約や自由権規約で義務づけ

られている対策を履行したものとはいい難い。

　上にみた④のように、人種差別の認定にあたり同法が憲法や条約と併せて援用される事案は出てきているが、社会状況としてはネット上も含めヘイトスピーチは依然横行している[53]。ヘイトデモ隊も相変わらず、（ヘイトデモそのものを違法として取り締まるのではなく）カウンターの人々との衝突を避けるために脇を守る警察の一群とともに公道を行進している。明確な「禁止」規定をもたないために、ヘイトスピーチを違法とみる行為規範として違反行為を抑止する効果や、当局が介入する法的根拠となる効果に欠けるのである。人種差別撤廃委員会は日本に対する2018年の総括所見で、本法成立後もヘイトスピーチや暴力の扇動が引き続き行われていること、ネット及びメディアを通じたヘイトスピーチが継続していることに懸念を示し、「自主規制制度の設立を含む、インターネット及びメディアを通じたヘイトスピーチに対処するための効果的な措置を取ること」を勧告している[54]。

(3) 地方公共団体及び国の行政機関によるネット上のヘイトスピーチ対策

　行政機関による対策としては、地方公共団体がヘイトスピーチに関する条例を制定し、ネット上のヘイトスピーチ対策にも取り組む例が出てきている。2016年1月に制定され同年7月1日に施行された「大阪市ヘイトスピーチへの対処に関する条例」は、「ヘイトスピーチ」にあたる表現活動を定義しているが（2条1項）[55]、そこでいう「表現活動」には、「インターネットその他の高度情報通信ネットワークを利用して他の表現活動の内容を記録した文書図画又は画像等を不特定多数の者による閲覧又は視聴ができる状態に置くこと」も含むことを明記している（同条2項）。そして、市の区域内で行われた表現活動、又は市外で行われた表現活動であっても「市の区域外で行われたヘイトスピーチの内容を本市の区域内に拡散するもの」については、市長が、当該表現の内容の拡散防止のための措置及び、インターネットその他の方法によるその公表（当該表現活動を行った者の氏名を含む）措置を取ることを定めている（5条）。大阪市では本条例に基づきヘイトスピーチ該当性等について審議を行う審査会が設置され、その答

申をふまえた措置（プロバイダーへの削除要請、ハンドルネームの公表等）が実施されている[56]。他にも、人権条例のある三重県や広島県福山市等で、部落差別を中心としたインターネットモニタリングが行われ、ネット掲示板管理者に削除要請が行われているほか、ヘイトスピーチ解消法成立後は、川崎市が2018年４月から、兵庫県が同年６月から、地方法務局とも連携して、差別書き込みの削除要請を掲示板管理者やプロバイダー等に行っている[57]。

　国際人権法の観点からすれば、人種差別撤廃条約は日本で国内法として効力を有しており、人種差別のあらゆる宣伝及び扇動は条約上違法とされている（4条）のであるから（かつ、2条により地方の政策レベルにおいても人種差別があってはならないことが要求されている）、人種差別を扇動するヘイトスピーチに対する対策は地方公共団体にも要請されている施策であって、同条約の趣旨目的に合致する。また、ネット上で横行するヘイトスピーチは「匿名性に由来する自制心の麻痺」に起因している面が強いという指摘[58]からも、ヘイトスピーチを行った者の氏名等の公表措置は、有効な対策の一つとして期待しうると考えられる。但し、大阪市条例の運用をみると、表現活動者の氏名等が明らかにならない場合において、市長がプロバイダーに対し氏名の開示を求めるとする条例改正を行うべきかどうかについて、ヘイトスピーチ審査会は、情報の提供を義務づけるものはもとより、情報の提供についてのプロバイダー等の判断に影響を与え表現活動を萎縮させるようなものである限りにおいて現行法（電気通信事業法4条及びプロバイダ責任制限法）に違反するとし、国に対して法改正を求めることが必要であるという答申を提出している[59]。

　国の対策としては、選挙運動の名目で行われるヘイトスピーチの頻発を受け、法務省は2019年3月、立候補者が街頭演説でヘイトスピーチをするなど選挙運動や政治活動に名を借りた差別発言についても、人権侵害であることを安易に否定せず「適切に対応する」よう求める通知を全国の法務局に出している[60]。法務省人権擁護局は「演説がインターネットに載る可能性もあり、ネット対策もする」と説明しており[61]、注目されるが、現行法の下でどこまでの措置が可能かについては疑問もある。

Ⅱ. ヨーロッパにおけるヘイトスピーチ 禁止規範とそれに基づく対応

　人種差別やその扇動に関して、ヨーロッパでは、複数の国際組織がかかわる多層的な取組みがある。

1. 欧州評議会レイシズムと不寛容と戦う欧州委員会（ECRI）の政策勧告

　まず、現在ヨーロッパ大陸のほぼすべての国が加盟している [62] 欧州評議会の枠内では、先にみたサイバー犯罪追加議定書のような条約が採択されているほか、1993 年に設置された「人種主義及び不寛容と闘うヨーロッパ委員会（the European Commission against Racism and Intolerance, ECRI）」が、すべての加盟国が締約国となっているヨーロッパ人権条約の規範（条約規定及び、これを解釈したヨーロッパ人権裁判所の判例）もふまえながら、反人種差別に関する各国の国内法の状況を継続的に調査・報告し、必要に応じて「一般的政策勧告（general policy recommendation）」を出して国内法の整備や政策の実施を促す活動を行っている [63]。

　「人種主義及び人種差別と闘う国内立法に関する ECRI 一般的政策勧告 7」（2002 年採択、2017 年改正）は、憲法、民事法、行政法及び刑事法による包括的な反人種差別対策を加盟国に求め、人種や皮膚の色、言語、宗教、国籍、民族的もしくは種族的出身に基づいた人もしくは集団に対する（a）暴力もしくは差別の公的な（public）扇動、（b）公的な侮辱もしくは名誉毀損、又は（c）脅迫を意図的に行う行為、（d）人種主義的目的で、人種や皮膚の色、言語、宗教、国籍、民族的もしくは種族的出身に基づいた人の集団の優越性又は劣等性を主張するイデオロギーを公的に表明すること、（e）人種主義的目的でジェノサイド、人道に対する罪もしくは戦争犯罪を公的に否定、矮小化、正当化もしくは許容する行為、（f）（a）〜（e）の行為の表明を含んだ「資料（material）」を人種主義的目的で公的に流布又は配布する行為を含め、一定の行為は刑事処罰の対象とされるべきであるとしている [64]。本勧告の解説によれば、「公的」とは例えば、インターネット上のフォーラムで議論がやり取りされる場合を含み [65]、また、「資

料」には、CD、コンピューター・アクセサリー（フロッピーディスクやソフトウェア等）、ビデオテープ、DVD、ゲームも含まれる [66]。

2. 刑事法の手段による人種主義及び外国人嫌悪との闘いに関する EU 理事会枠組み決定

(1) EU 枠組み決定とそれに基づく国内法整備

　欧州連合（EU）[67] は基本条約の一つである EU 運営条約において、EU 理事会が「性、人種もしくは種族的出身、宗教もしくは信条、障害、年齢、又は性的指向による差別と闘うために適切な行動を取ることができる」と明記しており（19 条 1 項）、これに基づき EU では様々な事由での差別禁止に関する法文書 [68] が採択されているが、ヘイトスピーチに関しては、2008 年に採択された「刑事法の手段による人種主義及び外国人嫌悪との闘いに関する EU 理事会枠組み決定」[69]（以下、EU 枠組み決定）が重要である。枠組み決定は加盟国に対し、(a) 人種や皮膚の色、宗教、出生又は民族的もしくは種族的出身に基づいた人又は集団に対する暴力や憎悪を公的に（publicly）扇動すること、(b) (a) の内容のチラシ、図画もしくは資料（material）を公的に流布又は配布すること、(c) 国際刑事裁判所規程で定義されたジェノサイド、人道に対する罪及び戦争犯罪を公的に許容、否定、著しく矮小化する行為であって人種や皮膚の色、宗教、出生又は民族的もしくは種族的出身に基づいた人又は集団に向けられ、それらの人又は集団に対する暴力又は憎悪を扇動するような方法で行われる行為、(d) ニュルンベルク国際軍事法廷憲章で定義された諸犯罪を公的に許容、否定、著しく矮小化する行為であって人種や皮膚の色、宗教、出生又は民族的もしくは種族的出身に基づいた人又は集団に向けられ、それらの人又は集団に対する暴力又は憎悪を扇動するような方法で行われる行為、が処罰されるよう必要な措置を取ることとしている（1 条 1 項 [70]）。本条の (a) 〜 (e) にいう「公的」な扇動その他は、当然ながらインターネット上行われる行為を含みうるし、また「資料」には電子的に作成されたものを含みうる（ネット上のヘイトスピーチに関する明示的な取り組みの展開として下記 (2)）。枠組み決定は 2008 年 12 月 6 日に発効し、その国内実施については EU 委員

会がフォローアップを行い報告書を提出しているが、同委員会は、枠組み
決定の定める行為がオンラインの通信を通して行われる場合を含めて各加
盟国の実行を調査・評価している[71]。

(2) EU 枠組み決定を受けた行動綱領——IT 事業者によるヘイトスピーチ 削除の取組み

　EU 枠組み決定を受けた新たな動きとして注目されるのは、2016 年には、
この枠組み決定で定義される違法なヘイトスピーチであってオンラインで
行われるものについて対処するという内容の行動綱領に、フェイスブック、
マイクロソフト、ツイッター、ユーチューブという大手 IT 企業 4 社が、
EU 委員会との間で合意した[72] ことである。この「オンラインの違法な
ヘイトスピーチへの対処に関する行動綱領」は、「IT 企業は、違法なオン
ラインのヘイトスピーチに取り組むという EU 委員会及び EU 加盟国のコ
ミットメントを共有する。刑事法の手段による人種主義及び外国人嫌悪と
の闘いに関する 2008 年 11 月 28 日の枠組み決定 2008/913/JHA で定義され
る違法なヘイトスピーチとは、人種、皮膚の色、宗教、出生又は民族的も
しくは種族的出身によって定義される人又はその集団に対して向けられ公
的に暴力や憎悪を扇動するすべての行為を意味する」[73] とし、IT 企業が、
自社のサービス上の違法なヘイトスピーチを削除し又はアクセス不能にす
ることができるように通報のシステムを見直すこと、暴力やヘイトの扇動
を禁止することを明らかにする規則やガイドラインを設けること、通報を
受けた場合、それを規則やガイドライン、また必要に応じ EU 枠組み決定
を実施する国内法に照らし合わせて検討すること、通報を検討するための
専門チームがこれにあたること、必要であれば 24 時間以内に違法なヘイ
トスピーチを削除し又はアクセス不能とすること等の取組みをすることと
している[74]。EU 枠組み決定にいう違法なヘイトスピーチの定義をふまえ、
かつ、同枠組み決定の内容を国内実施している加盟国の法制の存在をもふ
まえて、IT 事業者としてヘイトスピーチ削除に乗り出すこととしたこの
行動綱領は、ネット上のヘイトスピーチの削減手段として画期的と評価で
きる。2018 年には、グーグルとインスタグラムも行動綱領に加わった[75]。

　行動綱領の実施状況については毎年定期的なレビューが行われているが、最新の 2019 年 2 月の情報によれば、これらの IT 事業者は違法なヘイトスピーチについての通報のうち平均で 88.9％を 24 時間以内に検討し、71.7％を削除しており、処理率及び削除率は上がり続けている[76]。

おわりに

　日本では、インターネットで流布されるものを含めヘイトスピーチについても現行法の枠組みによる裁判的救済が図られ、その際に人種差別撤廃条約やヘイトスピーチ解消法の趣旨が援用されて、ネット上の公開については不法行為の悪質性を示すものとみる判断がとられてきた。しかし、ヘイトスピーチを明文で禁ずるのでなく不法行為の規定で対処することの一つの限界は、不法行為法は金銭賠償による救済をもたらしうるにとどまり、人種差別を防止し及び再発を防止する規範としての役割を十分果たしうるとはいい難いことである。2016 年にはヘイトスピーチ解消法が成立したが、同法にも、人権条約に沿った形でのヘイトスピーチの定義、及びそれを明確に「違法」とする規定はなく、人の行為規範また当局の法的措置の根拠として用いられるには自ずと限界がある。

　本稿では、ヘイトスピーチをめぐる国際的な取組みと各国の状況を検討したが、人種差別撤廃条約 4 条の国内実施法、ヨーロッパにおけるヘイトスピーチ禁止規範とその国内実施をみると、構成要件の細かい部分においては違いもあるものの、根本的に、ネット上のヘイトスピーチは、その「公開」性、ないし差別の「公的」な扇動等にあたる限りにおいて、明確に、国が撤廃すべきものとされていることが分かる。EU 法と国内法における一定の行為の違法性を基として IT 事業者が自主的な対策を行うようになっていることも重要である。

　最後に、本稿執筆中の新たな展開として、2019 年 3 月にニュージーランドのクライストチャーチで発生したテロ行為（2 つのモスクが礼拝時間中に攻撃され、51 名が殺害された）がネット上で実況中継され拡散したという事態を受け、同国の首相とフランス大統領が呼びかけパリで 5 月に開催された

国際会議において、ネット上のテロ及び暴力的過激主義コンテンツを撲滅するための「クライストチャーチ・コール」が採択された[77]。これは、ネット上からテロ及び暴力的過激主義コンテンツを排除するために、各国が国際人権法に合致した方法で国内法の効果的な執行その他の適切な措置を取るとともに、オンラインサービスプロバイダーがそのようなコンテンツの即時削除を含めた具体的な措置を、明確で透明性の高い形で取ること、各国とオンラインサービスプロバイダーが相互に協力することを宣言した文書であるが、日本を含む 17 カ国と 8 の IT 事業者がこれに賛同署名していることは注目に値する。日本も、この取組みへの賛同をも一つの契機としつつ、ヘイトスピーチ流布の実態に即した実効的な政策と国内法整備を行っていくべきである。

注

1) 2019 年版 は、Simon Wiesenthal Center, Digital Terrorism and Hate 2019, http://www.digitalhate.net/index.php. 本稿で引用する電子媒体資料の出典（URL）は、断りのない限りすべて 2019 年 5 月 17 日に最終確認したものであり、脚注の各所での表記を省略する。
2) Seminar "Digital Terrorism & Hate: The Troubling Growth of Hate & Terror Activity in the Digital Age", https://www.waseda.jp/global-asia/article/2018/07/497.
3) 本稿でヘイトスピーチとは、人種差別撤廃条約 4 条が規定しているような、人種差別やそれに基づく暴力行為を扇動する行為を念頭においている。人種差別とは同条約 1 条において、人種、皮膚の色、世系又は民族的もしくは種族的出身に基づく区別・排除・制限又は優先であって公的生活の分野における平等の立場での人権の享有・行使を妨げ又は害する目的又は効果をもつものと定義されているが、例えば日本の部落差別は、「世系（descent）」による差別としてこの定義でカバーされる。
4)「国内過激派　IS 思想拡散」朝日新聞 2019 年 4 月 24 日、「IS に誓う忠誠　過激思想拡散か」朝日新聞 2019 年 4 月 25 日。
5) Committee on the Elimination of Racial Discrimination, General recommendation No.35: Combating racist hate speech, UN Doc. CERD/C/GC/35 (2013).
6) *Ibid.*, para.7.
7) 2019 年 4 月 29 日現在で 32 カ国が批准又は加入している（Chart of signatures and ratifications of Treaty 189, Additional Protocol to the Convention on Cybercrime, concerning the criminalisation of acts of a racist and xenophobic nature committed through computer systems, Status as of 29/04/2019, https://www.coe.int/en/web/

conventions/full-list/-/conventions/treaty/189/signatures?p_auth=wsH9H78d）。議定書の署名は本体のサイバー犯罪条約に署名した国に開放されており（同議定書 9 条 1 項）、同条約は、欧州評議会の加盟国及び、条約作成に参加した同審議会非加盟国による署名のため開放されている（同条約 36 条 1 項）。日本はサイバー犯罪条約のみ2004 年に署名、2012 年に受諾している。

8)　本議定書はまた、ジェノサイド又は人道に対する罪であって国際裁判所の判決で認められている行為を著しく過小評価、是認又は正当化する資料をコンピューター・システムを通して公衆に流布することを国内法上の犯罪とする立法措置を取ることも義務づけている（6 条）。歴史修正主義と人種主義・排外主義との密接なつながりをふまえ、重大な国際犯罪の事実を公的に否定・是認する行為を規制する立場は、II 節で後述する ECRI や EU による規制にも共通しており、人種差別の扇動に対する今日の国際社会の取組みの重要な一角となっている。日本でも、ヘイトスピーチでは必ずといっていいほど「強制連行はなかった」「慰安婦は売春婦」など植民地支配の歴史を歪曲する歴史否定がセットになっていること（梁英聖『日本型ヘイトスピーチとは何か』影書房、2016 年、80 頁）が想起される。

9)　M. H. Randall, "Freedom of Expression in the Internet", 26 *Swiss Review of International and European Law*（2016）, p.252. 日本における表現の自由の議論は米国のそれを引照基準としがちであるが、国際的にみれば米国の立場はむしろ例外的である（日本には人種差別禁止法すらないが、米国には公共の場における人種等の差別を禁止する 1964 年公民権法があり、数次の改正強化を経ていることにも留意する必要がある）。Beliveau は、IS がネットを活用してテロと暴力の唱道を拡散し、西側諸国含め世界的に戦闘員をリクルートして成功している現状をみれば（例として、2014 年10 月 4 日から 11 月 27 日の間だけで、IS を支持するツイッターアカウントが 4 万 6000以上もあった）、国の安全保障という観点からも、米国はヨーロッパ諸国のようなアプローチを取ることを真剣に検討すべきであると論じている（A-M. Beliveau, "Hate Speech Laws in the United States and the Council of Europe: The Fine Balance between Protecting Individual Freedom of Expression Rights and Preventing the Rise of Extremism and Radicalization through Social Media Sites", 51 *Suffolk University Law Review*（2018）, pp.580, 586）。

10)　European Court of Human Rights, Grand Chamber, Judgment, *Delfi AS v. Estonia*, Application no.64569/09, 16 June 2015. これは、エストニアで最大のインターネットポータルの一つを所有しているデルフィ社が、国内のある海運会社の事業に関する記事をポータル上に掲載したところ、当該会社に対する誹謗中傷や脅迫を含む匿名のコメントが多数寄せられてその記事の下に掲載されたのに対し、そのようなコメントを自ら削除しなかったことについて、国内法に基づき裁判で損害賠償責任が認められたため、ヨーロッパ人権裁判所に提訴した事案であった。本件はユーザーが投稿したコメントに関するポータル運営者の責任についてヨーロッパ人権裁判所の判断が問われた初の事件となったが、同裁判所は、商業的ポータルで記事を掲載していた会社が読

者のコメントを受け付けていたこと、他者の人格権を侵害し暴力を唱道するコメント
の内容、及びそのようなコメントが 6 週間もの間掲載され削除されていなかった事実
をふまえ、表現の自由に対する不均衡な制約はなく条約 10 条に反しないとした。

11）このうち、「禁止する（prohibit）」義務は、刑事規制まで求めたものではない一方、
救済に関して 6 条が人種差別による損害に対する賠償又は救済を求める権利を保障し
ていることからすれば、少なくとも、人種差別行為に対して損害賠償その他の民事上
の制裁が確保されることを要請していると解される（村上正直『人種差別撤廃条約と
日本』日本評論社、2005 年、65 ～ 66 頁）。

12）第二次世界大戦後の国際社会の「国際人権章典」の最初のものとして国連総会で採
択された 1948 年の世界人権宣言は、すべての人の自由・平等（1 条）、権利・自由の
享有における無差別（2 条）のほか、権利・自由の行使においては他の者の権利・自
由の尊重の確保並びに民主的社会における道徳、公の秩序、一般的福祉のために法で
定められた制限に服すること（29 条 2 項）、権利・自由の破壊を目的とした活動は認
められないこと（30 条）等の人権に関する諸原則を規定している。

13）5 条は、2 条の基本的義務に従い、締約国は特に権利の享有にあたって人種差別を
禁止しまた人種差別なくすべての者の法律の前の平等を保障するとして、暴力や傷害
に対する身体の安全及び国家による保護についての権利、政治的権利、一連の市民的
権利並びに経済的、社会的及び文化的権利、輸送機関やホテル等一般公衆の使用を目
的とする場所やサービスを利用する権利を挙げた規定である。

14）United Nations Treaty Collection, https://treaties.un.org/Pages/ViewDetails.
aspx?src=TREATY&mtdsg_no=IV-2&chapter=4&clang=_en.

15）米国は批准に際し、個人の言論、表現及び結社の自由が米国憲法と法律で広範に保
護されている限りにおいて、本条約の特に 4 条と 7 条に基づきこれらの権利を制限す
る立法その他の措置を取るいかなる義務も受け入れないという内容の留保を付してい
る。このほか、パプアニューギニアが、憲法上の人権保障義務を超える義務を受け入
れないという留保を付している（ibid.）。

16）Ibid.

17）政府が憲法適合的として批准した人権条約は、憲法を具体化する解釈指針としての
意味をもち、それに応じて憲法解釈も変わりうると考えることが適切である（近藤敦
『人権法〔第 2 版〕』日本評論社、2020 年、4 頁以下）。集会、結社及び表現の自由に関
する憲法の規定の解釈が、これらの権利に関する自由権規約の諸規定（19 条、21 条、
22 条）を指針として解釈・適用されるべきこともいうまでもない。

18）自由権規約 19 条、21 条、22 条の規定は、法律で定められかつそこで定められた一
定の目的のために必要なものについて制限を認めているが、ヘイトスピーチの規制は、
とりわけ「他の者の権利又は信用の尊重」（19 条 3 項（a））・「他の者の権利及び自由
の保護」（21 条、22 条 2 項）を目的としたものと位置づけられうる。

19）本条は 1・2 項ともこれらの行為を「法律で禁止する」とするにとどまり、人種差
別撤廃条約 4 条のように刑事法による規制までを求めたものではない。

20）Human Rights Committee, General comment No.34 Article 19: Freedoms of opin-ion and expression, UN Doc. CCPR/C/GC/34（2011）, para.50.

21）委員会は「自動執行的（self-executing）ではない」と表現している（Committee on the Elimination of Racial Discrimination, General recommendation No.35, *supra* n.5, para. 13）。

22）M. O'Flaherty and N. Higgins, "International Human Rights Law and 'Criminaliza-tion'", 58 *Japanese Yearbook of International Law*（2015）, pp.57-58.

23）カナダは 1952 年にジェノサイド条約（3 条で「集団殺害の直接かつ公然たる扇動」を処罰対象とする）を批准、1970 年に人種差別撤廃条約を批准し、連邦刑法に「ヘイト・プロパガンダ」の禁止を導入した。318 条はジェノサイドの唱道を、319 条は人種、皮膚の色、宗教、民族的もしくは種族的出身、年齢、性別、性的指向、性自認もしくは性表現、又は精神的もしくは身体的障害によって区別される特定の集団に対する公共の場所での憎悪の扇動並びに意図的な促進を処罰対象とする（Criminal Code, https://laws-lois.justice.gc.ca/eng/acts/C-46/page-67.html#h-91）。319 条 1 項は「いずれかの公共の場所で言明（statement）を伝達する（communicate）ことによって」、2 項は「私的な会話以外で、言明を伝達することによって」と規定するが、7 項は、「伝達」とは電話、放送、その他の音声又は映像による伝達も含むこと、「言明」とは話された言葉、書かれた言葉、電子的・電磁的等の方法により録音された言葉、ジェスチャー、印、その他の可視的な表示を指すことを明記している。

24）United Nations Treaty Collection, https://treaties.un.org/Pages/ViewDetails.aspx?src=TREATY&mtdsg_ no=IV-2&chapter=4&clang=_en.

25）Loi n° 72-546 du 1 juillet 1972 relative à la lutte contre le racisme, https://www.legifrance.gouv.fr/ affichTexte. do?cidTexte=JORFTEXT000000864827&categorieLi en=id.

26）出版の自由に関する 1881 年 7 月 29 日の法律（Loi du 29 juillet 1881 sur la liberté de la presse, https://www.legifrance.gouv.fr/affichTexte.do?cidTexte=LEGITEXT00 0006070722）。

27）光信一宏「フランスにおける人種差別的表現の法規制（1）」愛媛法学会雑誌 40 巻 1・2 号（2014 年）42 〜 43、48 頁；曽我部真裕「フランスにおけるヘイトスピーチ規制」辻村みよ子編集代表、糠塚康江ほか編『社会変動と人権の現代的保障』信山社、2017 年、176 頁。その後 1990 年 7 月 13 日のゲソ法で、ホロコーストの存在に異議を唱えた者を処罰する 24 条の 2 も追加された（同、177 頁）。

28）2004 年 12 月 30 日法による改正で、性別、性的指向又は障害を理由とした人又は集団への名誉毀損、侮辱、憎悪扇動も処罰対象に加わった（同上）。

29）United Nations Treaty Collection, https://treaties.un.org/Pages/ViewDetails.aspx?src=TREATY&mtdsg_ no=IV-2&chapter=4&clang=_en.

30）Racial Discrimination Act 1975, https://www.legislation.gov.au/Details/C2014C00014. その背景や適用状況についてはステファニー・クープ「オーストラリ

アにおける人種に基づく中傷の禁止と表現の自由」大阪経済法科大学アジア太平洋研究センター『アジア太平洋レビュー』10 号、2013 年を参照。

31）A. Berman, "Human Rights Law and Racial Hate Speech Regulation in Australia: Reform and Replace?" 44 Ga. J. *Int'l & Comp. L.* 45（2015）, p.75. 表現の自由保護の観点から 4 条に宣言を付しつつ、権利間のバランスを考慮しながらヘイトスピーチ規制立法に取り組んできたもう一つの国の例として、師岡康子「イギリスの人種主義的ヘイト・スピーチ法規制の展開」国際人権 24 号、2013 年、36 頁以下も参照。

32）General Recommendation 35: Combating racist hate speech, *supra* n. 5, para.9.

33）*Ibid.*, para.12.

34）*Ibid.*, para.15.

35）「人種差別撤廃条約第 3 回・第 4 回・第 5 回・第 6 回政府報告（仮訳）」（2008 年）38 項、「人種差別撤廃条約第 7 回・第 8 回・第 9 回政府報告（仮訳）」（2013 年）84 項（全く同文である）。外務省ウェブサイト（https://www.mofa.go.jp/mofaj/gaiko/jinshu/）。

36）4 名が逮捕・起訴され、器物損壊罪、威力業務妨害罪等により執行猶予付懲役刑が科された（京都地判 2011（平成 23）年 4 月 21 日判時 2208 号 74 頁）。被告人 4 名中 3 名については判決が確定し、1 名は控訴したが同年 10 月 28 日大阪高裁で控訴が棄却されている。

37）これらの民事上の対応とその評価として、斉藤拓実「ヘイトスピーチにいかに対応すべきか――規制の展開とその特徴」法学新報 125 巻 3・4 号（2018 年）115 頁以下も参照。

38）外国人風の容貌であることによる入店拒否について、人種差別撤廃条約にいう人種差別の定義を援用して不法行為の成立を認め 100 万円の損害賠償の支払いを命じた事例（札幌地判 2002（平成 14）年 11 月 11 日判時 1806 号 84 頁。札幌高判 2004（平成 16）年 9 月 16 日で控訴棄却、最高裁で 2005（平成 17）年 4 月 7 日上告不受理決定により確定。

39）京都地判 2013（平成 25）年 10 月 7 日 LEX/DB25501815、大阪高判 2014（平成 26）年 7 月 8 日判時 2232 号 34 頁（同年 12 月 9 日の最高裁決定で上告棄却及び不受理、朝鮮学校側勝訴が確定）。

40）高松高判 2016（平成 28）年 4 月 25 日 LEX/DB25543016（同年 11 月 1 日の最高裁決定で上告不受理、教職員組合及び事務員側勝訴が確定）。

41）大阪地判 2016（平成 28）年 9 月 27 日 LEX/DB25544419、大阪高判 2017（平成 29）年 6 月 19 日 LEX/DB25448757（同年 11 月 29 日の最高裁決定で上告不受理により確定）。

42）但し、複合差別を認定しながら原審の賠償額にとどめたことには疑問も呈されている（齋藤民徒「複合差別に根ざすヘイト・スピーチと人権条約の国内適用」国際人権 29 号、2018 年、99 ～ 100 頁）。

43）大阪地判 2017（平成 29）年 11 月 16 日判時 2372 号 59 頁、大阪高判 2018（平成 30）年 6 月 28 日判例集未登載（同年 12 月 11 日の最高裁決定で上告不受理により確定）。

44）インターネット上の表現は従来型のメディア上の表現よりも強く保護されるべきであるとして違法性阻却を求めた被告の主張については、「インターネット上の表現であるからといって、一般の読者がおしなべて信頼性の低い情報として受け取るとは限らないこと、インターネット上に掲載された情報は、不特定多数の者が瞬時に閲覧可能であり、これによる名誉毀損の被害は時として深刻なものとなりうること、一度損なわれた名誉の回復は容易ではなく、インターネット上での反論によりその回復が十分に図られる保証があるわけでもない」と述べて退けている。

45）この結論は控訴審判決でも維持されたが、控訴審判決は判断理由で、不法行為の違法性を基礎づける要素として原審が名誉毀損、侮辱、人種差別、女性差別の４つを並列させていた部分を変更して後者２つを削除し、「控訴人の不法行為は、人種差別及び女性差別に当たる内容も含んでいるから、悪質性が高い」と加えた。これについては、人種差別と女性差別は（不法行為該当性でなく）あくまで不法行為の「悪質性」を基礎づける事情として位置づけ、条約の定義にあてはまる人種差別行為があっても名誉毀損や侮辱に該当しない限り同等の違法要素としてカウントしないという理解に基づくものとみる余地があるという懸念（齋藤、前掲評釈（注42））が表されている。

46）2013年６月に東京の新大久保で朝鮮人皆殺しを叫ぶ街宣行動を目の当たりにした梁英聖は、彼らの様子には「一方的にマイノリティを攻撃して悦に入る嗜虐性や、なかば本能的に感じているだろう安全圏──いくらヘイトスピーチをくりかえしても、刑罰や訴訟や失業のリスクがない日本国内──にいるという安堵感」がよく表れていたと評している（前掲書（注9）27～28頁）。人種差別撤廃条約の締約国であるにもかかわらず、反ヘイトスピーチ規範が法律のレベルで存在しないことが現出させた、本来あってはならない醜悪で異常な事態である。

47）Committee on the Elimination of Racial Discrimination, Concluding observations on the combined seventh to ninth periodic reports of Japan, UN Doc.CERD/C/JPN/CO/7-9 (2014), para.11 (a).「ヘイトスピーチ対処勧告　国連委　日本に法規制促す」(2014年8月30日朝日新聞) として国内でも大きく報道された。

48）Committee on the Elimination of Racial Discrimination, Concluding observations on the combined seventh to ninth periodic reports of Japan, supra n.47, para.11 (b).

49）*Ibid.*, para.11 (c).

50）*Ibid.*, para.11 (d).

51）*Ibid.*, para.11 (e).

52）特に、有田芳生『ヘイトスピーチとたたかう！──日本版排外主義批判』岩波書店、2013年を参照。

53）解消法を受けて法務省に「ヘイトスピーチ被害相談対応チーム」が新設されており、ネット上の書き込みについても、人権救済申立を受けて人権侵犯と認定した場合に、法務局がサイト運営会社に削除を要請するケースは増えている。しかし、運用では被害者がまず自力で削除依頼をし、それで削除されなかった場合等に法務局が要請を行っているところ、個人の依頼に会社が対応する率は低く、実効性が低いと指摘され

ている（川口泰司「ネット社会と部落差別――現状と政策課題」2018 年 5 月 30 日院内集会「解消法施行から 2 年　ネットはヘイトにどう向き合うべきか」レジメ 16 頁）。

54）Committee on the Elimination of Racial Discrimination, Concluding observations on the combined tenth and eleventh periodic reports of Japan, UN Doc. CERD/C/JPN/CO/10-11（2018）, paras.13-14.

55）それは、（1）人種もしくは民族に係る特定の属性を有する個人又はその集団（特定人等）を社会から排除すること、特定人等の権利・自由を制限すること、特定人等に対する憎悪もしくは差別の意識又は暴力を煽ることのいずれかを目的とし（目的）、（2）特定人等を侮辱し又は誹謗中傷するもの、脅威を感じさせるもののいずれかの態様で（態様）、（3）不特定多数の者が表現の内容を知りうる状態におくような場所又は方法で行われる（方法）ものであること、である。

56）大阪市ヘイトスピーチ審査会（https://www.city.osaka.lg.jp/shimin/page/0000366957.html#kakusann bousi）。

57）地方自治体の取り組みについて詳細は、本書第 4 章を参照。

58）小倉秀夫「ヘイト・スピーチの投稿者についての発信者情報開示」http://www.ben.li/article/hatekaiji. html.

59）大阪市ヘイトスピーチ審査会「インターネット上の投稿サイトを利用して行われるヘイトスピーチを行ったものの氏名又は名称を当該投稿サイトの運営者から取得するために大阪市としてとりうる方策について（答申）」2018 年（https://www.city.osaka.lg.jp/shimin/page/0000366957.html）。

60）「法務省、統一選控えヘイト初通知」共同通信 2019 年 3 月 20 日（https://this.kiji.is/481069146961265761）。

61）同上。

62）冷戦終結後には元共産圏諸国も加盟しており、2019 年 4 月現在、ベラルーシを除く 47 カ国である。

63）ECRI の活動の概要については、M. Kelly, *ECRI: 10 Years of Combating Racism, A Review of the Work of the European Commission against Racism and Intolerance*, 2004 がある。

64）ECRI General Policy Recommendation No.7 on National Legislation to Combat Racism and Racial Discrimination, para.18（https://rm.coe.int/ecri-general-policy-recommendation-no-7-revised-on-national- legislatio/16808b5aae）.

65）*Ibid.*, para.38.

66）*Ibid.*, para.42.

67）2019 年 4 月現在、加盟国は 28 カ国である。

68）人種差別に関しては、二次法の一つである「人種的又は種族的出身に関係なく個人間の平等待遇の原則を実施する理事会指令 2000/43/EC」（https://eur-lex.europa.eu/LexUriServ/LexUriServ.do?uri=CELEX:32000L0043:en:HTML）が中心的なものであり、加えて、2000 年の EU 基本権憲章が関係する。

69） Council Framework Decision 2008/913/JHA on combating certain forms and expressions of racism and xenophobia by means of criminal law, https://publications.europa.eu/en/publication-detail/-/publication/ f015ed06-b071-41e1-84f1-622ad-4ec1d70/language-en.

70） 但し、加盟国は、1項に定められた行為のうち、公の秩序を乱す方法で行われたもの又は脅迫的、権利濫用的もしくは侮辱的方法で行われたもののいずれかのみを処罰することを選択しうる（2項）。

71） European Commission, *Report from the Commission to the European Parliament and the Council on the implementation of Council Framework Decision 2008/913/ JHA on combating certain forms and expressions of racism and xenophobia by means of criminal law*, COM（2014）27 final, para.3.1.2. *National transposition measures and data on application of the Framework Decision submitted by the Member States*, SWD（2014）27 final も参照。

72） European Commission, Press release, "European Commission and IT Companies announce Code of Conduct on illegal online hate speech"（http://europa.eu/rapid/press-release_IP-16-1937_en.htm）.

73） 行動綱領は続けて、「IT 企業と EU 委員会はまた、ヨーロッパ人権裁判所が述べた通り、好意的に受け止められ又は無害もしくは無関心の事柄とみなされる『情報』や『考え』だけでなく国又は人口の一部を怒らせ、ショックを与え又は不安にさせる『情報』や『考え』にもあてはまる表現の自由についての権利を擁護する必要性も強調する」とも述べ、表現の自由に関するヨーロッパ人権裁判所の重要判例である1976 年の Handyside 対イギリス事件判決について言及している。

74） Code of Conduct on Countering Illegal Hate Speech Online（available at *supra* n.73）.

75） European Commission, Press release, "Countering illegal hate speech online — Commission initiative shows continued improvement, further platforms join"（http://europa.eu/rapid/press-release_IP-18-261_en.htm）.

76） European Commission, *Code of Conduct on countering illegal hate speech online*, *Factsheet*, February 2019（https://ec.europa.eu/info/sites/info/files/code_of_conduct_factsheet_7_web.pdf）.

77） "Christchurch Call to Eliminate Terrorist & Violent Extremist Content Online", http://www.christchurchcall. com.

第2章

ヘイトスピーチの社会問題化と
ヘイトスピーチ解消法

金尚均

序　問題

1.　差別問題への対応の懈怠

　2016 年 5 月 24 日、第 190 回国会（常会）の衆議院本会議で「本邦外出身者に対する不当な差別的言動の解消に向けた取組の推進に関する法律案」（以下、ヘイトスピーチ解消法）が可決・成立した。本法は、日本における初めての反人種差別法である。日本政府は 1995 年に人種差別撤廃条約に加入した。本条約が 1965 年に国連で全会一致で採択されてから 30 年後の出来事である。この間、日本は、本条約に加入を長らくしなくてもよいほど調和のとれた、差別問題のない社会だったのであろうか。現実にはそうとは言い難い。在日朝鮮人や被差別部落の人々に対する差別は激しかったし、依然として存在している。日常の生活レベルの偏見や差別意識に基づいて生じる社会的差別と、法律や条例等による制度的差別がまさにそれである。さらに条約加入後も国内法の整備は行われてこなかったというのが現実ではなかろうか。

2.　京都朝鮮第一初級学校襲撃事件

　日本社会におけるこのような人種差別を象徴する事件として、2009 年 12 月に起きた京都朝鮮第一初級学校に対する襲撃事件がある。本件は、京都朝鮮第一初級学校前ならびにその周辺で 3 回にわたり、侮蔑的な発言を多くともなう示威活動を行い、その映像をインターネットで公開したものである。事件現場には司法警察職員がいたにもかかわらず、現行犯逮捕はおろか、中止又は制止させることもなく、漫然と刑法上の犯罪行為ならびに民法上の不法行為を傍観していた。警察のこのような態度が被害を深刻化させたと同時に、人種差別表現を社会に蔓延させる決定的要因になっている点は否めない。

　この事件に対して、被害当事者が民事訴訟を起こし、京都地裁と大阪高裁は次のような判決を出した。「一般に私人の表現行為は憲法二一条一項の表現の自由として保障されるものであるが、私人間において一定の集団に属する者の全体に対する人種差別的な発言が行われた場合には、上記発

言が、憲法一三条、一四条一項や人種差別撤廃条約の趣旨に照らし、合理的理由を欠き、社会的に許容し得る範囲を超えて、他人の法的利益を侵害すると認められる時は、民法七〇九条にいう『他人の権利又は法律上保護される利益を侵害した』との要件を満たすと解すべき」とし、それゆえ「人種差別を撤廃すべきものとする人種差別撤廃条約の趣旨は、当該行為の悪質性を基礎付けることになり、理不尽、不条理な不法行為による被害感情、精神的苦痛などの無形損害の大きさという観点から当然に考慮されるべきである」[1]として、名誉毀損と業務妨害を認め、人種差別撤廃条約違反をその根拠として、加害者側に約 1226 万円の損害賠償を命じた。

　本判決は、人種差別表現が不法行為に該当し、その違法性は通常の名誉毀損に比べて高いとしている。これにより、ヘイトスピーチが人種差別であり人種差別撤廃条約に反すると、日本において初めて判断したのである。本判決の意義は、日本において表現行為による人種差別が違法であり、しかも重大であることを示し、人種差別の問題を社会と司法において顕在化させ、人種差別を防止する立法の必要性を明示したことにある。他方、法解釈においては、名誉毀損の違法性の重大性を測る要素として人種差別が間接適用された。

　本判決が嚆矢となって、人種差別を撲滅するための社会的取り組みが活発になり、立法機関である国会において人種差別撤廃のための立法が検討されるに至った。

3.　ヘイトスピーチ解消法

　第 190 回国会において世論の強い働きかけにより排外的な動きに対処せざるを得ず、ヘイトスピーチ解消法が成立することになった。

　本法前文では、属性を理由とする、属性を共通とする不特定の集団に対する差別的言動が「多大な苦痛」を生じさせ、しかも「社会に深刻な亀裂」を生じさせているとしている。これは、ヘイトスピーチが単に不快という感情レベルを超える害悪であると明示しているのであるが、これがヘイトスピーチ規制において問題になる。例えば、生命、身体という身体に対するものなのか、名誉という人格権に対するものなのか、それとも「人

間の尊厳」という法の究極の保護利益なのかは、法律には示されていない。他の差別事象と同様に、差別行為が惹起する害悪の究明こそが本法律の改正ならびに刑事規制の必要性を明らかにすると考える。また、社会の決定システムとしての民主主義は対等かつ平等な社会的地位が保障されたもとで社会に参加することを前提とするが、社会に深刻な亀裂という表現は、ヘイトスピーチはこれを否定することを指している。

　1条では、ヘイトスピーチが日本社会において解消すべき問題であることを認めている。その上で、その解消に向けて国と自治体に責務があることを定めた。

　2条では、ヘイトスピーチによる攻撃からの保護対象を定めている。ここでいう「本邦外出身者」とは、「専ら本邦の域外にある国若しくは地域の出身である者又はその子孫であって適法に居住するもの」と定義している。これにより、難民申請者や不法滞在者等は適法に居住していないとされる者として扱われ、保護の対象から除外される。これについては附帯決議において、これら「以外のものであれば、いかなる差別的言動であっても許されるとの理解は誤りであり、本法律の趣旨、憲法及び人種差別撤廃条約の精神に鑑み、適切に対処する」としたが、それであれば、なぜ法律で明確に定義しなかったのかが疑問として残る。また、性別、性的指向、世系又は民族的若しくは種族的出身という要件が排除されたことにより、ヘイトスピーチ解消法は外国人とその子孫のみを保護対象にすると限定している。このことは、一面では法律の構成要件を明確化したとも言え、昨今のヘイトスピーチの攻撃対象が主として在日朝鮮・韓国人の人々であることに照らすと、この法律がこれに対処するという強い政策的メッセージを社会に発信したと見ることもできる。しかし、そもそもヘイトスピーチは外国人に向けてのみ行われているのではない。社会において優越的な地位にあるマジョリティが、不当に、劣位におかれている特定のマイノリティに対して、その属性を理由に取りあげて攻撃を向けるのである。そうであるとすると、本条の保護対象の限定はヘイトスピーチの本質を十分に汲み尽くしているとは言い難い。本条については今後の改正の対象となることは必至である。

　同じく2条で、差別的言動（ヘイトスピーチ）の定義が示されている。ヘイトスピーチの要件として、①行為の目的（差別的意識の助長又は誘発）、②公然性、③表現行為（生命、身体、自由、名誉又は財産に危害を加える旨を告知）、④攻撃理由（本邦の域外にある国又は地域の出身であること）、⑤排除の扇動性が規定されている。

　4条は、国及び地方公共団体の責務について規定しており、国は、本邦外出身者に対する不当な差別的言動の解消に向けた取組に関する施策を実施するとともに、地方公共団体が実施する本邦外出身者に対する不当な差別的言動の解消に向けた取組に関する施策を推進するために必要な助言その他の措置を講ずる責務を有する。これに対して地方公共団体は、本邦外出身者に対する不当な差別的言動の解消に向けた取組に関し、国との適切な役割分担を踏まえて、当該地域の実情に応じた施策を講ずるよう努めるものとするとして、努力規定に止まっている[2]。なお、本法律の制定に際して附帯決議が出されており、本法に関する衆議院附帯決議2項「本邦外出身者に対する不当な差別的言動が地域社会に深刻な亀裂を生じさせている地方公共団体においては、その内容や頻度の地域差に適切に応じ、国とともに、その解消に向けた取組に関する施策を着実に実施すること。」として規定しており、本法4条を補充していることに注意しなければならない。

　5条は、国及び地方自治体の相談体制の整備を定めているが、ここに書いてある不当な差別的言動に関する紛争の防止又は解決を図ることができるようにするための必要な体制とはどのようなものなのか、条文を見るだけでは判然としない。ここには、差別被害実態調査の実施や差別防止政策審議会の設置等も考えられるし、地方自治体であれば、本法をより充実化させるための条例の制定等も考えられる。これを制定させるには、ヘイトスピーチ被害防止のための市民側の運動が、本条を充実化させるのに不可欠である[3]。

4．ヘイトスピーチ解消法の問題点
　以上のヘイトスピーチ解消法の制定により、今日、公共の場でのヘイト

スピーチに対する法益保護は十全となったと言えるであろうか。

　ヘイトスピーチとは、公然と、（特定・不特定を問わず）多数の人々に認識させるのに可能な態様又は方法で、（特定・不特定を問わず）多数の人々を扇動する目的を持って、――例示すると――人種、民族、出自、性別、性的指向等によって特徴づけられる集団に対して、又はこれに属することを理由に個人に対して、攻撃的若しくは脅迫的又は侮辱的な態様で、集団に対する誹謗若しくは中傷すること又は社会的排除若しくは暴力を扇動することである。その本質は、――誹謗中傷の場合であれ――標的となった集団の人々の属性を理由に差別意識を浸透又は固定化させ、社会から排除する効果を生じさせることにあり、このような効果を企図して発せられる。このような差別的言動の被害実態が本法の前文で明らかにされたことを手がかりにして、「多大な苦痛」の中身とその侵害を明らかにし、その上で、法益保護を追求すべきだということは言うまでもない[4]。

　ところで本解消法は、しばしば理念法と言われる。それは法律中に禁止規定や罰則がないからである。しかし、理念とは、本来、個別問題の処理において生かすべき解釈指針であるとすれば、本法の趣旨に即して既存の法令を解釈して適用することになる。本解消法がその解消を目標としている行為が行われ、既存の法令を適用する場合、本法の趣旨に即して解釈することになる。本法が人種差別撤廃条約の国内履行のために国内法の整備として制定されたのであるとすれば、本法は、条約を間接適用せずとも、人種差別的な言動に対して適用されることになる。また、それだけでは適当でなければ、――人種差別撤廃条約の精神に照らして――新たな立法によって本法の趣旨に即した法益保護をするべきである。

　ヘイトスピーチの攻撃対象になるのは社会で生活する人々であり、これらの人々は民主主義社会において共に社会に参加して、社会の諸事項を決定する構成員でもある。特定の属性を理由に対等かつ平等であるはずの構成員としての地位を剥奪することを扇動するためにヘイトスピーチが発せられる。このようなヘイトスピーチの危険性とそれが日本社会で行われていることを直視して制定されたのがヘイトスピーチ解消法であるとすれば、本解消法が制定された今日、法律があるにも関わらずそこに何らの制裁も

ない状況では、ヘイトスピーチに対する抑止手段もなく、これにより、法的思考の結果として、ヘイトスピーチを発してもかまわないという結論が出てくる可能性があり、逆に、民主社会の健全な発展を阻害するおそれが生じるのではなかろうか。このような事態を回避するためには、本法附則2項「不当な差別的言動に係る取組については、この法律の施行後における本邦外出身者に対する不当な差別的言動の実態等を勘案し、必要に応じ、検討が加えられるものとする。」と規定されているように、禁止規定を制定し、これを刑罰によって担保する等、実態に即した法益保護を追求すべきである。

Ⅰ．インターネット上のヘイトスピーチ

1．インターネットへの期待と危うさ

　インターネットの普及はめざましく、その利用規模は世界的である。パソコンやスマートフォンを利用して極めて簡便な方法で世界中にメールを送り、サイトを閲覧して情報を得ることができる。また、ソーシャルネットワーキングサービス（Social Networking Service、SNS）を利用して、多くの人々がインターネット上で交流することができるようになっている。このSNSとは、ソーシャルサービス・ソーシャルアプリ等を提供する際に利用されるプラットフォーム（土台・基盤）・ソーシャルプラットフォームのことである。プラットフォームは、さまざまなインターネットのニュースの提供を受け入れる場である。ここには、プロフィール、メッセージ送受信、タイムライン、ユーザー相互リンク、ユーザー検索、ブログ、アンケート、コミュニティ作り等の機能があり、これらを使って広い範囲で情報の送受信ができるようになり、自己の主張や意見を表明することができるようになっている。また他人の意見表明を知ることも同様である。SNSの登場により自己の意見を表明する機会及び回数は断然増えたと言える。しかもこれを拡散させることも格段に容易になった。実際に特定の場所に生身の人間が集まらずとも、インターネットにアクセスするだけで多くの人たちが仮想的に集まることができるようになった。あるSNSに登録す

れば、オンライン中であれば、特定のユーザーからの情報、つまり意見表明等を同時に、またそうでない場合には後ほど知ることができる。このように SNS を人々の集まる「場」として利用することで、私たちは表現する機会と情報を知る機会を得ることが可能になった。その利便性は計り知れない。

　他方、SNS の普及によって解決しなければならない問題も生じている。その一つが業務妨害、脅迫、名誉毀損そして差別表現である。インターネットでは、時として書き込みしている者は、自分のパソコンから一人こっそりと書き込み・投稿をしており、本人の認識としては「非公然」のプライベートな出来事と理解しているかもしれない。しかしそれは誤解である。現実はそうではない。インターネット空間は不特定多数の人々が仮想的に集合し、出会いを繰り返している、まさに「公然」の公共空間なのである。しかも従来の公然性とは、多数の人々が表現を目にする規模と機会の多さの点で全く異なる。確かに紙媒体による表現も SNS 上のそれと類似であるが、後者の場合、世界中からのアクセスの可能性と、しかもインターネット上の表現は表面上「削除」されたとしても完全に削除されることはないことから、やはりその規模は断然異なると言える[5]。

　SNS の書き込みは、表現者の意図に反して、公然と公共空間での自己の意見表明であり、そのアクセス可能性の規模からして、時として特定の行為を唆し又は煽ることがある。人種差別表現もその一つである。例えば、SNS 上に人種差別表現を書き込むことである。一般的に、このような表現について、苦情に基づく SNS のホストプロバイダによる削除、民事上の不法行為としての名誉毀損・脅迫の場合に民事訴訟、又は刑法上の犯罪に該当する場合は刑事訴追等の司法的対応があり得る。しかし、民事訴訟を提起する場合には表現者の特定が不可欠になるが、ホスティング・プロバイダからこのような書き込みをした者の IP アドレスを知り、これを受けて、次に経由プロバイダから本人の名前や住所等を知ることは易々とできることではなく、むしろかなり困難と言える。なお、書き込みを削除又はブロッキングすることを SNS のホスティング・プロバイダに要請した場合、今日では、ホスティング・プロバイダはこれに対応するシステムを

持っている場合がある。例えば、Facebook 社ではコミュニティ規定を
持っており、Facebook 上でどんなコンテンツをシェアしていいのか、ど
のようなものが報告や削除の対象になるのかという目安を分かりやすくす
るためのポリシーとなっている。「礼儀正しい行動」の項目では、ヌード、
差別発言、暴力の支持や過激な描写を含むコンテンツが削除対象となって
おり、差別発言について、これを削除するとされている。そこでは、「差
別発言とは、他人を以下のような要素に基づいて直接攻撃する内容を含む
コンテンツのことです」と書かれており、その理由として、人種、民族、
国籍、信仰、性的指向、性別、ジェンダー、性同一性障害、病気等を列挙
している。しかし、このような対応はあくまでホスティング・プロバイダ
側の任意のそれである。このような事情の下では、SNS 上では、一方で、
差別表現が野放しとなり、他方で、被害者は泣き寝入りせざるを得ないこ
とになる。人と人のコミュニケーションの手段・方法そしてその場所を科
学技術により発展させたことが、人々の相互理解ではなく、差別表現を広
い範囲で拡散させ、特定集団への攻撃又は排除を扇動する機会を増やした
と評価せざるを得ない事態が現前にある。

2. ネット上の情報の特殊性

　現行法上、プロバイダ責任制限法は、被害救済の可能性を示すと共に、
プロバイダの免責を定める。同法3条では、権利が侵害されたとき、SNS
のホスティング・プロバイダがこれによって生じた損害について、権利を
侵害した情報の不特定の者に対する送信を防止する措置を講ずることが技
術的に可能な場合に [6]、①プロバイダが情報の流通によって他人の権利が
侵害されていることを知っていたとき、又は②プロバイダが、情報の流通
を知っていた場合であって、他人の権利が侵害されていることを知ること
ができたと認めるに足りる相当の理由があるときのみ、損害賠償を請求す
ることができる。同法4条は、自己の権利を侵害されたとする者は、次の
場合、インターネット接続業者等、経由プロバイダに対し、当該プロバイ
ダが保有する発信者情報の開示を請求することができる。①侵害情報の流
通によって当該開示の請求者の権利が侵害されたことが明らかであるとき

で、かつ②当該発信者情報が当該開示請求者の損害賠償請求権の行使のために必要である場合等、正当な理由があるときである[7]。

　とりわけ3条に関連するSNSのホスティング・プロバイダについて、例えば、特定人の名誉毀損に該当する表現行為があった場合に、被害者等が当該投稿・書き込みについて削除要請した場合の民事責任の要件を示している。インターネット上の投稿・書き込み等による表現は、当該情報の拡散性・広範性、（名誉毀損等の場合）攻撃性・侮辱性の強度と扇動性、そして一度アップロードされた表現は削除することが困難であるという意味での実害の継続性においてそれ以外のものとは桁違いに異なる。当事者の被害は深刻と言える。裁判所を通じて行為者の民事責任又は刑事責任等の司法的救済もあり得るが、それを待っていては結果の惹起が持続的であるという意味で実害が継続し、しかも拡散する。その典型として、「インターネット上に公開された動画には、第1審原告bを嘲笑、侮辱、攻撃する夥しい書き込みがなされたが、第1審原告bにおいてこれに反論する術もない。インターネット上に公開された映像は、例え当該動画サイトから削除されたとしても、これを閲覧した者によりデータが保存され、繰り返し再生することが可能となることは容易に想定でき、被害者に大きな精神的苦痛を与えるものである。」[8]と判示した判例がある。違法な行為又は人種差別的な情報がネットワーク上に残っているにもかかわらず、それを削除しないプロバイダ等が存在し、画像等が放置され、拡散される。「インターネット上に載せた情報は、不特定多数のインターネット利用者が瞬時に閲覧可能であり、これによる名誉毀損の被害は時として深刻なものとなり得ること、一度損なわれた名誉の回復は容易ではなく、インターネット上での反論によって十分にその回復が図られる保証があるわけでもない」[9]のであり、インターネット上に画像等が流通し続けるという事実がある。これにより法益侵害が継続し、しかもアクセスの速さと容易さにより被害が拡大し得る状況が残る。このような情報の拡散と被害の継続性に対応して、何よりもまず、問題の情報をプラットフォーム上からできるだけ早期に削除することが求められる。これにより、結果の惹起が持続的であるという意味での実害の継続と拡散を止めることができる。本条では、

SNS のホスティング・プロバイダが他人の権利が侵害されていることを知っていたにもかかわらず故意に削除しなかった場合、又は権利が侵害されていることを知ることができたと認めるに足りる相当の理由のある過失により削除しなかった場合のみにホスティング・プロバイダの民事責任を限定している[10]。ここでは、「他人の権利の侵害」要件が特定個人の具体的な権利侵害を求めているとすると、SNS のホスティング・プロバイダは数多くの投稿の中から自ら率先して権利侵害を発見するわけではないから、苦情・通報を受け付け、認識した後に、「他人の権利の侵害」を知ることになる。それゆえ、ホスティング・プロバイダは自ら率先してユーザーの書き込みの合法性をチェックするわけではない。その意味で、ホスティング・プロバイダはプラットフォーム上での表現について検閲など、積極的に監視することはない。むしろ表現と議論の場を提供しているにすぎない。苦情・通報によって投稿・書き込みを削除するか否かはホスティング・プロバイダの判断に委ねられている。

3. ネット被害回復の困難さ

けれどもプラットフォームを提供しているだけといっても、SNS 運営者は、特定社会における表現の環境が全くの無秩序であることを無視してもかまわないということではなかろう。名誉毀損、脅迫、恐喝等の犯罪構成要件に該当する表現犯が行われた場合を考えれば分かるように、それらが当該プラットフォーム上で無秩序に行われることを予防するためのルール作り等一定の環境整備をする必要がある。例えば、インターネット上における差別的表現等について、法律による規制は最小限に留め、ホスティング・プロバイダによる自主的な取り組みの実行をまず追求すべきであることは言うまでもない[11]。そのためのルールは各々の SNS で作られている。その意味でインターネット上の表現だけが無秩序に行われているという理解は不正確である。ただ、インターネット上の投稿・書き込みの数、その拡散性そしてそれが継続してインターネット上に残っていることによる実害の規模等に照らして有効なコミュニティ秩序が不完全にしか構築されていないのも確かである。このような環境の中では、一般的推測として、名

誉毀損等の権利を侵害する表現並びこれに対する削除要請の苦情・通報に比してこれに対する削除件数は少ないと思われる。ホスティング・プロバイダが削除要請に対応しない場合、被害者は送信防止措置請求のために民事訴訟を提起して、裁判所の命令を待って削除してもらうしかない。けれども訴訟にかかる時間や費用を考慮すると、司法的救済はかなり敷居が高く、結局のところ権利侵害的表現がインターネット上で野放しになってしまうおそれがある。

　以上、インターネット上の投稿・書き込みの拡散性と実害の継続性、ホスティング・プロバイダによる対応の不十分さ、そして司法的救済に要する時間や費用等の敷居の高さに対応した、SNSに関する法的環境整備が求められる。

Ⅱ．ヨーロッパにおける対応

1．ヨーロッパにおけるネット規制の背景

　このような事情に対して、ドイツで「SNSにおける法執行を改善するための法律」（Gesetz zur Verbesserung der Rechtsdurchsetzung in sozialen Netzwerken（Netzwerkdurchsetzungsgesetz, NetzDG））が制定された。本法は、とりわけ、Facebook、Google、Twitter、YouTube等のインターネット上のソーシャルプラットフォームを運営するSNSのホスティング・プロバイダを名宛人として、ユーザーによるプラットフォーム上での書き込み・投稿、つまり意見表明について一定の措置を求める[12]。

　本法の主たる内容は、公然の人種差別表現、つまりヘイトスピーチ（ドイツ刑法130条「民衆扇動罪」）等SNS上での違法な内容の表現についてSNSのホスティング・プロバイダが削除又はブロッキングすること等の措置を施すことを義務づけ、そしてこれを懈怠した場合の制裁である。従来は、特定の属性を理由として個人に対してヘイトスピーチが行われたとしても、また意見表明を投稿という形式でSNS上にした表現者の投稿が削除されたとしても、いずれも民事上の損害賠償という私人間の問題であった。しかし、これに加えて、前者についてホスティング・プロバイダが削除又は

ブロッキングしなかったことにつき公法上の制裁が加えられるに至った。

　そもそもこの立法は、ドイツ政府が Facebook 社や Google 社とヘイトスピーチ等ドイツ国内で違法とされる書き込みについて可能な限り 24 時間以内に削除することで 2015 年 12 月 16 日合意したことに端を発している。ヘイトスピーチに気付いた利用者が簡単に業者に報告できる仕組みを確保し、報告を受けた書き込みの大半について内容を 24 時間以内に確認し、必要があれば速やかに削除する仕組みを構築した。が、この合意に基づくこれらホスティング・プロバイダ側の対応は必ずしも十分ではなかった。

2．プラットフォーム行動規範

　また、2016 年、欧州委員会は、これら IT サービス大手は違法なヘイトスピーチの削除要請があった場合、大半を 24 時間以内に審査し、必要があればヘイトスピーチを削除するか又は内容を見られないようにすることで合意（オンラインの違法なヘイトスピーチへの対処に関する行動綱領 "Code of conduct on countering illegal hate speech online"）した。これは、「人種差別と排外主義の表現の態様に対する刑法的撲滅のための 2008 年 11 月 28 日の EU 理事会の枠組み決定」に由来する。本枠組み決定においては、以下のように規定されている。

　　　同 1 条（人種差別排外主義に関する罪）1 項「各国は、以下の意図的な行為が可罰的であることを明らかにするために必要な措置を講じるべきである。
　　　（a）公然と、人種、肌の色、宗教、出自、国籍又は民族によって定義される人々の集団又は当該集団の構成員に対する暴力又は憎悪を扇動すること
　　　（b）文書、図画又はそのものの頒布や交付により（a）により規定された行為をすること」[13]

3．欧州委員会のイニシアティブ

　本行動規範に署名した会社（Facebook、Google、Twitter、Microsoft 等）が

各自、違法なヘイトスピーチに対処し、暴力や憎悪の扇動を禁止する規則
を定めることにした。これにより各社の規則に基づいて違法なヘイトス
ピーチを削除する等の措置を施すことになった。本規範は、削除要請に対
して迅速に対応することを確実にすることを主たる目的とした。しかし
2016 年末、欧州委員会によれば、24 時間以内に対応されたのは全体とし
てたったの 40％で、ヘイトコンテンツへの対応が 1 番速いのは YouTube、
遅いのは Twitter とされている。2017 年 9 月 28 日、欧州委員会は、ヘイ
トスピーチへの十分な対応を行わないソーシャルメディアに制裁を科すた
めの法整備を行うと発表した。欧州委員会は上記のように各ソーシャルメ
ディアに対し、人種差別的・暴力的な投稿を適時に削除するよう対策を求
めていた。欧州委員会デジタル経済・社会担当委員であるマリヤ・ガブリ
エル（Mariya Gabriel）は「現状維持は不可能だ。28％以上の事例で違法コ
ンテンツの除去に 1 週間以上かかっている」と述べ、「この数ヶ月間に早
急に行動を起こす」ことができなかった場合、欧州委員会は新法を検討す
るとしつつ、以下の提案を示した[14]。

・違法な内容を率先して効果的に削除すること
　　違法なオンライン情報への対処の第一歩として迅速でかつ率先
した削除、ブロッキングをすること、そして再びそのような内容
の情報が現れることを阻止するための共通の制度を提案する。
・認知と報告
　　オンラインプラットフォームは、国の諸官庁と密に共同作業を
し、相談窓口を設置すること。これにより違法な情報を削除すべ
き場合に迅速にそれをすることができる。認知のスピードを速め
るためにオンラインプラットフォームは信頼に値するアドバイ
ザー、つまり専門機関の設置が強く勧められる。その上、ユー
ザーが違法な情報を報告することができるようになる自動認識技
術を導入し、これに投資すること。
・効果的な削除
　　違法な情報はできる限り早く削除すること。オンラインプラッ

トフォームはユーザーにそのポリシーを正確に示し、通報の数や
態様に関する透明性を保った報告をすること。さらに、インター
ネット企業は情報の過剰な削除を回避するための安全措置を導入
すること。
・再び同じ情報が現れることを阻止すること
　　プラットフォームは違法な情報が再びアップロードされること
のないように措置をとること。欧州委員会は、先に削除された情
報が再び現れるのを阻止するための自動装置の利用と発展を助成
すること。
・次のステップ
　　欧州委員会は、数ヶ月間の間、オンラインプラットフォームの
動向を注意深く監督し、違法な情報の迅速で率先した認知と削除
を保障するために追加措置が必要であるかを評価する。ここには
既存の法枠組みを補足するための立法措置を含む。この作業は
2018年5月までに終える。
・背景
　　欧州委員会は既に違法なオンライン情報について拘束的及び非
拘束的措置によって対応してきた。政策的対応としては、児童の
性的虐待と性的搾取及び児童ポルノの撲滅のためのガイドライン、
テロリズム撲滅のためのガイドライン、そして著作権の改正及び
AVメディアのガイドライン及びデジタル単一市場のための政策
がある。

　先に述べたような2015年のドイツ政府による、Facebook社やGoogle社
との国内で違法とされる書き込みについての合意を端緒に、以上の欧州委
員会によるSNS上のヘイトスピーチへの対応に先んじてドイツでは立法
が行われた形になる。
　以上の内容の多くは下記で紹介するドイツの新立法でも持ち込まれてい
るが、違法な情報が再びアップロードされないようにするための措置を講
じることを求めているところに注目すべきである。これはドイツの新立法

でも定められておらず、今後、諸国においてどのように取り扱われるのか
が注目に値する。

Ⅲ．ドイツにおける新立法（SNS における法執行を改善するための法律）

1．ドイツにおけるネット規制への道程

　ドイツの新立法の中身を検討する前に、従来、SNS 上のヘイトスピーチ
についてどのように対処されていたのかを概観する。

　ドイツでは侮辱罪（ドイツ刑 185 条以下）と並んで、ヘイトスピーチ、つ
まり特定の属性によって特徴づけられる集団に対する罵詈雑言、ひどい侮
辱又は暴力や排除の扇動表現を規制する民衆扇動罪（同 130 条）がある。
ヘイトスピーチは刑事規制の対象であり、SNS 上の意見表明もその例外で
はない。その一つとして、ドレスデン検察庁は、ペギーダ（PEGIDA）（西
洋のイスラム化に反対する愛国的ヨーロッパ人）の設立者を起訴した。被告人
は、2014 年 9 月、Facebook 上で難民並び難民申請者に対して、次のよう
な投稿をした。

　　おっと、報道がくずどもに同情を寄せているのを見てどう思う？
　一度、社会局で働いていることから毎日そいつらを見ている人たち
　と話をしてみるといいよ。あの汚い奴らがどのように振る舞って、
　何を要求しそして求めているものを得られなければどんなことが起
　こるのか。社会局は、2 人のガードマンを雇っていたが、この間、
　虫けらたちを守るために 7 人も雇うことになった。ホントに嘘だ。
　戦争難民なんか一人もいない。
　　ヨーロッパにやってくることができるような奴らは、明らかに、
　恐怖にさらされている人たちではない。目を覚ませ、そしてメディ
　アのプロパガンダを広めるのをやめよう、信じるのをやめよう。ホ
　ントなってこった！

　以上の書き込みに対して、2016 年 5 月 3 日、ドレスデン簡易裁判所は、被告人に対して 9600 ユーロの罰金を科し、同年 11 月 30 日に確定した[15]。

　もう一つの例として、被告人が、「どう思う、メルケル（首相）のこと、あの畜生に石を思いっきり投げてやれ、そして、おい、あいつは、ドイツ国民の名の下でユダヤ人の奴らに支援を提供しているよ。ユダヤ人にこのことを言ってやれ、そしてこの無辜の大部分のドイツ人の大量虐殺を通してユダヤ人を憎んでやれ、俺は自分たちの政府を恥じる、ここですぐに革命を起こして、ドイツの全ての政治家の頭をたたき割りたいよ」と Facebook 上に投稿した。これにつきカッセル簡易裁判所は、「ユダヤ人の奴ら」との表現について宗教的及び・又は出自によって特定される人々であるユダヤ人に対する「冒瀆」（ドイツ刑 130 条 1 項 2 号）要件に該当し、大量虐殺という表現による非難は「悪意による侮辱」（刑 130 条 1 項 2 号）要件に該当する。そして「政治家の奴ら」との表現について、ドイツにおいて代表している議会の市民政党の中核の構成員を示す。これは、個人的にはもはや識別できないかつ国民全体から特定の要件によって区別される国内にいる多数人としての国民の一部に該当する。国民の一部たる特定集団に対して頭をたたき割れとの表現は「暴力的措置を求める」要件（刑 130 条 1 項 1 号）に該当すると判示した[16]。

　意見表明等の表現が特定の民衆扇動罪（ドイツ刑 130 条）や侮辱罪（同 185 条）等の犯罪構成要件を満たす場合、刑事告発・告訴等を通じて起訴することができる。確かにこのように司法的救済を得ることができ、しかも当該犯罪事実となる表現がインターネット上から迅速に削除されるのであればより被害を小さくすることができると言えよう。特にインターネット上に示される投稿等の表現は、投稿した者が当該書き込みを削除しない限り、当該表現は掲載され続ける。このことは、当該表現を閲覧する機会の提供とその拡散を持続させることを意味すると同時に、法益に対する侵害・危殆化が継続することも意味する。

2. SNS の情報に対するプロバイダの対応

　以上は、表現が犯罪構成要件に該当した場合の例であるが、刑事告訴す

る以前の問題として、ホスティング・プロバイダに対する特定の投稿に関
する削除要請についてはどうであろうか。この問題についてドイツの判例
を見ることにする。

　掲載差止命令申立人・Ｘは、彼がドイツのメルケル首相と一緒に撮った
自撮り写真等 3 枚が Facebook 上で匿名のユーザーによって投稿・掲載さ
れた。それらは申立人本人に無断で掲載されたのであるが、Ｘがブリュッ
セル、ベルリンそしてアンスバッハでのテロ攻撃に関与した旨の主張が付
されていた。その中には、Ｘは「ベルリンで家のない人々を殺害しようと
した行為者だ。メルケルは行為者と一緒に写真を撮った！」と写真付きで
投稿されていた。しかし、これは嘘の情報だった。つまり Fake News
だったのである。Ｘは、Facebook 社に対して、匿名の者によって行われ
た、上記の主張の付いた自己の自撮り写真の投稿を削除することを要請し
た。これに対して Facebook 社は投稿を削除し、しかもＸの弁護人から申
告のあった情報について既に迅速にブロッキングしたので既に法的な争い
は必要ないと主張した。しかしＸにとっては、この元々の無断の投稿を削
除しただけでは十分ではなかった。Facebook 社に対して、他の嘘の主張
をばらまいた全ての投稿を削除するように要請した。ここでは元々の自撮
り写真が他の者によってコピー等され、他のユーザーによって Facebook
上で再び掲載されていたのである。

　Ｘは、Facebook 社に対して申立人に関する文字又は意味に即した形で
の主張をやめ、投稿及び写真を削除することを請求内容として仮処分を申
し立てた。Ｘは、Facebook 社には、アップロードされた情報について極
めて広範な利用権を与えられており、この権利はユーザーの投稿又はアカ
ウントを削除した時点を超えて妥当するのであり、Facebook 社は、当権
利を有することで単にポータルサイトとして運営しているだけでなく、自
己の情報を示すことが可能となっている、と主張した。

　本件についてヴュルツブルク地方裁判所は申立を却下した [17]。

　判決によれば、Facebook 社は、ドイツ通信媒体法 10 条の「他人の情
報」について責任を負わない [18]。Facebook 社は単にプラットフォームを
提供しているにすぎない。Facebook 社にプラットフォーム上でのコミュ

ニケーションについて監督する義務はない。Facebook 社は行為者でも幇助者でもない。匿名のユーザーによって写真は掲載された。申立人は、被申立人がこの「他人の情報」を通信媒体法7条1項にいう「自己の」ものにしたということを疎明しなかった。ドイツ通信媒体法7条2項により、サービス提供者は一般的態様の監視義務を負わない。被申立人はホスティング・プロバイダとして専ら第三者のためのプラットフォームを提供しているにすぎない。これとは逆に、ユーザーは、Facebook サービスに対して責任を持つ。写真は「他人の情報」である。通信媒体法7条1項に基づく被申立人の「自己の情報」ではない [19]。被申立人はアップロードも頒布もしていない。このような理由から、ドイツ民法823条2項、ドイツ刑法187条、民法1004条に基づく被申立人の責任と不作為要求は考慮されない。もっとも、誹謗中傷の違法な事実を知り、かつ遅滞なく削除しなかった場合には責任がある（ドイツ通信媒体法10条）[20]。ポイントとしては、ホスティング・プロバイダは、違法な事実があったことを知った場合に初めて削除又はブロッキングすることになるが、ここで違法であることを知ってとは、あくまで通報を受けてから対応をはじめるということであり、自ら率先して削除等の対応をすることではない。但し、原則的に民法823条1項の重大な人格権侵害があった場合、ホスティング・プロバイダは、写真によって申立人に対する誹謗中傷があったことを知った場合、Facebook 上に保存された内容全てについて、写真がなお Facebook 上にあるのか、又は他の利用者によってアップロードされたのか若しくは共有されたのか、そしてとりわけ URL が存在し続けているのかを検証する作為義務を負う。ホスティング・プロバイダが権利侵害を認識することにより、削除又はブロッキングするという意味で検閲する義務を負うことになる。しかし、いかなるやり方でさらなる他の頒布を阻止するのか、つまり削除するのかは、プロバイダの技術等に委ねられる。このような理由から、Xによる仮処分の申立は却下された [21]。

　なお、ドイツ通信媒体法では、SNSのホスティング・プロバイダの免責は、その活動が技術的、自動的かつ受け身のものである限りで認められる [22]。単に情報を保存するための準備を整えておくことは受け身的なも

のである。利用者の投稿した情報を単に保存しただけではこれを自己のもの、つまり自己の情報にしたとは言えない。これに対して、ホスティング・プロバイダ関係者が直接アップロードした情報については通信媒体法10条にいう「他人の情報」には当たらない。

3. ドイツにおける自主規制の試み

　従来、苦情や通報によってホスティング・プロバイダの定める自主規定に基づき削除や退会等の対応がとられていた。削除は、削除要請のあった（匿名又は実名ユーザーによる）特定の投稿又は表現に対してであって、当該投稿又は表現が他のユーザーによってコピーされ、改めて投稿された場合のことを対象にしていない。しかもこれはあくまで何ら法的規制ではない。ドイツ通信媒体法10条では、重大な人格権侵害等の違法な行為又は情報を知った場合、ホスティング・プロバイダは、当プラットフォーム上に投稿された内容全てについて、当プラットフォーム上で他になおも存在するのか、又は他の利用者によってアップロードされたのか若しくは共有されたのか、そしてとりわけ URL が存在し続けているのかを検証する義務を負う。これに対して、ドイツの新立法は、苦情・通報があった場合にこれに迅速に対応することも求め、作為義務を懈怠した場合に過料を科すとしている。

　ドイツ政府は、SNS における法執行を改善するための法律を提案するに至った。ドイツ政府の立法提案によれば、ネットにおける議論文化は、しばしば攻撃的、侵害的で、しかも少なからず憎悪に満ちている。有効に対処され訴追されていないヘイトクライムや他の犯罪は、自由で、開かれたそして民主的な社会の平穏な共同生活にとって大きな危険をはらんでいる。その上、アメリカ大統領選挙の経験からドイツ連邦共和国においても、SNS における可罰的な嘘の情報（Fake News）への対処は極めて重要である。それゆえ、民衆扇動、侮辱、侮蔑又は犯罪を見せかけることによる公的平穏の攪乱等のような客観的に可罰的なコンテンツ・内容を迅速に削除するために、SNS における法の貫徹の改善が必要である。とりわけ Facebook、YouTube、Twitter におけるヘイトクライムと他の犯罪的コンテン

ツの広まりにより、ドイツ連邦法務省が既に 2015 年に、SNS の運営者と社会の代表者との Task Force を編成するきっかけとなった。SNS 企業は、通報・苦情に対するユーザーに利用可能なシステムを設備しそして言語的及び法律的に知識を持つチームによって多くの苦情・通報を検証しそして違法である場合には削除することを自ら義務づけた。この検証の基準はドイツ法である。この自らの義務づけは初めて改善を導いた。しかしまだ十分ではない。処罰に値する情報はほんのわずかしか削除されていない。SNS による削除のモニタリングでは（2017 年 1 月、2 月）、ヘイトクライムや他の処罰に値するコンテンツの利用者による苦情は相変わらず、迅速でなくしかも十分には処理されていないことが判明した。YouTube では 90%が削除された。Facebook では 39%、Twitter では 1%であった。SNS の運営者は、それが適切に運営されることに責任がある。従来の制度と自己への義務づけだけでは十分に効果を発することができず、現行法の貫徹にとって重大な問題が生じており、ヘイトクライムと可罰的な内容に迅速に対処するために SNS 運営者のコンプライアンス違反について過料を科する制度が必要である。そのため、報告義務、代理機関の選定等の有効な苦情処理等のコンプライアンス規則を法律上制定する必要があるとしている[23]。

4.　SNS における法執行を改善するための法律について

　本法の要旨は次の通りである。

　　①ドイツ国内に 200 万人以上の利用者のいる SNS の運営者を対象とする
　　②利用者が簡単にアクセスでき、かつ常に利用できる苦情手続を提供する
　　③利用者の苦情を遅滞なく受け取り、刑法上問題になるのかを検証する
　　④明らかに刑法上問題になる内容の表現は、苦情を受け入れてから24 時間以内に削除又はブロッキングする

⑤苦情に関する決定について、苦情を申し立てた者及び書き込み利用者に理由を説明する

⑥社会ネットワークの運営者は、苦情に関する有効な処理システムを整えず、特に処罰に値する内容の表現を完全又は迅速に削除しない場合には、秩序違反法を犯したことになる。苦情処理に関する責任者には最高500万ユーロ、企業に対しては最高5000万ユーロの過料を科す

　本法 1 条 1 項では、利益を得ることを意図して、利用者が他の利用者と任意の内容を享有し又は公共の場で閲覧に供するインターネット上のプラットフォームを運営する電話通信事業者を対象とする。2 項では、国内利用者が 200 万人以上のソーシャルネットワーキングサービスを対象とする。3 項では、違法な表現内容の対象を規定する。ドイツ刑法 86 条（憲法違反の組織のプロパガンダの頒布）、同 86 条 a（憲法違反組織の象徴物の使用）、同 89a 条（重大な国家を危殆化する暴力行為の準備）、同 91 条（重大な国家を危殆化する暴力行為挙行の指示）、同 100a 条（国家反逆的な偽造）、同 111 条（犯罪行為への公然の扇動）、同 126 条（犯罪を行う旨の脅迫により公の平和を乱す罪）、同 129 条（犯罪団体の結成）、同 129 条 a（テロ団体の結成）、同 129b 条（外国における犯罪団体又はテロ団体の結成）、同 130 条（民衆扇動罪）、同 131 条（暴力の記述）、同 140 条（犯罪行為への報酬の支払及び是認）、同 166 条（信条、宗教団体及び世界観を共有する団体に対する冒瀆）、184b 条（児童ポルノ文書の頒布、獲得及び所有）、同 184d 条（禁止された売春営業）、同 185 条から 187 条（侮辱罪）、同 201a 条（録画による高度に私的な生活領域の侵害）、同 241 条（脅迫）、又は同 269 条（証拠として重要なデータの偽造）の意味での表現である。

　本法 2 条 1 項では、年間 100 件以上の苦情が寄せられる SNS の運営者は、違法な内容に関する取扱いについて半年毎に連邦官報及び自身のホームページで開示しなければならない。同 2 項では、報告の内容について以下のように定める。

1　プラットフォーム上で刑法犯を阻止するために行った努力につ

いての説明
2　違法な内容に関する苦情の伝達システムとその削除又はブロッキングするための基準
3　苦情の総数並びその内容
4　苦情処理のための、組織、人的配備、専門的及び言語的能力並びに苦情処理を管轄する人々に対する教習及び相談
5　苦情処理機関の存在が分かる組織部門図
6　決定をするための外部機関が受けた苦情の件数
7　問題となった内容を削除又は阻止した件数
8　苦情の受理から削除又はブロッキングするまでの時間（24 時間以内、7 日以内又はそれ以上）
9　苦情に関する決定について苦情を申し立てた者と利用者に伝達する措置

　本法 3 条 1 項では、SNS の運営者は、違法な内容に関する苦情処理のための有効な手続制度を整備していなければならないと定めている。
　同 2 項は、手続は以下のことを保障しなければならないと定めている。

1　遅滞なく、苦情を認識し、苦情に示されている内容が違法か否か及び削除又はブロッキングしなければいけないか否かを判断する。
2　苦情が行われた後、明らかに違法な内容は 24 時間以内に削除又はブロッキングする。
　　SNS が刑事訴追機関と協力して、長期間を必要とする場合は、この限りではない。
3　全ての違法な内容は、遅滞なく、原則的に、苦情の到達後 7 日以内に削除又はブロッキングしなければならない。以下の場合には、7 日間を超えることができる。
　　a）違法性の判断が、摘示事実が真実でないこと又は明らかに他の諸般の事情による場合。運営者は利用者に対して弁明の

　　機会を与えることができる。
　　ｂ）運営者は 7 日間以内の決定を本法 6 項から 8 項までに基づ
　　　　いて設置された自己規制機関に委ね、かつそれらの判断に従
　　　　う場合。
　 4　削除の場合に証拠提出目的のために保全すること及びこの目的
　　　のために 2000/31/EG ならびに 2010/13/EU のガイドラインの適
　　　用範囲内において 10 日間保存する。
　 5　決定について苦情申し立て者及び利用者に情報を提供し、理由
　　　を説明する。

　同 3 項では、手続は、全ての苦情とその援助のためにとられた措置が
2000/31/EG ならびに 2010/13/EU のガイドラインの適用範囲内において
文書化されていることが求められる。
　同 4 項では、苦情の取扱いは、SNS の指導部によって 1 ヶ月毎に検査さ
れなければならない。苦情処理の委託を受けた者に対して、定期的に、少
なくとも半年に一度、教習及び相談が SNS の指導部によって実施されな
ければならないと定めている。
　同 5 項では、同 1 項に基づく手続は、4 条に挙げられる行政官庁によっ
て委託を受けた機関によって監督されなければならないと定めている。
　同 6 項では、機関は、本法の意味における規則の整った自己管理の機関
として、次の場合に承認することができると定めている。

　 1　審査者の独立性及び専門知識が保障されていること
　 2　対応可能な施設及び 7 日以内の迅速な審査が保障されているこ
　　　と
　 3　手続規則が定められていること
　 4　苦情受付機関が設置されていること
　 5　対応可能な施設を保障する幾つかの運営者又は機関によって運
　　　営されていること

　同7項では、規則が整った自己規制機関の承認のための決定は、4条に挙げられた行政機関が行うこと。この行政機関とは法務省であると定めている。

　同8項では、承認は全体又は部分的に撤回することができる。事後に承認の要件を欠く場合には附帯条項を付けることができると定めている。

　本法6条1項で、2条に基づく報告は、第一回目として、2018年の上半期に行われる。

　同2項では、3条に基づく手続は本法の施行後3ヶ月以内に実施されなければならない。

Ⅳ．若干のまとめ

　ドイツの新法は、SNSへの問題のある投稿に関して、苦情の取扱いの義務づけ等、当該ホスティング・プロバイダに対してコンプライアンスのための新たな作為義務を求めると共に、義務違反に対する制裁を定めている。これにより、従来の通信媒体法による民事責任に加えて、国家による規制によってホスティング・プロバイダは特定の表現への対応を迫られることになった。

　従来からも SNS 上での権利侵害に対して当該 SNS が独自に定めたコミュニティ規定に基づいて削除等をしてきた。本法はこの削除やブロッキング手続を法的に義務化して、苦情・通報への SNS 側の対応を強化させるねらいがある。一つ問題は、特定の投稿に関する本法1条3項の該当性を裁判所ではなく、私人である SNS のホスティング・プロバイダが判断することである。加えて本法は、義務を懈怠した場合に過料を科すことで、従来、司法による判断に委ねていた微妙な表現内容もホスティング・プロバイダに対応を迫ることになる。第1に単に表現と交流の場としてのプラットフォームを中立の立場で提供しているにすぎない、そして表現の自由という基本的人権の保護に照らし表現の内容について司法判断に委ねるとのホスティング・プロバイダの態度、第2に問題ある投稿による法益侵害の拡散と継続、そして第3に投稿者の行為の「野放し」状態、というこ

れら三者三つ巴の狭間でホスティング・プロバイダを対象にしてとられた
インターネット上の表現対策と言える[24]。とりわけ SNS という特定の提
供者によって設営された特定のサイバー空間・プラットフォームについて、
提供者・運営者が単に野放図に場の提供をするだけで、表現者間のマナー
による秩序だった環境の中で議論が展開されることは残念ながらない。当
該プラットフォームは差別表現や犯罪表現の温床となり、利用者にとって
は、お互いに顔や目を見ない環境で好き勝手にすることが許される自己主
張のための「自由な環境」と見なされる。これにより露骨な排除や差別を
示す表現が当然のように繰り返される。インターネット技術の発展によっ
て社会において差別に対する障壁が低くなるおそれすらある。そのため、
ホスティング・プロバイダの側でのルール作りが必要になる。しかも SNS
が公共空間であることから一般社会における規範と同じルールも適用され
ることになる。とりわけ営利を目的としてプラットフォームを運営する者
は、一般と同様の法規範が妥当するようにプラットフォームを整備するこ
とが求められる。本法は、制裁規範を定めることで SNS 上での法の貫徹
を意図している。けれども本法のようにホスティング・プロバイダを名宛
人とする法規制の背景には、投稿者のほとんどが匿名であり、ホスティン
グ・プロバイダによって投稿者の特定ができず、これを知るためには、ホ
スティング・プロバイダから IP メールアドレスを知り、その上で経由プ
ロバイダに発信者情報の開示を請求する必要があることからして[25]、誰
が投稿したのかがすぐには探し出すことができず、投稿者の特定に時間を
要すること、そしてインターネット上での投稿の拡散、拡散の範囲と速さ
及び結果の惹起が持続的であるという意味での実害の継続がある[26]。

　これらのインターネット上の表現特有の問題に照らすならば、私人によ
る特定の表現内容に関する審査とこれに基づく削除又はブロッキング措置
に必要性を認めざるを得ない。もちろん、本来保護されるべき内容の表現
が削除された場合には、表現の自由の侵害として損害賠償の対象となるこ
とはもちろんである。ここではインターネット上の表現による法益侵害・
危殆化の特殊性に対応した被害の拡大回避と表現の自由との衡量が行われ
ているように思われる。そのためドイツ通信媒体法に基づくホスティン

グ・プロバイダによる削除又はブロッキングの措置の対象表現を刑法典の表現犯罪に限定しているのではなかろうか。そこで実害の拡大回避に迅速に対処できるのはSNSであればホスティング・プロバイダだという事情がある。このような事情から、従来からあるドイツ通信媒体法と並んで、ドイツ秩序違反法の制裁により補強する方法で削除審査とこれに基づく削除又はブロッキング措置をより迅速にコンプライアンスの一環として担保する。

　本法の削除又はブロッキングの対象となる違法な情報とは刑法上の犯罪に該当する表現である。本法1条3項に規定されている犯罪の中には、民衆扇動罪（ドイツ刑130条）のような特定の被害者を予定しない犯罪類型が多く含まれているのも特徴である。ドイツ刑法の侮辱罪、脅迫罪又は録画による高度な私的な生活領域の侵害罪等の個人的法益に対する罪を除いて、本稿に規定される犯罪の罪質は主として公共危険犯である。例えば（ドイツでは民衆扇動罪の構成要件に該当する）ヘイトスピーチは、特定の属性によって特徴づけられる集団に対する罵詈雑言や誹謗中傷、そしてこれらを通じて排除又は暴力を扇動する表現であることからすると、特定人を攻撃対象にしていない誹謗中傷表現はドイツにおいても民事賠償の対象とはならず刑事規制の対象でしかない。このような刑事規制の対象にしかならない表現行為を中心に削除又はブロッキング措置をとることは、ドイツ通信媒体法との関係で法の間隙が生じることを回避し、これらの拡散の阻止という見地からは一定の意義があると思われる。

　なお、日本の現行法上、プロバイダ責任制限法がある。しかし、ヘイトスピーチについては送信を阻止する措置の対象にはならないと言える。「違法・有害情報への対応等に関する契約約款モデル条項」[27] の1条1項3号「他者を不当に差別もしくは誹謗中傷・侮辱し、他者への不当な差別を助長し、またはその名誉もしくは信用を毀損する行為」を禁止しており、禁止行為をした者について、7条（利用の停止）そして8条（当社からの解約）の可能性はある。このガイドラインの策定は、ヘイトスピーチへの対応として一歩前進したと言える。しかし未だ法的拘束力はなく、不特定の人々の被害者を予定しないヘイトスピーチは民事賠償の対象とならない。

つまり人種差別表現があったというだけでは、新たな立法なしには民事上の責任を問うことはできないのである。そこでヘイトスピーチ解消法が制定された。同法が制定された際の参議院及び衆議院の附帯決議 3 項「インターネットを通じて行われる本邦外出身者等に対する不当な差別的言動を助長し、又は誘発する行為の解消に向けた取組に関する施策を実施すること。」と規定された[28]が、大阪市を除いて、不特定多数の人々を攻撃対象とするヘイトスピーチに対する法規制等、国並び自治体の動きは未だ具体化していない。本ヘイトスピーチ解消法は禁止規定とこれに対する制裁規定を持たない。そのため、民事並び刑事不法等の解釈基準として間接適用されることになる。ここでは特定個人の被害者を対象とした犯罪類型又は不法行為類型は基本類型となることから、不特定多数に向けられたヘイトスピーチは規制対象外のままである。このようにヘイトスピーチ解消法は制定されたもののこのような法事情の下では、SNS 上で特定の属性に基づいて特徴づけられる集団に関する暴力扇動表現が行われても何らの法的対応も期待できない。このような状況を改善するためには、例えば、プロバイダ責任制限法 3 条[29]及び 4 条の改正又はヘイトスピーチ解消法の改正若しくは自治体の条例制定等が選択肢として挙げられる[30]。そうすることで、ヘイトスピーチ解消法の制定に照らしたインターネット上の人種差別表現に対応できると思われる。

注

1）大阪高判平 26 年 7 月 8 日判例時報 2232 号 34 頁。
2）各自治体において被害実態等の人種差別の具体的な実態を含む「地域の実情」について、どのように認識しているか、また今後どのような方法で把握するかが問われる。「地域の実情」について、次のような点を考慮に入れるべきではないか。
　・在日コリアンの集住地区についての歴史や地域的な特色
　・日本の伝統産業の中において在日朝鮮・韓国の人々が果たしてきた役割
　・京都朝鮮第一初級学校襲撃事件と裁判判決
　・国際都市や観光都市等の地域の特色（短期・中期・長期の各種滞在者の問題）
3）5 条に関連して、次のことを検討すべきである。
　・既存事業で対応するのか、新規に相談体制を整備する予定があるのか
　・人材確保と研修の体制はどうするのか

・相談事例の統計の集積とその活用はどのように考えているのか

・差別的言動に関する「紛争の防止」とあるが、どのような事実を「紛争」と捉えるのか

・個別対応として、どのような「防止」の体制を考えているか

　　－被害当事者がある場合の今後の防止策

　　－公的な施設の利用に関する防止策

　　－加害者に対する防止策

　　－民間の防止の取組に対する対応・支援策

・紛争防止のために警察との連携をどのように進めるか

・解決を図る体制

　　－何をもって紛争の「解決」と考えるか。どのように「解決」を図るのか

　　－被害者に対する援助体制は考えているのか

　　－加害者に対する対応をどのように考えるのか

4）『ヘイトスピーチによる被害実態調査と人間の尊厳の保障』（2015 年度龍谷大学人権問題研究委員会助成研究プロジェクト報告書）2016 年参照。

5）市川芳治「インターネット上の情報流通と法的規制」法学セミナー 707 号 3 頁参照。

6）送信を防止する措置とは、特定の誹謗中傷表現を削除し、不特定多数の者に送信できなくするための手続のことを言う。

7）「特定電気通信役務提供者の損害賠償責任の制限及び発信者情報の開示に関する法律第四条第一項の発信者情報を定める省令」参照。

8）最決平 28 年 11 月 1 日 LEX/DB【文献番号】25506170。

9）最決平 22 年 3 月 15 日刑集 64 巻 2 号 1 頁。

10）「相当な理由」要件を根拠に送信防止義務を認めることは、プロバイダに調査義務を課し、事後的な削除又は遮断措置義務とある程度の事前的な監理・監視義務を要求することになる。

11）松井茂記ほか編『インターネット法』（2015 年）166 頁。

12）本法は、通称フェイスブック法とも呼ばれている（Facebook-Gesetz）。

13）本行動綱領の運用状況を明らかにするものとして次の資料を示しておく。European Commission — Fact Sheet, Code of Conduct on countering illegal online hate speech 2nd monitoring, Brussels, 1 June 2017.

14）そのモニタリング調査について、European Commission - Press release（Countering online hate speech – Commission initiative with social media platforms and civil society shows progress）, 1 June 2017 (http://europa.eu/rapid/press-release_IP-17-471_en.htm.)

15）本刑事事件の判決文は公刊物未登載。

16）AG Kassel, 18.08.2016.

17）LG Würzburg 1. Zivilkammer Entscheidungsdatum:07.03.2017.

18）渡邊卓也『電脳空間における刑事的規制』（2006 年）136 頁以下参照。

19）ドイツ通信媒体法7条

「(1) サービス提供者は、利用のために装備している自己の情報について、一般法律に基づいて責任を有する。

(2) 8条から10条の意味におけるサービス提供者は、提供者によって仲介又は保存された違法な活動を示唆する情報を監督又は諸般の事情により追求する義務を負わない。一般法律に基づく情報利用の削除又は阻止の義務は、8条から10条に基づくサービス提供者に責任がない場合にもあり続ける。」

20）通信媒体法10条

「サービス提供者は、提供者が利用者のために保存している他人の情報について責任を負わない。但し、以下の場合に限る。

1）提供者が、違法な行為又は情報を知らず、かつ提供者の側で、損害賠償請求の場合に、何ら違法な行為又は情報が判明・発生する事実又は事情も知らない。

2）提供者が、上記の認識に至った際に、遅滞なく、情報を削除又はブロッキング措置をとった。」

21）Pressmitleilung(LG Würzburg: Facebook muss Fake-News nicht aktiv suchen) (https://www.junit.de/images/Presse/Pressemitteilung_070317_LG-Wuerzburg-Facebook_muss_Fake-News_nicht_aktiv_suchen.pdf).

22）Thomas Hoeren/Benedikt Burger, Die strafrechtliche Verantwortlichkeit von Mitarbeitern eines Sharehosters, UFITA Archiv für Urheber- und Medienrecht, Band 111, 2013, S.759.

23）Deutscher Bundestag, Drucksache 18/12727.

24）投稿の削除の際には、ホストプロバイダによってアクセスログとIPアドレスが判明するわけであるから、投稿者の追及に大きな手がかりとなる。

25）経由プロバイダから契約者である投稿者の氏名や住所を開示してもらうことは法的根拠なしには困難であるのが実情である。

26）インターネット上での情報の拡散性の規模について、中川敏宏「インターネット検索事業者に対する検索結果の削除請求の可否」法学セミナー749号（2017年）94頁参照。

27）違法情報等対応連絡会（電気通信事業者協会、テレコムサービス協会、日本インターネットプロバイダ協会、日本ケーブルテレビ連盟の通信業界4団体が参加）により作成。

28）参議院及び衆議院「本邦外出身者に対する不当な差別的言動の解消に向けた取組の推進に関する法律案に対する附帯決議」。

29）例えば、プロバイダ責任制限法について①2条に新たに5号を追加し、②3条2項1号の文中に「不当な差別的言動に当たる」という文言を付け加えることによる改正が選択肢としてあるのではなかろうか。

2条5号（定義）「不当な差別的言動　ヘイトスピーチ解消法2条の不当な差別的言動又は部落差別解消法1条若しくは障害者差別解消法1条の目的に反する不当な言

のことをいう。」

3条2項1号（損害賠償責任の制限）「当該特定電気通信役務提供者が当該特定電気通信による情報の流通が不当な差別的言動に当たる又は情報の流通によって他人の権利が不当に侵害されていると信じるに足りる相当の理由があったとき。」

30) プロバイダ責任制限法4条（発信者情報の開示請求等）について、例えば、次のように改正又は条例で対応することが選択肢としてあるのではなかろうか。

　「特定電気通信による情報の流通によって（条例で禁止する）不当な差別的言動があった場合、市・府は、次の各号のいずれにも該当するときに限り、当該特定電気通信の用に供される特定電気通信設備を用いる特定電気通信役務提供者（以下「開示関係役務提供者」という。）に対し、当該開示関係役務提供者が保有する当該権利の侵害に係る発信者情報（氏名、住所その他の侵害情報の発信者の特定に資する情報であって総務省令で定めるものをいう。以下同じ。）の開示を請求することができる。

一　侵害情報の流通によって不当な差別的言動があったことが明らかであるとき。

二　当該発信者情報が不当な差別的言動の防止のために必要である場合その他発信者情報の開示を受けるべき正当な理由があるとき。」

第2部　現場の視点から

ヘイトスピーチは、特定の属性を共通にする人々の集団をターゲットにして差別的意識を助長しまたは誘発する目的で公然とその生命、身体、自由、名誉もしくは財産に危害を加える旨を告知しまたは著しく侮蔑するなどして排除することを煽動する不当な差別的言動のことである。人間の多様性や差異に関係して社会的少数者や弱者が存在する状況では、彼らに対してその属性を理由にして投げかけられるヘイトスピーチの真意とは、マイノリティを社会的に排除し、彼らの人間の尊厳と法の下の平等を侵害することである。そして同時に将来の暴力を当然視・正当視する社会的環境を醸成する危険な行為なのである。人間の尊厳は憲法上至高の価値であり、諸権利を持つための権利なのである。人間の尊厳なしに他の権利を語ることはできない。それゆえ、人間の尊厳を否定する言動は我々の社会の基盤である対等かつ平等の人間同士の相互の承認関係を侵害している。

　このような人間の尊厳を侵害するヘイトスピーチを阻止することはまさに人間の尊厳と民主主義の保障のための闘いである。第2部では、社会運動及び司法の現場でどのような取り組みが行われてきたのかを明らかにする。

　ドイツにおいて、1998年から2011年にかけて、国家社会主義地下組織（NSU）のメンバーによって人種差別的動機に基づく10人の殺人が行われた。これら一連の殺人は、人種差別と優生思想の克服に取り組んできたドイツ社会に大きな衝撃を与え、刑法を改正するまでに至った。この事件の刑事裁判は2013年に始まり、437回の公判を経て、7月3日結審し、同月11日に終身刑が下された。ドイツの刑事裁判における被害者などの訴訟参加制度に基づきオヌール・エツァータ弁護士は、2001年にニュルンベルクで洋服裁断職をしていた兄弟を殺された被害者遺族の代理人として本事件に関与した（約60人が被害者等として訴訟参加）。

　本事件については、被告人らの抱いていた排外的なナチス思想を基盤とする組織的背景や人種差別が連続殺人に至るプロセスなど、未解明のままの問題が山積している。オヌール・エツァータ弁護士は事件とその後の裁判を振り返り、問題の核心に迫る。

　川崎市と大阪市でヘイトスピーチデモが繰り返し行われてきたが、これに対して人々は何を思い、何のためにこれを阻止しようとしたのか、そしてそれを法的にどのように構成して裁判や立法の現場で闘ってきたのか。それを知ることで日本でのヘイトスピーチを食い止め、差別と暴力のない社会を実現するための試みを明らかにしていく。

第 3 章

ドイツ国家社会主義地下組織（NSU）とドイツにおけるヘイトクライムに対する取り組み

オヌール・エツァータ（金尚均 訳）

はじめに

2018 年 7 月 11 日、ミュンヘン上級裁判所において、ドイツ連邦の歴史上最も大きくかつ長い刑事裁判の一つが結審した。ベアーテ・チェーペ（Beate Zschäpe）とさらに 4 人の被告人に対する裁判は過去数十年の中で最もドイツ連邦共和国で公の関心をひいた。一方では NSU によって犯された罪と殺人、加害者のもつ恐ろしいまでの狂信的人種主義、各省庁（お役所）が不気味にも機能不全を起こしていること、憲法擁護庁が巻き込まれていることが問題であり、他方では被害者と遺族の計り知れない苦しみ、真犯人が長きにわたり発見されなかったこと、そして国家や社会によって彼らが疑われたことが問題であった。真実追究への道は長く、またしばしば痛々しいものである。連邦首相アンゲラ・メルケルは 2012 年に、NSU 事件の被害者追想集会でのスピーチで次のように述べた。

> 私はドイツ連邦共和国首相として約束します。私たちは、殺人事件を解明し、共犯者と黒幕を発見し、加害者に相応の刑罰を科すためにあらゆることをします。このことに連邦ならびに州のあらゆる担当省庁が全力で取り組んでいます。しかしまだそれでは十分ではないということを言っておきます。というのも、このようなことが二度と繰り返されないようにするために、わが法治国の中でできることすべてをすることが重要だからです。

私たちは NSU の殺人と犯罪をすべて解明できたのであろうか。どのような問いがまだ残っているのであろうか。

それではネットワーク化したテロの実際の規模を考えてみよう。誰が NSU を支援していたのであろうか。彼らはどのようにして被害者を選定したのであろうか。被害者を偵察していた援助者はいるのだろうか。秘密情報機関の役割も不明である。右翼が構造化される時に、憲法擁護庁はどのような役割を果たしたのか。憲法擁護庁は NSU について何を知っていたのか。連邦検察庁ならびに国家の役割を犯罪が解明される際にどのよう

に評価すべきであろうか。国家によって被害者ならびに遺族はどのように
扱われたのであろうか。制度内で慣例化した人種差別はあるのであろうか。
複雑な NSU 事件の総体を、社会全体としてはどのように清算していくの
であろうか。

　以下では、複雑な NSU 事件の総体について概観し、この間に明らかに
なった中心的問題についてじっくり検討する。

Ⅰ．NSU 事件の被害者たち

　まずは NSU 事件の被害者について述べる。最初の被害者は、エン
ファー・シムセック（Enver Simsek）である。彼はトルコに生まれ、1985
年にドイツに移住した。自営で生花商を営み、既婚で二人の子どもがいた。
　2000 年 9 月 9 日、彼はニュールンベルクで移動式の花屋のスタンドで働
いていた。15 時を過ぎた頃、彼は輸送車の荷台の中で重体で発見された。
犯人たちは被害者に向かって 9 発発砲した。一発目は的を外れ、4 発が彼
の頭に命中し、さらに 1 発は胸に命中した。エンファー・シムセックが床
に倒れてしまった時、犯人たちはさらに 3 発彼に向かって発砲した[1]。
　救急隊員がエンファー・シムセックをニュルンベルクの病院に搬送して
いる間、彼の妻は 7 時間にわたって警察署で取り調べを受け、（共）犯者
の嫌疑をかけられた。エンファー・シムセックは 2 日後に 38 歳で負傷の結
果死亡した。
　捜査当局は、エンファー・シムセックは何らかの形で麻薬産業の犯罪や
トルコ人マフィアにかかわりをもっているに違いないということを出発点
とした。あるいは、彼がクルディスタン労働者党の支持者であり、そのた
めに殺害された可能性も十分にあると考えた。その後数年間は繰り返しそ
の家族に容疑がかけられた。刑事警察は人々を監視し、電話通信を傍受し、
車を尾行した[2]。そして、ある時警察官がやってきて、その未亡人に説明
して言った。彼女の夫が家庭をもう一つ持っていて、ドイツ人女性で、金
髪、子どもは二人だと言ったのだ。彼らは、未亡人にその女性の写真まで
見せたのだ[3]。彼らは未亡人の心を動揺させ、彼女の忠誠心を失わせよう

とした。というのも、彼女の忠誠心の背後には犯人しか知りえないことが隠されていると推察したからである。

　その 2 週間前にニュルンベルクではネオナチグループが、「企画、炎上延焼」のタイトルの下に「2000 年 9 月 1 日、今から撃ち返してやる」と記したチラシを配布したということが、捜査では注目されなかった。また、犯行現場では自転車に乗っていた者 2 名について、彼らを発砲音と同じ文脈で見たという目撃証言の報告があった事実も、捜査の際にはほとんど注目されることはなかった。

　私は今回の裁判手続きでは、2001 年 6 月 13 日に同じくニュルンベルクで殺害されたアブデゥラヒム・オツゥドゥウル（Abdurrahim Ozudogru）の妹の代理人を務めている。49 歳のオツゥドゥウルは、自分の洋裁店で頭部に 2 発の銃弾を受けて殺害された。またもやチェスカ型ピストルで銃撃されたのである。

　目撃証言はさらにあったが捜査は進展しなかった。彼の住居と店を麻薬探知犬に徹底的に捜索させた。ここでもまた彼には、組織犯罪の一部でありかつ麻薬や脱税と関わりがあるという罪の嫌疑がかけられたのである。

　捜査官たちは NSU のすべての犯行場所で犠牲者や残された家族の人たちに対しておよそ同じような態度をとった。この被害者たちや残された家族たちに対するまなざしは、真犯人たちへのまなざしを遮ってしまったのだ。元々の犯人は追跡されなかった。このようにして被害者たちは二度も人種差別主義の犠牲となったのだ。

　NSU が 2000 年から 2007 年にかけて殺害したのは 10 人で、そのうちトルコ・ルーツの 8 人とギリシャ・ルーツの 1 人、それに警察官である。犠牲者全員が、警察官に至るまで、同じ凶器であるチェスカ 83 で殺害されたのだ。

　ドイツ全土に様々な警察機関が設置されているのにもかかわらず、何度も同じ過ちを犯し、もしかすると極右集団が犯人として殺人の背後に潜んでいるかも知れないという考えに至らなかったなどということは、どうしてありうるのだろうか。

Ⅱ．制度内で慣例化した人種差別

　この問題に答えるために、私たちはごく誠実に次のような問いを立てなければならない。つまり、捜査の際に、被害者がミューラー、シュミット、あるいはシュルツという名前であった場合と同様の基準が用いられていたのか？　それに対する答えは残念ながら、ノーである。

　この現象はドイツに存在する制度内で慣例化した人種差別の結果である。制度内で慣例化した人種差別が意味するのは、諸制度が人種差別的な分け隔てを取り入れているということであり、その分け隔てからは人種的にマーキングされた人々に対しては組織的な不利益が生じるのである。しかし、公共機関で働く公務員のすべてが人種差別主義者であるという意味ではない。現存する人種差別主義はしばしば慣習、規定、規則の中に織り込まれているのだが、捜査官には必然的に意識されることもないままに、慣習などがこの差別を生み出すのである。制度内で慣例化した人種差別は、人を肌の色、文化あるいは民族的ルーツを理由に不適切にあるいは職業専門的に扱わないような制度のもつ集合的機能不全なのである[4]。

　このような捜査過程で典型的な例をあげると、2007 年にバーデン＝ヴュルテンベルク州で始められた操作的事例分析がある。「操作的事例分析」の方法論は、アメリカ合衆国のプロファイリングに依拠したプログラムであり、それは中でも捜査困難な殺人罪に応用されるプログラムである。操作的事例分析は、客観的情報をもとにして犯行の経過を再構築し、犯人の動機を解明することを試み、犯人のプロフィールを作り上げる。この事例分析はある箇所で、「人を殺すことは私たちの文化圏では犯すことのできない禁忌であるということを背景として導き出されるのは、その犯人が自分の行動システムに関してはこの社会に根付いた価値および規範システムのはるか外部におかれているということである[5]」と述べている。ドイツでは人を殺すことが他の文化圏と比べてみても高い程度の禁忌であるという考え方は、とにかく間違っている。これは一体どういう意味であろうか。南東ヨーロッパあるいは他のどこかの地域の人間の命は価値が低いのであろうか。人を殺すことは原則的にこの地球のすべての社会で禁止され

ており、正当化が必要な事柄である。操作的事例分析の担当者たちは、犯人たちはトルコ語を話す地区の出身であるに違いないと強く確信していたために、許されない方法で一般化し、人種差別的な予め有罪を決めつけて分析することを目論んだ。さらにその上、捜査官たちが自分たちの分析の際に前提にしたのは、犯行の凶暴さを理由にして、むしろ東ヨーロッパ又は南東ヨーロッパの地域での集団にプラスの材料を提供する。厳格な不文律がその集団の中で支配的であったというのである。このようにして、捜査官たちは、一方で犯人はドイツ人ではないに違いなく、他方でこれらの犯人はある特定の文化圏出身であるに違いないと、つまりトルコ出身であると決めつけているのである。

　ここではっきりとわかるのは、人種差別主義的なステレオタイプが捜査官たちの判断力を誤らせ、誤った推論へと誘惑したことである。しかし、もしすでに連続殺人の初めに、極右のことも視野に入れるということを始めていたならば、場合によっては殺人のいくつかは阻止できたであろう。

Ⅲ．国家社会主義地下組織

　NSU は少なくとも、ベアーテ・チェーペ、ウーヴェ・ベーンハルト、ウーヴェ・ムントロースの3人のメンバーから構成されていたことを私たちは知っている。

　3人全員が前世紀の70年代にイェーナに生まれ、当時の東ドイツで成長する。旧東ドイツは、表現の自由や報道の自由などの基本的な民主主義の権利が極めて限定的に保障されていた社会主義独裁政治であった。1990年にドイツ連邦共和国とドイツ民主共和国の間で再統一した時、東ドイツ市民は、これからは民主主義の中で裕福に暮らせると大きな希望をもった。しかしながら、旧東ドイツ市民の一部は失業と展望のない状況にすぐに戻ったのである。ドイツ東部における困難な経済状況の身代わりとして、トルコ系移民を邪魔もの扱いした人たちは少なからずいた。90年代初めに難民が増加するに伴い、ドイツの居住民の中で外国人排斥が増加した。

　この時期にはまた多くの殺人計画や暴力行為が外国人やトルコ・ルーツのドイツ人に対して行われた。そうして、ホイヤースヴェルダやロストックなどの町では何日にもわたって騒動が起こったが、その騒動の中で難民収容施設が攻撃されたのである。ロストックでは、数百人の人々が難民の人たちの施設に放火し、「ジークハイル、ドイツをドイツ人のものに」というシュプレヒコールが叫ばれた。住民の多くが立ち、歓声を上げ、拍手した。これらの襲撃の際には誰も殺されなかったのは偶然でしかない。居住民の中で不気味な道徳的価値崩壊を過小評価した政治家は少なくない。当時ベルリン州内務大臣であったディーター・ヘッケルマン（Dieter Heck-elmann）（キリスト教民主同盟）は、ロストック市リヒテンハーゲン地区での暴行の後で言った。「賛同する人々の中で明らかになったことは極右主義、外国人排斥ましてや人種差別主義ではない。そうではなくて移民権の大量濫用に対する正当な不満の表れなのだ」。

　極右主義者 [6] にとって連邦ドイツの民主主義は、一掃すべく現存する弱体な国家なのである。極右の世界像はナショナリズム、排外主義、民族的イデオロギー、反ユダヤ主義によって特徴づけられている。ナチス体制は賛美され、ホロコーストは否定されるのである。

　極右主義的動機によってメルン（Möln）やゾーリンゲン（Solingen）で起こった放火の際には、ドイツ人のネオナチによって 8 人のトルコにルーツを持つ人々が殺害された。彼らは生きたまま焼き殺された。

　90 年代初めの恐るべき暴力的雰囲気の中で、ベアーテ・チェーペ、ウーヴェ・ベーンハルト、ウーヴェ・ムントロースがますます急進化していったのである。ドイツのネオナチの若者たちにとってこれらすべての犯罪がその後の犯罪の動機になったのである。その結果、ベアーテ・チェーペ、ウーヴェ・ベーンハルト、ウーヴェ・ムントロースは 1998 年のうちに決心して、不当なことではあるが殺害や爆弾による襲撃によって自分たちの極右の考え方を行動に移したのである。彼らのモットーは「何も言わずに行動する、不言実行」であった。彼らは地下に潜りこみ、14 年間身を隠していた。

　今日では、NSU が 10 人の殺人、3 件の爆弾襲撃、多くの負傷者のでた

15 件の銀行襲撃をやったことがわかっている。これらの未曽有の犯罪とテロの数々を NSU が遂行したのが 1998 年から 2011 年にかけてのことである。

　ウーヴェ・ベーンハルトとウーヴェ・ムントロースがすべての犯行を実行したのに対して、ベアーテ・チェーペは現場にはいなかった。刑法の共同正犯の問題に関しての詳細については後ほど言及する。

　2011 年 11 月 4 日にウーヴェ・ベーンハルトとウーヴェ・ムントロースによって実行された最後の銀行襲撃は失敗した。二人はその後自殺した。二人の死を知ったベアーテ・チェーペは、ツヴィッカウにあった最後のアジトに放火し、国内の様々なところに宛てて、とりわけ放送局やトルコ系団体に DVD を送り、その中で NSU の犯行を認めた。そこで NSU は初めて自分たちの犯行を認め、殺人の犠牲者を嘲笑したのだ[7]。

　4 日間ドイツを徘徊したあげく、ベアーテ・チェーペは最終的に警察に出頭し、逮捕された。その結果ドイツの一般大衆は初めて NSU の犯行のことを知ることになる。

Ⅳ．訴追と訴訟の経過

1．訴追

　2012 年 11 月 5 日にカールスルーエ連邦検察庁はベアーテ・チェーペとさらに 4 人の支援者を訴追した。ベアーテ・チェーペは 10 件の殺人の共同正犯、2 件の爆弾襲撃事件の惹起、15 件の銀行襲撃で起訴された。起訴されたラルフ・ヴォールレーベン（Ralf Wohlleben）とカーステン・シュルツェ（Carsten Schulze）には殺人の幇助で審理が求められた。彼らはピストル・チェスカ 83 を手配しテロ組織にゆだねたとされた。起訴されたアンドレ・エミンガー（André Eminger）は殺人未遂の幇助、ホルガー・ゲアラッハ（Holger Gerlach）はテロ団体の支援が問われた。彼らも様々な幇助や支援行為によって NSU に援助を行った。

2．審理の始まり

　2013 年 5 月には以下のように進展した。NSU 裁判がミュンヘン上級裁判所で厳重な安全対策のもとで始まった。101 号廷に入る者はすべて厳重な検査を受け管理された。弁護人もである。

　5 人の被告人には訴訟では 14 人の弁護人が代理人となった。訴訟には、95 人を超える付帯訴訟の原告が加わり、彼らには 60 人を超える弁護士が代理人となった。ドイツの刑事訴訟法によれば、犯罪行為の被害者又はその遺族が訴追に関与することができる。つまり、彼らは公判に訴訟関係者として参加する可能性をもち、証人に質問し、証拠申請したり、さらなる訴訟行為を行うことができる[8]。

　証拠調べは、様々な犯行現場での NSU の多くの犯行を顧慮して極めて広範囲にわたった。それで裁判が進行する中で 250 回以上の証拠申請が行われ、600 人以上の証人が尋問された。結局公判は 437 回にわたって行われた[9]。裁判の総費用はこれまでのところ約 6500 万ユーロ（約 79 億 3000 万円）と見積もられている。

3．最終弁論

　証拠調べの終わりに、連邦検察官と付帯訴訟の最終弁論が行われたが、それらはさらに数ヶ月必要になった。連邦検察官はベアーテ・チェーペが、NSU の 10 人の殺害と他の犯罪の共同正犯であることは明らかであると見ていた。しかし、彼女が現場にいたことを証明することができなかった。ドイツ刑法典によると共同正犯にはこの要件は必要ではない。共同正犯が予備段階で犯行計画の枠組みで犯行の遂行にとって重要な寄与をしていれば十分なのである[10]。ベアーテ・チェーペは同じ極右イデオロギーを持っており、ウーヴェ・ベーンハルトとウーヴェ・ムントロースと共にテロ組織に結集し、人々を人種主義の動機から殺害する目標を掲げていた。彼女は 14 年間その二人と暮らしを共にし、グループの財政を管理し、市民生活を営んでいるように見せかける努力をして、犯罪者の生活スタイルをカモフラージュした[11]。彼女は犯行表明ビデオを共に作成し、それを約束通りウーヴェ・ベーンハルトとウーヴェ・ムントロースの自殺した後

に公表した。連邦検察庁は最終的に、彼女に対して終身刑を求刑し、罪の特別な重大さの確定をする。生涯にわたる禁固刑とは、最低 15 年の刑を意味する。罪が特別に重大であることが確定された場合には、15 年経過後の釈放は排除される[12]。裁判所は 15 年の服役の後に、どれほどの刑に受刑者がまだ服さなければならないかを検討する。バイエルン州では、そのような犯罪者は原則的に 22 年又は 23 年間刑務所で服役する。他の被告たちには連邦検察庁は 2 年から 3 年の禁固刑を求めた。

4. 判決と上告

　2018 年 4 月に被告の弁護人は最終弁論を行い、7 月 11 日には長い間待ちわびていた判決が下された。

　予想通りにベアーテ・チェーペは終身刑が下された。裁判所は次のように判示した。ベアーテ・チェーペは意識的かつ意図的に協働して NSU の犯行に関与した、彼女の寄与、つまり犯行表明 DVD の送付は過小評価すべきではない、始めから計画していた通り、犯行声明は殺害と爆弾による襲撃に決定的な意味を付与したのであると。

　驚きをもたらしたのは、アンドレ・エミンガー（André Eminger）に対するかなり軽い判決であり、彼は 2 年 6 ヶ月の禁固刑に処された。アンドレ・エミンガーは自認する極右であり、彼は "Die Jew Die"、「死ねユダヤ人死ね」ということばを腹部に入れ墨しているのである[13]。彼はどの時点でも極右陣営から距離をとったことがなく、裁判中は黙秘を貫いた。裁判所によると、彼は特にキャンピングカー貸与や文書の信託などの様々な支援行為をしたにもかかわらず、この者が NSU の殺害計画に通じていたということを証明できないと判示した。

　これに対して、カーステン・シュルツェの場合、彼は事件の解明に協力し、自分のネオナチの過去に関しても清算したのだが、より重い 3 年の自由刑が下された。

　それゆえ本判決は、極右陣営に対して消極的なシグナルを送ることになる。そのモットーは、「兄弟よ黙秘しろ」なのである[14]。彼らにとって本判決は成功である。というのも、黙秘するアンドレ・エミンガーは、犯行

の解明に関与し極右陣営から距離をとるカールステン・シュルツェよりも軽い刑罰しか科せられていないからだ。

　2021年2月現在、本判決は確定していない。法的手段の可能性を確保するために、すべての訴訟関与者と連邦検察庁が上告した[15]。本裁判は、刑事手続規則275条1項により書面による判決を得るために91週を費やした。訴訟関与者は1ヶ月以内にミュンヘン上告裁判所に上告理由を提出することができる。それによってようやく連邦裁判所は、本判決について検討し法的な過ちがないか検討する。裁判全体はさらに数年を要するかも知れない。

Ⅴ．未解明の問題

　通常であれば、付帯訴訟の原告と検察当局は同じ利益を代弁する[16]。検察当局は、被告人にその罪状を証明し、罪状認否に重要な事実を解明する。付帯訴訟の原告は、原則的に同じ目的を追求する。本裁判で私たちがしかしたびたび経験したのは、連邦検察庁が付帯訴訟の原告の主張の努力と対立したことである。付帯訴訟の原告にとって重要な中心的な疑問は、例えば、「なぜ、父、連れ合い、兄弟又は息子が死ななければならなかったのか」「誰がその犯罪に関与したのか」「憲法擁護庁は訴訟ではどのような役割を果たしたのか」「なぜ、極右の射程に狙いを定めなかったのか」、そして「それは制度的人種主義とどういう関わりがあるのか」である。

　付帯訴訟の原告からすれば、連邦検察庁はこれらの問題を検討することに全く関心がないのだと断言せざるを得なかった。連邦検察庁は付帯訴訟の原告の究明のための努力に対して妨害的態度をとり、異議を唱えるための質問証拠申請[17]を行った。連邦検察庁は、しばしば被告の弁護人とほとんど区別がつかなかった。どこにその理由があったのか。

1．三人組説
　連邦検察庁は最初から、NSUをめぐる様々な犯行は捜査し尽くされていると認識していた。しかし、そうではなかった[18]。

　私たちが被告の一人の証拠調べの枠組みの中で、NSU は 2 度の爆弾襲撃事件を行ったのではなく、3 度であることを聞いた[19]。このことを連邦検察庁は知らなかった。つまり、連邦検察庁は、どの犯行がさらに NSU によるものなのかを、すべて承知していたわけではなかったのである。

　その上、連邦検察庁は 3 人組説に固執していた。連邦検察庁の念頭にあったのは、NSU はベアーテ・チェーペ、ウーヴェ・ベーンハルト、そしてウーヴェ・ムントロースのメンバーからのみ構成されていたということである。連邦検察庁は NSU 問題はウーヴェ・ベーンハルトとウーヴェ・ムントロースの自殺によって解決したと考えた。他の被告人を連邦検察庁はいずれにせよ幇助者であると考えていた。しかし、NSU は小さな孤立した結社にすぎないという考えに反対する貴重な議論もある。証拠調べの枠組みだけでも、私たちは 20 人以上の証人に尋問し、彼らが NSU を様々な方法で支援したことを聴取した[20]。その上、ドイツ全体に分散する犯行現場で、被害者の選定に関与した支援者がいたはずであることを、直視しなければならない。外から見てトルコ系の店であると認識できるような目立った店ではなかった。その上、それらの店は部分的に入り込んだ比較的知られていない通りにあったので、店が他所から来た人だったら目にとまるなどとは予想できないくらいだった。証拠調べの枠組みの中で、ある文書が検証されたのだが、その文書には、潜在的襲撃目標であると解釈される約 1 万人の名前と住所が記されていたのである。これらの人たちの中には、有名な政治家も含まれていたが、公の場に出てこない人たちもいた。ここで浮かび上がる問いは、誰から NSU はこれらの名前を手に入れたかということである。他のネオナチ連中が潜在的な攻撃目標として名簿作成に関与したのはほぼ間違いないだろう。

2. 憲法擁護庁

　付帯訴訟の原告はドイツの秘密情報機関の役割に関して若干の疑問をもっている。ドイツには 21 の相互に独立した秘密情報機関がある。憲法擁護庁もその一つで、連邦レベルで一ヶ所と州レベルで 16 ヶ所あり、自由民主主義の基本秩序の擁護、連邦と州の存続と安全に奉仕する。

　連邦および州の憲法擁護庁は秘密情報活動の一環で再三いわゆる情報屋（情報提供者）を利用してきた。情報屋というのは、いずれにせよ監視すべき構造に取り込まれた人たちのことで、彼らは長期にわたり信頼関係を利用して、擁護庁の訴追対象になっている人たちの情報を秘密裏に入手してくるのである。憲法擁護庁は、90年代のほぼすべての重要なナチ活動では情報屋を利用していた[21]。憲法擁護庁はその活動を経済的に支援し、偵察や戦略に影響を与え、刑事訴追から重要人物を保護してきたのである。

　NSUの周辺でも同様のことであった。NSUが成立する前は、ベアーテ・チェーペ、ウーヴェ・ベーンハルト、ウーヴェ・ムントロースは「国民抵抗同盟イェーナ」の中で組織されていたのであり、この同盟はまた「チューリンゲン郷土防衛隊」（THS）の一部であった[22]。チューリンゲン郷土防衛隊はピーク時には160人の構成員からなっていた。その40人以上が憲法擁護庁の情報屋として働いていた[23]。THSの主宰者はティノ・ブラント（Tino Brandt）であった。ティノ・ブラントは、チューリンゲン州憲法擁護庁（TLfV）の情報屋であって、その情報屋としての活動期間に20万マルクを憲法擁護庁から得ていた[24]。この金でティノ・ブラントは携帯電話を1台購入し、ビラの印刷をさせ、THSなどの活動の際のホテル代と交通費をまかなった。規則的な支払いのおかげで、ティノ・ブラントは90年代半ばにネオナチ・シーンをきちんと作り上げることができた。それだけはない。ティノ・ブラントが、金額は決まっていないもののベアーテ・チェーペ、ウーヴェ・ベーンハルト、ウーヴェ・ムントロースに金を回していたのは、彼らが地下にいたからである。何のために三人組が金を使ったのかはわからない。遅くとも1999年あるいは2000年初めに三人組はチェスカ83ピストルを入手した。ティノ・ブラントから受け取った資金が銃器の購入に使われた可能性は排除できない。国家がその秘密情報機関を通じて、10人の殺害に責任のあるテログループの武装化をようやく可能にしたということを想像するのさえ恐ろしい。

　憲法擁護庁の巻き添えの例をもう一つ示したい。家族の営むインターネットカフェの手伝いをしていたハイリッチ・ヨスガット（Halit Yozgat）は2016年4月6日にNSUの殺人の9人目の犠牲者として撃たれた。同時

刻にヘッセン州憲法擁護庁職員アンドレアス・テメ（Andreas Temme）が
このインターネットカフェにいたのである。後にアンドレアス・テメは法
廷で、自分は発砲の音を聞いてもいないし、犯行については何も知らない
と明言した。アンドレアス・テメはヘッセン州憲法擁護庁で極右領域担当
であった[25]。インターネットカフェに入る少し前に、アンドレアス・テ
メは約 12 分間、彼が面倒を見ていた情報屋ベンヤミン・G と通話をして
いた[26]。ベンヤミン・G はこの時点でヘッセン州における指導的なネオ
ナチの一人であった。アンドレアス・テメがベンヤミン・G とこの 12 分
の間に何の話をしていたのかは、正確にはわからない。両者ともに、話の
内容については思い出すことができないと主張した。付帯訴訟の原告は、
何が話されたのかを、もちろんベンヤミン・G から聞きたかった。そのた
めに、ベンヤミン・G は証人としてミュンヘン上級裁判所に召喚された。
そこで彼はしかし一人で現れたのではなく、彼の証言立会人として弁護士
を伴っていた。証人が弁護人を使うというのは普通ではない、むしろほと
んどないと言っていい。この弁護人はしかし、数百キロ離れた市から来て
いた。付帯訴訟の原告はそれゆえに、どのようにしてベンヤミン・G がこ
の弁護士を探しだしたのかを知りたかった。そうすると、ヘッセン州憲法
擁護庁がベンヤミン・G にこの弁護士を推薦したということがわかったの
である。付帯訴訟の原告側から、ベンヤミン・G がどのようにしてこの弁
護士の支払いをしているのかを質問された時、彼はこの点については何と
も答えなかった。しかし、刑事手続規則によると、証人は基本的にすべて
の質問に真実に基づいて答えなければならないとしている。この場面で連
邦検察庁は横やりを入れて、さらに質問するのを妨害しようとした[27]。
裁判所は、しかし質問を認めた。これに対するベンヤミン・G の回答は、
すべての訴訟関係者を驚かせた。彼の弁護人の経費はヘッセン州憲法擁護
庁によって支払われていたのである。つまり、州の役所の職員が、ハイ
リッチ・ヨスガットの殺人をめぐる事件に巻き込まれていったのであった。
この役所は重要証人であるベンヤミン・G に州費で弁護士をつけて武装さ
せることを業務で行い、そうすることでベンヤミン・G が訴訟において訴
訟参加者の質問から守られるようにした。ヘッセン州憲法擁護庁は何を隠

さなければならなかったのであろうか。そして、なぜ連邦検察庁は事件の解明を妨げたのであろうか。この問いには明快な答えはない。

　NSU 事件の発覚後、複数の憲法擁護庁で NSU との関与を示す何百もの記録文書が破棄されたことを思うと[28]）、連邦や州の側から解明しようとする関心が全くないのは明らかである。アンドレアス・テメのハイリッチ・ヨスガット殺人事件での役割について、ヘッセン州憲法擁護庁の報告書は極秘扱いにされており、その結果 120 年後にようやく文書の内容が公の目に触れることになる。通常、文書は 30 年間非公開なのである[29]）。

　NSU をめぐる事件は社会を震撼させた。NSU 事件が発覚して以来、連邦と州レベルで 12 の究明委員会が運営された。それらは冷静な結論に至った。そうして、――連邦検察庁の見解には反するが――NSU は連邦に広がる支援ネットワークを持っているに違いないということが出発点とされている。さらに、捜査において重大な欠陥があると批判され、これらの欠陥はまたこれまでに存在する制度的なレイシズムにさかのぼることができるとされた。最後には事件の解明を阻んだ事例の中で、連邦や州政府の側の「意図的なサボタージュ」が語られている[30]）。

　アンゲラ・メルケル首相は、一連の殺人事件を解明し支援者と背後にいる者を見つけ出し、すべての犯行者に正当な刑罰を加えるためにはあらゆることをすると言ったが、この約束は守られたのであろうか？　この約束を彼女は破ったのである。国家は自らの機能不全を隠蔽しようとした。苦しんでいるのは、平穏をとり戻すことができない[31]）多くの被害者であり、莫大な不安の中に放置された社会であり、結果として国家自体もである。その国家の根本である人権や法治国家が疑問に付されているのであるから。

VI.　NSU 事件からの教訓

　判決が下ろうが下るまいが、はっきりしているのは、殺人事件の被害者家族にとってこの話は終わってないということだ。彼らは数々の疑問に対する答えをさらに欲している。したがって、法廷以外でも事件の解明と再検討が進展することがさらに重要な課題である。捜査機関は、NSU の事

件では極右の危険性を過小評価した。このことは繰り返してはならない。極右主義者たちは単なる酔っぱらいではなく、国家と社会に対する脅威なのである。彼らには相応に対処しなければならない。錯綜した NSU 事件からのもう一つの教訓は、レイシズムに対する取り組みが十分には成功していないという状況のことである。私たちがしばしばする過ちは、ナチスだけが人種主義者だと思いこんでいることだ。確かにすべてのナチは人種主義者であるが、しかしすべての人種主義者がナチではない。多くの人種主義的な思想・行動パターンが私たちの社会の真ん中に現れてきている。これに対しても私たちにはしなければならないことがある。

注

1) Aust/Laabs, Heimatschutz, 1. Auflage 2014, S. 450.

2) 2013 年 8 月 1 日の第 31 回目の公判における証人尋問。

3) 2018 年 1 月 9 日の第 402 回目の公判における被害者弁護人セダ・バサイ・ユィルディツ（Seda Basay-Yildiz）の弁論。

4) Definition des Home Office 1999: The Steven Lawrence Inquiry, 6.34. 参照

5) Operative Fallanalyse in Baden-Württemberg 2007, S. 81.

6) Zum Rechtsextremismusbegriff, Budneszentrale für politische Bildung v. 13.01.2015, http://www.bpb.de/politik/extremismus/rechtsextremismus/198945/was-ist-rechtsextreme-einstellung-und-woraus-besteht-sie 参照

7) Transkript des Bekennervideos: https://www.nsu-watch.info/files/2013/05/NSU-Transkript.pdf

8) 被害者の刑事訴訟参加について、Daimagüler, Der Verletzte im Strafverfahren, 1. Auflage (2016), S. 104 Rn. 258.

9) Vgl. Statistik von NSU-Watch, https://www.nsu-watch.info/2018/07/der-nsu-proz ess-in-zahlen/.

10) Fischer, StGB, 64. Auflage 2017, § 25 Rn. 24 u. 41. 参照

11) Plädoyer der Bundesanwaltschaft v. 26.07.2017 am 376. Hauptverhandlungstag. 参照

12) Dessecker, Die Vollstreckung lebenslanger Freiheitsstrafen, S. 19. (Hrsg.: Kriminologische Zentralstelle, 2017) : https://www.krimz.de/fileadmin/dateiablage/E-Publikationen/BM-Online/bm-online9.pdf. 参照

13) 2015 年 9 月 30 日の第 233 回目の公判における証人尋問。

14) エミンガー被告は、2014 年 10 月 16 日の第 151 回の公判において、「兄弟よ黙秘しろ」と書かれたセーターを着て出廷した。

15）ドイツ刑事手続規則 400 条 1 項によれば、裁判所がより重い刑を宣告することを目的にして、付帯訴訟原告が法的手段をとることを禁じている。

16）訴訟に関与した人たちの間にある様々な利益状況について、Özata, HRRS 2017 S. 197, 198 参照

17）被害者弁護人のプレスインタビュー（2014 年 3 月 20 日）参照　https://www.nsu-watch.info/2014/03/wir-sind-hier-nicht-vor-dem-juengsten-gericht-die-bundesan-waltschaft-verhindert-erneut-kritische-befragung-von-nazizeugen/.

18）v. d. Behrens, Das Netzwerk des NSU, staatliches Mitverschulden und verhinderte Aufklärung, in: Kein Schlusswort, v. d. Behrens (Hrsg.), 2018, S.197, 301ff. 参照

19）2013 年 6 月 11 日の第 8 回目の公判における証人尋問。

20）Daimagüler, Empörung reicht nicht!, 1. Auflage 2017, S. 215. 参照

21）チューリンゲン州におけるネオナチの活動については Aust/Laabs, a.a.O., S. 185. 参照

22）Aust/Laabs, a.a.O., S. 222. 参照

23）Übersicht der V-Personen im Umfeld des NSU bei Scharmer, Aufklärungsans-pruch nicht erfüllt – ein Schlussstrich kann nicht gezogen werden, in: Kein Schluss-wort, v. d. Behrens (Hrsg.), 2018, S. 63, 99. 参照

24）2014 年 7 月 15 日の第 127 回目の公判における証人尋問。

25）Aust/Laabs, a.a.O, S. 640 f. 参照

26）2013 年 12 月 4 日の第 64 回目の公判における証人尋問。

27）2013 年 121 月 4 日の第 65 回目の公判における証人尋問。

28）Aust/Laabs, a.a.O., S. 18.

29）Presseerklärung der unabhängigen Beobachtungsstelle NSU-Watch Hessen v. 05.07.2017: https://www.nsu-watch.info/2017/07/pressemitteilung-nsu-watch-hessen-fordert-veroeffentlichung-des-geheimen-lfv-berichts-zu-hessischen-nsu-bezuegen/

30）Thüringer Landtag 5. Wahlperiode, Bericht des Untersuchungsausschusses 5/1 Rechtsterrorismus und Behördenhandeln, S. 1582, https://www.thueringer-landtag. de/ fileadmin/Redaktion/1-Hauptmenue/1-Landtag/3-Ausschuesse_und_Gremien/3-Untersuchungsausschuesse/1-Untersuchungsausschuss_6-1/Dokumente/mogliches-fehlverhalten-der-thuringer-sicherheits-und-justizbehorden-einschliesslich-der-zustan-digen-ministerien-unter-einschluss-der-politischen.pdf

31）Kahveci/ Sarp, Von Solingen zum NSU, S. 38,50. in: Den NSU Komplex analy-sieren, 2017, Karakayali/Kahveci/Liebscher/Melcher [Hrsg.]

差別を「犯罪」とした川崎市反差別条例の意義

師岡康子

　2019年12月12日、川崎市議会において、全会派一致で、「川崎市差別のない人権尊重のまちづくり条例」が成立した。同条例は、「本邦外出身者に対する不当な差別的言動の解消に向けた取組の推進に関する法律」（ヘイトスピーチ解消法）を根拠として、外国ルーツであることを理由としたヘイトスピーチに対し勧告、命令にも関わらず3回行った場合に、市が刑事告発し、50万円以下の罰金の対象となりうることを定めた。

　これまで日本では法規制が必要なほどの人種差別はないとの認識が国、地方公共団体、さらには法律家も含めて一般的であり、被害者は差別被害の事実すら認められず、長い間忍従を強いられてきた。2016年施行のヘイトスピーチ解消法ではその深刻な被害と解消の必要性がはじめて認められ、差別根絶に向けてのスタートラインに立った。

　しかし、解消法には禁止規定も制裁規定もなく、施行後5年近く経ったが、ヘイトデモ・街宣やネットヘイトの横行などを止めることができないままである。

　今回の川崎市の条例は、外国ルーツの市民への差別的言動による深刻な被害があり、現行法や啓発・教育では止められないことを直視し、実際に止めるために、日本の法制史上はじめての刑事規制の新設に踏み切った。

　ヘイトスピーチには現行法で対処すべきとの意見も散見されるが、脅迫罪、名誉毀損罪などの現行刑法は特定の人が対象で、「○○人は出ていけ」等の不特定の集団に対する差別の煽動には適用できない。また、特定の人に対する場合でも、名誉毀損罪、侮辱罪などの現行刑法の規定は、差別自体を処罰しているのではないため、検察も裁判所も差別か否かの判断を避けようとし、限界がある。

差別そのものを、殺人、脅迫などと同様に、「犯罪」として処罰される、人間社会にとって決して許されないものと規定することは、刑事司法を正面から差別根絶に取り組ませるためにも、社会の規範を変えていくためにも大きな力になる。

　これまでの多くの行政や法律家が、差別はよくないと言いつつ、法規制は濫用の危険性があるとして、実際に止める策をとらず、事実上差別を容認し、被害者たちに屈辱と恐怖と絶望を強いてきた。

　しかし、川崎市では、ヘイトスピーチの被害者とそれを支える広範な市民の声が市と市議会とを動かした。市は、被害者の苦しみを受け止め、国の規定を上回る刑事規制を設けてまで、市が被害者の盾になって被害を止める決断をした。

　市議会も、在日コリアン市民へのヘイトスピーチを止めるため実効性ある手段をとらなければならないとの共通の認識に立ち、自民党も共産党も含む全会派一致で差別を犯罪とする条例を成立させた。当初、市民運動側のスローガンだった、差別を許さない「オール川崎」が、途中から市のスローガンになったことは感慨深い。2019 年 6 月に刑事罰を含む素案が発表されて以降、極右勢力からの市役所に対する連日の電凸などがあったが、川崎市民のみならず全国からの市を応援する 1 万超のパブコメなどが支えとなり、市は屈することなく、11 月、素案よりさらによい条例案を市議会に提出した。被害を伝える市民の地道な働きかけにより、2015 年には、被害を訴える市民に対し、法的根拠がないから何もできないと言っていた市、市議会が、次第に本気で差別を止めよう、差別は「犯罪」とすべきと変わっていった姿は、戦前からの差別の根強い日本社会も人々の声により変えていける、変わりうるとの希望の光となった。

　川崎市の本条例が下敷きとなり、また、全会派一致であることが各地方議会でのロビイングの出発点となり、相模原市をはじめとして、全国での反差別条例制定を促進する大きな力になるだろう。さらに、同条例は解消法などの国の法制度の欠陥を補う必要性から作られたものであり、国レベルの法整備の契機となるだろう。

第4章

ヘイトスピーチ根絶のための取り組み
——鶴橋、ネット、二つの事例から見えるもの

郭辰雄

はじめに

　2016 年 6 月、「本邦外出身者に対する不当な差別的言動の解消に向けた取組の推進に関する法律（ヘイトスピーチ解消法）」が施行された。この法律はヘイトスピーチによって、「（本邦外）出身者又はその子孫が多大な苦痛を強いられるとともに、当該地域社会に深刻な亀裂を生じさせている」現状に鑑み、「このような不当な差別的言動は許されないことを宣言するとともに、更なる人権教育と人権啓発などを通じて、国民に周知を図り、その理解と協力を得つつ、不当な差別的言動の解消に向けた取組を推進」することを目的とするものだ。

　この法律の施行後、ヘイトスピーチの規模や件数は一定程度縮小傾向を見せており、また各自治体でのヘイトスピーチ解消に向けた対応なども進んでいる。しかし、本来は深刻な人種差別として禁止、根絶されなければならないにもかかわらず、法律には禁止規定や罰則規定がないために、法律制定から 3 年を経たいまも深刻な被害を生み出しており、その実効性をどのように担保するのかが問われている状況にある。

　本稿ではコリア NGO センター（以下、センター）が取り組んできた在日コリアン集住地域である大阪生野区鶴橋でのヘイトスピーチへの対応とインターネット上のヘイトスピーチ被害を訴えた反ヘイトスピーチ裁判の事例を紹介し、今後の課題を整理したいと思う。

I. 鶴橋とヘイトスピーチ

　センターは、「人権」「平和」「共生」「自立した市民」という理念のもと、在日コリアン 2 世、3 世を中心にして特定非営利活動法人として設立された。センターは大阪市生野区と東京都新宿区に事務所をおき、在日コリアンの民族教育権の確立をはじめとする外国人の人権保障、日本社会における多民族・多文化共生社会の実現、在日コリアン社会の豊かな社会基盤の創造、コリアと日本の市民社会の発展および南北コリアの統一と「東アジア共同体」の形成に寄与することを目的に、幅広い課題に取り組んできた。

　2007 年に「在日特権を許さない市民の会（在特会）」が本格的に活動を開始、日本各地でヘイトスピーチが拡大を見せ、関西でも 2009 年の京都朝鮮第一初級学校襲撃事件をはじめ各地でヘイトスピーチが繰り返されてきたが、センターが当事者団体としてヘイトスピーチへの対応を開始したのは 2013 年からだった。

　「慰安婦」問題をめぐり日韓関係が対立を深めるなか、2012 年 8 月 10 日、韓国の李明博大統領が日韓で領有権を争っている竹島（韓国名は独島）に上陸した。日本政府は「（竹島上陸は）我が国の主権に関わる重大な問題と認識しており、毅然とした対応措置をとる」と強く反発した。また 8 月 14 日、李明博大統領が「天皇が韓国に来たければ独立運動家に謝罪せよ」と発言したことにより日本社会での韓国に対する反発が一気に強まった。一方、中国との関係でも尖閣諸島の領有をめぐる対立が深刻化していたが、2012 年 9 月 11 日に日本政府は尖閣諸島のうち魚釣島、北小島、南小島を購入、日本国政府の国有地とした。これに対して温家宝中国首相は「中国政府と国民は主権と領土の問題で、半歩たりとも譲歩しない」と対抗措置をとることを明らかにする一方、中国国内では日本に抗議するデモが連日繰り広げられていった。

　日本国内では領土問題をめぐって韓国、中国があたかも日本の主権を侵害する「敵国」であるかのような言説が広がり、嫌韓反中感情が高まりを見せていった。

　当時の内閣府の世論調査によれば 2011 年 10 月の調査で韓国に対して「親しみを感じる」20.3%、「どちらかといえば親しみを感じる」41.9% と 6 割が親近感を持っていたのが、翌 2012 年 10 月の調査では「親しみを感じる」9.7%、「どちらかといえば親しみを感じる」29.4% と約 4 割に減少している。また中国についても 2011 年 10 月の調査では「親しみを感じる」5.5%、「どちらかといえば親しみを感じる」20.8% だったのが 2012 年 10 月調査では「親しみを感じる」3.9%、「どちらかといえば親しみを感じる」14.1% と減少している。

　こうした韓国、中国への反発の広がりのなかで「反日」「愛国」などの言葉が氾濫するとともにヘイトスピーチも拡大、過激化し、ヘイトスピー

チという言葉自体が2013年年末の「流行語大賞」のトップ10にランクインするほど日本社会で注目を浴びることとなった。

　そして大阪市生野区鶴橋という日本最大の在日コリアン集住地域もそのターゲットとなった。

　大阪市生野区は2018年9月末現在で2万7669人の外国籍住民が居住しており、そのうち韓国朝鮮籍が2万2161人を占める。もちろん日本国籍取得者や国際結婚で生まれたダブルの子どもなど日本国籍を有しながら朝鮮半島にルーツを持つ在日コリアンも多数居住している。

　最近では韓流ブームの影響もあり鶴橋駅周辺や生野コリアタウンと呼ばれる商店街にも韓国の最新グッズもならび、大阪有数の観光地として知られるようになっているが、生野区は1910年からはじまる日本の植民地時代に多数の朝鮮人が渡航し生活の基盤を築いてきたまちであり、日本のアジア侵略と朝鮮植民地支配の生き証人とも言える在日コリアンが3世、4世と代を継いで暮らしを営んでいるところである。

　その生野区鶴橋で2013年2月24日、「日韓国交断絶国民大行進 in 鶴橋」と称するヘイトデモと街宣が実施された。「殺せ！　殺せ！　チョーセンジン」「薄汚いゴキブリチョンコ！」「いつまでも調子にのっとったら、南京大虐殺じゃなくて、鶴橋大虐殺を実行しますよ！」

　この日集まった数十人の人々が口々に在日コリアンの尊厳を踏みにじり、人権を蹂躙する言葉を叫び、それを100名以上の警官隊が守る。この光景は在日コリアンからすれば、自身の存在をあからさまに否定する者たちが公然と生活の場にやってきた怒りと恐怖、のみならず警察に象徴される国家・社会がそうした主張を擁護し守っているという社会への不信感、絶望感を否が応でも感じさせるものであった。

　在日コリアン集住地域である鶴橋で繰り広げられたこのデモと街宣は多くの人たちに衝撃を与えた。のみならずこの時の映像はインターネットで全世界に拡散され、日本の排外主義の広がりを知らせる象徴的なものとなった。

　このデモに対して、京都朝鮮第一初級学校襲撃事件などを契機としてヘイトスピーチに抗議する活動、いわゆるカウンターを行ってきたACAN

KANSAI（排外主義とたたかうネットワーク関西）や友だち守る団などが数十名集まり抗議活動を試みたのだが、警察はヘイトデモを「表現の自由」のもとで許可を得た合法的な行動として擁護、ヘイトデモに抗議する人々（カウンター）は彼らを挑発する妨害者とみなし、彼らのデモや街宣に直接抗議することもできない離れた場所に隔離するとともに移動やプラカードの掲示も規制するなど、実質的にカウンターを無力化する対応に終始した。

Ⅱ. ヘイトスピーチの被害実態

　実際にヘイトスピーチが行われるようになって地域の在日コリアンはどのような被害意識を持ったのか、いくつかの資料から見てみよう。

　2014年8月から生野区在住・在勤の在日コリアン100人を対象にして、多民族共生人権教育センターが実施した「生野区におけるヘイトスピーチ被害の実態調査」によれば直接ヘイトスピーチを見た・聞いた人は49人と約半数にのぼり、テレビや新聞などメディアを通じて見た人は7割にものぼっている。またヘイトスピーチに対しての感情としては、「怒りを覚えた」が36人、「悲しかった」33人、「怖かった」23人、「絶望を感じた」14人（重複回答あり）と、恐怖や悲しみといった自身の存在に関わる深刻な被害実態があることが明らかになっている。

　また行政のヘイトスピーチへの対応について、87人が「表現、言論の自由の履き違えであり、法律で規制すべき」「明らかな人権侵害」「生活と生命を犯される恐怖を理解すべき」として許可すべきではないとし、規制を求めていることも明らかとなった。

　一方で、国際人権NGOヒューマンライツ・ナウも2014年に大阪におけるヘイトスピーチの被害実態調査を実施している。この調査はセンターも協力して16人の在日コリアンを対象に行われたが、具体的な被害体験として、ヘイトスピーチの現場で、「日本人ではないと応えたところ『チョンコおるぞ』『日本から出て行け』『死ね』と罵倒された」（30代女性）、「日常の些細な場面で、ヘイト的な言動が聞こえて怯えたり、そういう言動が聞こえるかもしれないと不安を感じる」（30代女性）などの声があった。

　またメディアがヘイトスピーチをとりあげるようになり情報が広がるなか、インターネットでは嫌韓反中の書き込みが溢れ、在日コリアン当事者であることがわかると匿名の書き込みでの攻撃にさらされるなど、インターネットから離れた在日コリアンも少なくなかった。

　生野区鶴橋という在日コリアンの生活の場で繰り広げられるヘイトスピーチは、在日コリアンを直接の攻撃対象にした言葉の暴力という意味で、他の繁華街で行われるものよりもはるかに大きな被害をもたらす。

　ヘイトスピーチは「在日」「朝鮮人」などの属性に対して行われるため、マジョリティの側からすれば、攻撃対象が特定の団体や個人ではないので、その被害も「薄まる」とされる。しかし在日コリアンにとってはその属性を有しているがゆえに、すべてが当事者としての被害感情からは逃れられず、むしろ不特定多数に深刻な被害を与えているのである。

　被害当事者は、自らの生活、生命に直接的な危害を加えられるかもしれない恐怖を感じたり、自尊感情が傷つけられ、行き場のない不快感や悔しさ、吐き気や不眠などの精神的ダメージを受けた人も少なくない。またヘイトスピーチの被害はその現場にとどまるものではなく、いつどこで遭遇するかわからない不安、周りにいる人が自分を傷つけるのではないかという緊張を感じるなど日常生活やこれまでの人間関係にも大きな影響を与えている。

　また子どもたちがヘイトスピーチと出会うことで傷つくことを恐れ、子どもとの外出を控えるようになったり、攻撃の対象にならないように在日コリアンであることが極力周りに知られないように気を遣ったりと、子どもの自尊感情を育み、のびのびと暮らせる環境にまで悪影響を感じている人も多かった。

　そしてヘイトスピーチが「表現の自由」として警察に守られ、公然と行われていることから、日本社会に対する不信感、絶望感を感じる人たちも少なくない。

　在日コリアンにとってヘイトスピーチは単なる表現行為ではなく、深く胸をえぐる言葉の暴力であり、犯罪行為である。いくら「表現の自由」が尊重されるべきとは言え、ヘイトスピーチは決して許されてはならず、ま

して鶴橋に暮らす在日コリアンが醜悪なヘイトスピーチによって傷つかない、その言葉が聞こえないようにしたいという思いからセンターとして鶴橋でのヘイトスピーチ阻止のための本格的な取り組みを開始した。

Ⅲ．ヘイトスピーチとカウンター

　2013年2月24日の「日韓国交断絶国民大行進in鶴橋」は、それまでは関西で行われるヘイトスピーチの現場に参加、支援することはあってもカウンターの前面には出てはいなかったセンターにとっても大きな転機を迎えた。

　警察の庇護のもと2月24日の行動を終えた彼らは、3月24日には御堂筋でのヘイトデモを実施、3月31日には再び鶴橋駅前で「特亜殲滅カーニバルin大阪～不逞特亜を叩き出せ‼～」なる行動を行うことを予告した。これをどのように阻止、無効化できるかについてセンターでも検討を行った。

　当初我々は鶴橋駅前での彼らの行動が行えないようにするために、鶴橋駅前の道路使用許可を管轄している天王寺警察署に予告されている日時の道路使用許可を彼らよりも先に申請し、許可を受けた。そのため道路使用許可をえることができずヘイトスピーチの実施はできないだろうと考えていたのだが、彼らは東成警察署が管轄している鶴橋駅前の東側、センターが道路使用許可を得た場所に隣接するところで道路使用申請を行い、予定通り実施することを予告したのである。

　これにどう対応するか検討を重ね、センターが採った方針は「日本・コリア友情のキャンペーン」という名称での団体名称を立ち上げ、彼らに対抗しヘイトスピーチをかき消すために大規模なカウンターを広く呼びかけることだった。

　ただしこのキャンペーンを実施するにあたって、センターの団体名、住所、連絡先などは一切公開せず、公開の連絡先はキャンペーン用のフリーアドレスを準備して行った。

　カウンターという行動は、在日コリアンにとってはその場にいること自

「日本・コリア友情のキャンペーン」に参加した市民

鶴橋駅前でおこなわれたヘイト街宣（2013 年 3 月 31 日）

体が、自ら傷つき、攻撃にさらされる苦痛を引き受ける覚悟を求められる。
また当事者が抗議の声をあげていることが判明した場合、直接の攻撃対象
になるリスクを背負わなければならない。

　センターは事業を通じて、小中学校などの教育機関や行政機関、コリア
タウンをはじめとする地域団体、さまざまな市民社会団体との幅広いネッ
トワークを基盤にして活動している。かりにカウンターによってセンター

が矢面に立った場合、こうしたさまざまなネットワークに深刻な悪影響を
もたらす可能性も排除はできなかった。

　これはセンターに限ったことではない。京都朝鮮第一初級学校、川崎、
反ヘイトスピーチ裁判、ヘイトハラスメント裁判。ヘイトスピーチに抗議
し、根絶を求める各地での取り組みは2016年にようやく「ヘイトスピー
チ解消法」へと結実したが、その過程には被害にさらされながらも声をあ
げ続けてきた在日コリアンの覚悟と決断があった。

　はたして3月31日、日章旗や旭日旗、ハーケンクロイツなどを掲げた
30名ほどがヘイト街宣を開始したが、周囲には300人を超えるカウンター
が集まり抗議の声をあげ、プラカードを掲げて沿道を埋めた。

　その場で彼らが発したヘイトスピーチは、カウンターと沿道の市民から
の「差別・反対！　人権・平和！」というコールの声にかき消され地域の
人々の耳に届くことはなかった。

　それまでのヘイトスピーチを行う側とカウンターの関係は「表現の自由
で保障された言論」とそれに抗議する「妨害者」という関係にならざるを
えなかった。しかし鶴橋駅前は図らずもカウンターも拠点を得て、合法的
に抗議の声をあげる空間をつくることができた。このように数で圧倒する
カウンターが鶴橋で合法的にヘイトに対抗する状況を生み出したことは、
鶴橋での大規模なヘイトスピーチを阻止する上で有利な条件として作用し
たことは間違いないだろう。

　3月31日の主催団体はリベンジを宣言し、5月に在特会の桜井誠会長
（当時）も参加する鶴橋駅前でのヘイトスピーチを実施すると予告した。
センターも警察への道路使用許可申請などの手続きや当日のカウンターの
対応について、なによりも鶴橋駅前での混乱を回避すべく、ヘイトスピー
チの実施を回避すべく、警察との協議を重ねていたところ、4月10日、同
団体の最高顧問が神戸市立博物館に対して脅迫的な言動を行ったとして逮
捕され、4月18日には事務局長が恐喝の容疑で逮捕された。これにより同
団体は解散に追い込まれ予告されていた行動が実施されることはなかった。

Ⅳ．確信犯的ヘイトにどう対抗するか

　それ以降、鶴橋では大規模なデモや街宣などが行われてはいないが、元在特会副会長をつとめ、京都朝鮮第一初級学校襲撃事件や徳島県教組襲撃事件、水平社博物館差別街宣事件などで罪に問われたＫなる人物が 2013年以降、「朝鮮人は犯罪者」「朝鮮人を追放せよ」「生活保護から除外」などの主張を掲げたヘイトスピーチを、数人の同調するメンバーとともに、鶴橋駅前で執拗に行ってきた。もちろんこうした行動に対して毎回カウンターを呼びかけ、抗議行動を行ってきたが、Ｋは予告なしでゲリラ的な街宣の実施や、道路使用許可を 1 週間の期間で申請、取得しその期間のいずれかに行うことを予告するなどしていた。カウンターとはその性質上、相手の動きがあって初めて対応が可能になる行動であるため、即応できない場合や一定期間警戒を強いられるなど対応が難しい状況も生まれていた。

　一方、2015 年 12 月 29 日に「年末防犯パトロール」と称し、「犯罪者集団である朝鮮人への警戒を呼びかける」という内容で、歳末の最も買い物客が訪れる時期に鶴橋駅周辺での街宣を予告、実際に行った。当日は JR鶴橋駅構内および駅周辺の商店街に警察、抗議するカウンターが入り乱れての騒乱状態となった。

　それまでセンターでは現場でのカウンターを中心にして対応を行ってきたが、それだけでは確信犯的にヘイトスピーチを行う人々に対して実効性のある抑止効果を望むことは難しいと考え、法的対応の検討を進めた。

　Ｋは「大阪市ヘイトスピーチへの対処に関する条例」ができたことを受けて、2016 年 1 月 24 日、「朝鮮人は犯罪者」であり「危険な存在」であるとして、朝鮮人の排斥を呼びかける「朝鮮人のいない日本を目指す会」の発足を宣言、会長として活動することを明らかにした。同会はその名称が明らかに特定の属性を有する集団の排斥を呼びかけるヘイトスピーチであるにもかかわらず、2016 年 12 月 27 日、政治団体として登録されている。

　ちなみにこの団体の登録について、2018 年 6 月 5 日の衆議院総務委員会で立憲民主党の長尾秀樹議員が不適切ではないかという趣旨の質問を行っている。それに対して野田聖子総務大臣は、「政治活動の自由や結社の自

由は、憲法上保障された基本的人権であり、最大限尊重されるべきもの」
とし、「政治資金規正法上、総務大臣又は都道府県の選挙管理委員会に認
められている権限はいわゆる形式的審査権であり、政治団体の実態等につ
いて調査する実質的調査権は付与されていない」として、差別的言動を行
う団体かどうかを判断し、不受理とはできないと答弁している。

　このことはヘイトスピーチ解消法が成立したものの、禁止規定や罰則規
定がなく、どのような内容が該当するかという議論が深められない現状を
如実に表している。また政治活動であればたとえヘイトスピーチであって
も許容されるかのような誤解を与えかねない同会の存在は深刻な問題とし
てとらえられるべきであろう。

V．ヘイトスピーチ禁止の仮処分

　2016 年 12 月に同会の名前で鶴橋での「防犯パトロール」と称する行動
が予告された。その内容は、朝鮮人を犯罪者扱いし、危険な存在として排
斥を呼びかける内容であり、我々としても到底看過できるものではなかっ
た。

　そこで法的措置として、センターが債権者となり K の行為がセンターの
事業に重大な損害を与えるものであるとの主張のもと、街宣活動の禁止を
求める仮処分を 2016 年 12 月 13 日に申立てた。

　申立てでは、「何人も、生活の基盤としての住居において平穏に生活し
て人格を形成しつつ、自由に活動することによって、その品性、徳行、名
声、信用等の人格的価値について社会から評価を獲得するのであり、これ
らの住居やこれに接続・近接した日常の活動領域において平穏に生活する
権利、自由に活動する権利、名誉、信用を保有する権利は、憲法 13 条に
由来する人格権として強く保護され」ており、「特に在日コリアンの多住
地域である生野区を抱え日本で最も多くの在日コリアンが暮らしている大
阪市においてはヘイトスピーチ対処条例が地方自治体として日本で初めて
制定・施行されていることに鑑みると、その保護は極めて重要であるとい
うべきである。また、本邦外出身者が抱く自らの民族や出身国・地域に係

る感情、心情や信念は、それらの者の人格形成の礎を成し、個人の尊厳の最も根源的なものとなるのであって、本邦における他の者もこれを違法に侵害してはならず、相互にこれを尊重すべきもの」であり、「本邦外出身者に対する差別的意識を助長し又は誘発する目的で、公然とその生命、身体、自由、名誉若しくは財産に危害を加える旨を告知し、又は本邦外出身者の名誉を毀損し、若しくは著しく侮辱するなどして、本邦の域外にある国又は地域の出身であることを理由に本邦外出身者を地域社会から排除することを煽動する、差別的言動解消法 2 条に該当する差別的言動は、上記の住居及びこれに接続・近接する日常の活動領域において平穏に生活する人格権に対する違法な侵害行為に当たるものとして不法行為を構成する」と主張した。

　そして、センターの主な事業の一つである生野コリアタウンのフィールドワークと研修事業（年間で日本全国から約 200 件、1 万人規模の受け入れがあり、歴史学習や人権学習、異文化体験プログラムなどを実施している）が最寄り駅である JR 鶴橋駅を基点にしていることから、鶴橋駅でのヘイトスピーチが深刻な損害を与えるとし、センター事務所から JR 鶴橋駅を含む半径 600m 以内でのヘイトスピーチの禁止の仮処分を申立てたところ、申立てからわずか一週間後の 12 月 20 日に認められた。

　禁止行為の内容は「債権者（センター）の主たる事務所所在地の入り口から半径 600 メートル以内を、『防犯パトロール』等と称して、単独又は複数名でデモをしたり徘徊したりし、その際に拡声器を使用したりあるいは大声を張り上げたりして、『チョンコの犯罪率は突出している』『チョンコは危険だ、チョンコを見たら犯罪者と思え、チョンコを見たら変態だと思え』『チョンコ 1 匹は犯罪やレイプの元』『チョンコ 1 匹殺す事は、同胞である日本人 10 人を助ける事になる』『ゴミはゴミ箱へ、チョンコは朝鮮半島へ、ペッチョンはチェジュ島へ、パンチョッパリは地上の楽園へ』等の文言を用いて、在日コリアン及びその子孫らに対する差別的意識を助長し又は誘発する目的で、公然とその生命、身体、名誉若しくは財産に危害を加える旨を告知し、又は名誉を毀損し、若しくは著しく侮辱するなどし、もって債権者の事業を妨害する一切の行為」となっている。

　2016年12月29日、Kは予告通り鶴橋駅にやってきた。現場にはセンター関係者や警備の警官が待機して騒然とするなか、Kに対して宣伝活動が禁止行為にあたることを通告し、行為の中止を求めた。一方でKはこの時予告をした団体名ではなく、自身が所属する他の政治団体の「日本にも核武装が必要」「竹島は日本の領土」などの政治活動であると主張した。しかしそのチラシには「慰安婦」を捏造とし揶揄する販売物の広告が掲載されるなど、明らかに韓国への憎悪、蔑視を拡散し、在日コリアンに対する差別意識を助長する内容が含まれていた。当日は多数のカウンターによる抗議もあり、禁止区域内でのポスティングは実施されなかったものの、前後の日程でゲリラ的にポスティングを行っており、12月29日以降もツイッターで「朝鮮人を皆殺しにしたら、朝鮮人に殺される日本人は1人もいなくなる」「誰かが朝鮮人を皆殺しにしてくれていたら、年末のポスティングは妨害される事もなく30日はゆっくりと家で休む事が出来た」などと書き込み、翌2017年2月には、自身の管理するウエブサイトで「日本にいる朝鮮人を0に」する目的で、「『君達の祖国は素晴らしい。地上の楽園が君達の帰りを待っている。いざ、同胞愛に満ち溢れた祖国へ』街宣」を行う旨の予告をあげた。

　仮処分決定にもかかわらず、執拗にヘイトスピーチを試みるKに対して、その実効性を担保すべく、センターは裁判所に仮処分の禁止行為が行われた場合、一日あたり100万円の賠償金の支払いを求める間接強制を申立て、2017年3月2日、裁判所は一日あたり60万円の賠償金を認める決定を下した。

　2017年12月29日もKは鶴橋にきたものの、ポスティングなどの宣伝行為は一切行わせなかったのだが、2018年12月29日、Kは再び「防犯パトロール」を予告し、翌2019年4月の統一地方選挙を前にして自身の政策ビラと称するチラシの戸別配布を禁止区域内で行った。そのチラシには彼が主張する朝鮮人の排斥を呼びかける内容が盛り込まれており、当日はセンター関係者はじめ弁護士らもKに配布を中止するように申し入れたが強制的に中止させることはできず、また仮処分の禁止行為として「チラシ配布」が明示されていなかったこともあって有効な対応をとることが難し

かった。

　センターにはチラシを見た地域の住民たちからは、そうした主張を掲げる団体、個人が自宅に来たことに不安を感じたり、ヘイトスピーチが自分たちの地域で拡散されることに対する憤りの声が寄せられている。

　2016年のヘイトスピーチ解消法成立と同年12月のセンターによる仮処分決定もあって、鶴橋で拡声器などを用いて、複数の集団によって行われるヘイトスピーチは実施されていない。これは大きな成果と言えるだろう。

　だが以前のように「死ね、殺せ」などの極端で暴力的な言動は見られなくなっているとは言え、在日コリアンを直接のターゲットにして、「政治活動」として差別・排外的主張を拡散しようとする動きはいまだに継続している。

　2013年2月に行われたヘイトスピーチの衝撃から、地域の在日コリアンの平穏な暮らしを守りたいという思いを共にする人たちが集い、抗議の声をあげてきた。そしてヘイトスピーチの現場での抗議だけではなく、鶴橋でのヘイトスピーチが実施されるかもしれないという情報が流れれば、それを阻止すべく拠点確保のための道路許可申請など警察とのやりとり、動向把握と情報交換、事前事後の現場監視などが多数のカウンターメンバーによって行われてきた。その思いを象徴する言葉が「鶴橋安寧」だった。

　ほんとうにヘイトスピーチのない「鶴橋安寧」を実現するためにもヘイトスピーチに対する罰則や禁止規定を設けることが求められる。

Ⅵ. 反ヘイトスピーチ裁判

　2014年8月18日、在日コリアンのフリーライターの李信恵さんがインターネット上のヘイトスピーチに関連して2件の裁判を起こした。一つは在特会と桜井誠元会長に対して「インターネット上の生中継動画サービス、街頭宣伝およびツイッターにおいて、李信恵さんの名誉を毀損、侮辱し、脅迫および業務妨害に当たる発言や投稿をおこなった」ことに対し550万円の損害賠償請求を求めた裁判。もう一つは李信恵さんに関するネット上

の差別的な投稿をまとめサイトである保守速報に掲載した管理人に対して、名誉毀損、侮辱、人種差別、いじめ脅迫および業務妨害にあたるとし、これらによる精神的苦痛に対し2200万円の損害賠償請求を求めた裁判である。

　在特会は日本各地に支部を持ち、最盛期には会員数も1万6000人を数え、各地でヘイトスピーチを繰り広げてきた団体である。また保守速報はネット上で掲示板の2ちゃんねるのスレッドから管理人の恣意的な取捨選択によってソースが引用、転載され、その内容でブログが作成、公開される。裁判が提訴された2014年当時で1日75万人前後がアクセスする巨大ブログであり、そのページビューに応じて広告収入を得て運営される、いわばヘイトと差別によって金銭的利益を得ているサイトであった。

　こうした影響力ある団体とサイトに対して闘いを挑んだこの裁判は社会的にも大きな関心を集め、多くの市民が「反ヘイトスピーチ裁判」と呼ばれるこの裁判の支援に関わりセンターも支援する会事務局としてサポートをしてきた。

　李信恵さんは在日コリアン2.5世（父親が1世で母親が2世とのこと）として生まれた。小学校から大学まで日本の学校に通い、中学生の時に民族的なアイデンティティを大切にしたいと考え、それまでの日本名から民族名を名乗るようにする、いわゆる「本名宣言」をして在日コリアンとしての自分を大切にして生きてきた。

　2009年、フリーライターとしてネットメディアに記事を配信していた李信恵さんは京都朝鮮第一初級学校襲撃事件をはじめ在特会のヘイトスピーチ、ヘイトクライムを知るようになり、ヘイトスピーチの現場を取材し、その問題についてさまざまな形で発信し続けていた。

　在特会と桜井誠元会長はツイッターやブログ、ネット番組やヘイトスピーチの現場で李信恵さんに対して「反日記者」「立てば大根、座ればどてかぼちゃ」「歩く姿はドクダミ草」「ババァ」など名指しでことあるごとに罵詈雑言を浴びせかけた。

　また保守速報も2013年から14年にかけて李信恵さんに関連する45個のブログを作成しているが、そのほとんどが李信恵さんに対する罵詈雑言と

反ヘイトスピーチ裁判裁判を闘った李信恵さん（中央）と弁護団

在日コリアンへの差別、女性差別を助長するものであった。

　在特会と桜井誠元会長を訴えた裁判は 2016 年 9 月 27 日に大阪地方裁判所で判決が下された。判決では原告の訴えが認められ被告の発言や記述について「（李信恵さんの）人格権を違法に侵害する」とし「人種差別の撤廃を求める人種差別撤廃条約に反した侮辱行為」と認定、慰謝料として 77 万円の支払いを命じた。また 2017 年の 6 月 19 日には大阪高等裁判所の控訴審でも 77 万円の支払いを命じた一審判決を支持、2017 年 11 月 29 日には最高裁判所が被告の上告を棄却、原告勝訴の判決が確定した。

　一方、保守速報の裁判では 2017 年 11 月 16 日に大阪地方裁判所は、被告の投稿記事は社会通念上許される限度を超えた侮辱、人種差別にあたると判断し、憲法 13 条の人格権の侵害および、原告に対する名誉毀損や差別の目的があったと認め 200 万円の支払いを認めた。

　被告側は不服として控訴したが 2018 年 6 月 28 日には大阪高等裁判所は一審を支持、12 月 11 日には最高裁も上告を棄却し、200 万円の支払いを認める勝訴が確定した。

Ⅶ．ネット上のヘイト・差別の法的責任

　この裁判ではいくつかの大きな論点が提起されていた。一つはインターネット上のヘイトスピーチに対する法的責任を問うということである。

　路上で繰り広げられるヘイトスピーチは、単にその空間のみで行われるものではない。むしろ以前から「匿名」を隠れ蓑にしながらネットのなかで繰り広げられてきた無数の差別とヘイトを扇動する言説が、リアルの生活空間へあふれ出たものがヘイトスピーチといっても過言ではない。またネットに拡散された投稿は無制限に拡散され、情報を消し去ることはほぼ不可能である。そのためネット上の情報は永続的に被害者を苦しめると同時に、ヘイト・差別を拡散・再生産させることになる。

　李信恵さんは、自らが提訴にふみきった理由として、自身の深刻な被害を訴え、その責任を問うと同時に、「ネットに匿名はない、調査すれば特定できるし差別や誹謗中傷は訴えられるとなれば再発防止につながるのではないか」そして「在特会やまとめサイトは、自らは安全な場所にいながら、若者らの憎悪を煽ることで将来をめちゃくちゃにしています」とし、今後の抑止につながるものにしたいと述べている。

　今回の裁判での勝訴はネット上のヘイトスピーチの深刻な被害が認定され、たとえ匿名であってもその法的責任から逃れることはできないということを示した意義ある判決であると言える。

　また保守速報の管理人は裁判の過程で、自分のブログはすでにネット上に公開されている情報をまとめたものであって、その内容について責任を問われるものではないと主張していた。しかし原告側は保守速報のブログと2ちゃんねるの関連スレッドを詳細に分析し、単なる要約転載ではないと主張、その責任を問うていた。判決で裁判所は「被告による表題の作成、情報量の圧縮、レス又は返答ツイートの並び替え、表記文字の強調といった行為により……記載内容を容易に、かつ効果的に把握することができるようになった」とし、李信恵さんを侮辱し人種差別、女性差別を行う目的で加工・編集が行われていると認定したのである。

Ⅷ. 深刻な複合差別の被害を認定

　もう一つ重要な論点としてあったのは「複合差別」をどのように評価するかという点である。複合差別とは、主として女性差別と他の属性に基づく差別が複合的に発生することでより深刻な被害を生み出すことをいう。2010年10月には国連女性差別撤廃委員会が一般的勧告28において「複合とは、（女性差別撤廃条約）第2条に規定された締約国が負うべき一般的義務の範囲を理解するための基本概念である。性別やジェンダーに基づく女性差別は、人種、民族、宗教や信仰、健康状態、身分、年齢、階層、カースト制及び性的指向や性同一性など女性に影響を与える他の要素と密接に関係している。性別やジェンダーに基づく差別は、このようなグループに属する女性に男性とは異なる程度もしくは方法で影響を及ぼす可能性がある。締約国はかかる複合差別及び該当する女性に対する複合的なマイナス影響を法的に認識ならびに禁止しなければならない」とされ、国際的に差別を考える上での基本概念としてとりあげられている。

　そして、本件も元百合子さん（大阪女学院大学）が意見書で、李信恵さんが標的とされたことについて「民族的出自と女性という出自を併せ持ち、しかもそれを大切にし、被告らが街宣やネット上で繰り広げたヘイトスピーチに対して沈黙せずに反論し、対等に議論しようとしたこと、さらにジャーナリストとしての原告の活動——日本社会と大和民族への恭順と同化を拒否し、朝鮮半島に対する植民地支配とそれに関連する未精算の諸問題、戦後も継続されている民族差別を批判的に報道してきたこと——が、被告らからすれば許しがたい行為」だと指摘、「日本人男性として自らの民族的かつジェンダー的優位性に依拠し」李信恵さんの人間性や尊厳を全面的に否定する攻撃を行ったと指摘している。

　在特会らはヘイトスピーチを行う際に、女性はもちろん、子ども、高齢者など、その対象の最も「弱い」集団に対してより過激に行い、それをネットなどで拡散することで、自分たちの運動の成果を誇示しようとしてきた。

　この裁判は、日本で初めて複合差別について真正面から問題提起をした

裁判であり、対在特会裁判では高裁で「人種差別と女性差別との複合差別に当たる」と判例として初めて明記した。また対保守速報裁判でも大阪地裁は人種差別であると同時に「名誉感情や女性としての尊厳を害した程度は甚だしい複合差別である」と認定されたのである。

　このように勝訴を迎えた裁判ではあるが、原告である李信恵さんにとっては、口頭弁論の場所自体が自分に対するヘイト・差別の事実と向き合わなければならない場であり、被告側からの反論、甚だしくはセカンドレイプに近い言動すら発せられる場であった。また原告として注目されることで、一日に数百から千単位のメンション（ツイッターなどでの返信、メッセージ）が送られてくるなど尋常ではない日常におかれていた

　差別にさらされる在日コリアンがヘイトスピーチに抗おうとすることがどれほどの負担と苦痛をともなうか。そのことが忘れられてはならないだろう。

Ⅸ．　より実効性あるヘイトスピーチ規制のために

　ここで述べた生野区鶴橋での取り組みや反ヘイトスピーチ裁判をはじめ、日本各地でヘイトスピーチを許さない声が広がり解消法へとつながった。そしていまでは大阪市、神戸市のヘイト対策のための条例や川崎市や京都市・京都府の公的施設の使用規制に関するガイドライン策定、各自治体でのネット上のヘイト・差別を監視するモニタリングの拡大など、着実に地方自治体でのヘイトスピーチ対策は進みつつある。

　しかしその一方で、法律が施行されて3年を経てヘイトスピーチに対して禁止規定や罰則がないために、さまざまな形でその限界が露呈している。

　まず第一にヘイトスピーチの事前規制のためのしくみづくりをどう整備するかである。例えば2019年3月9日、京都市内で「京都朝鮮初級学校襲撃事件10周年」を名目としたヘイトデモが実施された。当日は総数4人のデモ隊に対して150人以上のカウンターが集まり、デモの中止を求めたが、京都府警は数百名の警察を配備して最後までヘイトデモを守った。そのデモでコールされた内容は「ゴミはゴミ箱へ！　朝鮮人は朝鮮半島へ！」で

あった。

　明らかに人種差別行為であり犯罪として裁かれた事件の加害者を賞賛し、再びヘイトスピーチを行うことが明白であるにもかかわらず、何ら規制を行えないというのはヘイトスピーチ解消法の理念を有名無実化することに他ならないのではないだろうか。

　生野区鶴橋の事例からもわかるが、確信犯的な差別者によるヘイトスピーチを規制するためにも法律や条例で禁止規定や罰則規定を設けることが必要であろう。

　第二に、ヘイトスピーチが「表現の自由」を主張するものから「政治活動」を主張するものになり、選挙の場でヘイトスピーチが繰り広げられるようになっていることである。2019年4月に実施された統一地方選挙では在特会の桜井誠元会長が代表をつとめる日本第一党が12人の候補を擁立し、各地で選挙活動と称して差別・排外的な主張を繰り広げている。3月12日には法務省人権擁護局が「選挙は差別の免罪符にはならない」「選挙運動の自由の保障は民主主義の根幹をなすが、直ちに言動の違法性が否定されるものではない」とする通達をだしている。ただ問題は「なにがヘイトスピーチに該当するか」「どのような内容が禁止されるべきか」についてのコンセンサスがないために実際の運用での判断が困難であるということだ。すでに法律によってヘイトスピーチは許されないという理念は明確に示されており、より効果的な対応を進めるためにも、ヘイトスピーチ解消法の3年の実績を踏まえつつ、早急に議論していくべき課題ではないだろうか。

　またネット上のヘイト・差別表現に対する対応も求められる課題であろう。現在では地方自治体が自発的にモニタリングや削除要請に取り組んでいるが、より体系的な対策が求められているだろう。ネット上のヘイト・差別は日本のみならず欧州など各国でも課題としてとりあげられており対策が進められている。日本でもヘイトスピーチ解消法の理念の実現のための重要な課題としてネット対策を位置づけ、情報プラットフォーム（Google、Facebook、Twitterなど）との連携を視野に入れながら対策が考えられなければならない。いま日本は2019年4月からの改定入管法施行によ

り、実質的に外国人労働力の受け入れに舵を切り、一方で 2017 年には観光立国推進基本計画を改定、訪日外国人 4000 万人などを目標に成長戦略として海外からのインバウンドの受け入れ拡大をめざすとしている。また 2021 年に延期された東京オリンピックでは、国際社会の日本に対する関心も高まるだろう。

　こうしたなかで、国際的な人権基準に合致した実効性あるヘイトスピーチ規制のための制度整備は早急に行われるべき課題である。そして中長期的にはヘイトスピーチの規制にとどまらず、外国人の人権を保障し差別を禁止するための人種差別禁止法の実現が求められるだろう。

付　記

　2019 年 12 月 29 日、K が前年に引き続き「朝鮮人のいない日本を目指す会」名で鶴橋駅周辺での「防犯パトロール」と称する行為を予告したことを受けて、センターでは 2016 年の仮処分だけで阻止することは困難と判断し、新たに裁判所に禁止の仮処分を申し立てた。

　これに対して裁判所は 12 月 24 日に以下の行為目録※の内容を禁止行為として認定した。その結果 12 月 29 日に K は鶴橋には現れず、2014 年から 5 年ぶりに年末の鶴橋に平穏が戻ってくることとなった。

※［行為目録］「防犯パトロール」等と称して事前に実施を告知した上で、債権者の主たる事務所所在地（大阪市生野区桃谷三丁目 1 番 21 号）の入口から半径 600 メートル以内において、単独又は複数名でデモをしたり徘徊・佇立したりする際に、①「朝鮮人のいない日本を目指す会」やその略称（「朝ない会」等）を名乗り、又は②「朝鮮人は危険だ」「日本から追い出せ」「朝鮮人のいない日本を目指す」等の記載のある、幟、旗、プラカード、はちまき、たすき、ヘルメット、帽子、腕章、T シャツ、バッヂ、ビラ、チラシ、フライヤー等を掲揚、着用若しくは配布するなどの方法によって在日コリアン及びその子孫らに対する差別的意識を助長し若しくは誘発する目的で公然と、その生命、身体、名誉若しくは財産に危害を加える旨を告知し、又は名誉を毀損し若しくは著しく侮辱するなどして、地域社会からの排除を煽動し、もって債権者の事業を妨害する一切の行為

第３部　言語と倫理の視点から

第1部、第2部では法学と法実務の領域を中心としてヘイトスピーチに取り組む論考を集めたが、さらに第3部では社会科学から人文科学の領域へとつなげていく。ヘイトスピーチ研究では、法学の研究以外に社会言語学や倫理学からの研究が今後も期待される。

　そのなかで、中川論文では、ヘイトスピーチの恐怖（ヴォダック）から問題を解き起こし、ヘイトスピーチをコミュニケーション上の解決すべき課題（ルックマン）と理解したうえで、フォン・トゥーンとワツラヴィックのコミュニケーション論を使って、「話し手」ではなく「聞き手」に焦点を当てた「聞こえる声」としてのヘイトスピーチの分析を試みる。

　続く河村論文では、ドイツやヨーロッパレベルでの研究からヘイトスピーチの定義づけを探り、「自由を制限する原則としての互恵性」をキーワードにしてヘイトスピーチの実例を検討する。そしてヘイトスピーチのもつ問題の深層を解き明かすためにカントを引用し、私たちが本来持つはずの「他者に対する義務」と「自己に対する義務」を指摘し、その忘却の意味を問い、あらためてエシックスの根本原理である互恵性原則に基づいてこの問題を論じる。

第5章

常態化したヘイトスピーチの恐怖
──コミュニケーション・ジャンルからの考察

中川慎二

はじめに

　ヘイトスピーチの持つ恐怖と扇動について、言語コミュニケーション研究の立場から議論したい。最初はオーストリアで常態化した恐怖の政治について言及し、次にヘイトスピーチの定義に触れ、ルックマンのコミュニケーション・ジャンル理論からヘイトスピーチの分析を試みる。ルックマンのコミュニケーション・ジャンル理論に含まれる内構造、外構造、場面実現構造をヘイトスピーチの例から解き明かし、場面実現構造の内容を、フォン・トゥーンのコミュニケーション・モデルとワツラヴィックらの5つの格率から考察する。また、コミュニケーションのメディア性に触れた後に、ヘイトスピーチの背景にある制度内で慣例化した人種差別について議論する。

Ⅰ．恐怖の政治──オーストリア自由党議員キックルの扇動する演説

> 　……赤［社民党、筆者注］と黒［国民党、筆者注］の連中はつまり奴らの政治形態で腐心した結果、私たちが難民の部門で残念ながらトリプルAの評価をもらったのです、そしてこれらの三つのAは攻撃的な（aggressiv）アフガニスタンの（afganisch）難民申請者（Asyl-bewerber）のことです。愛すべき友人のみなさん、私はこの格付けのグレードダウンをするのに躍起になっています、まずはその暴力性（Aggression）、それからアフガーン人（Afganen）と難民申請者（Asylbewerber）、あわせてゼロラインという目標を持ってグレードダウンするのです。（2019年9月14日グラーツで開催された第33回党大会のスピーチから、筆者訳）

　オーストリア自由党（FPÖ, Freiheitliche Partei Österreichs、以下自由党と略記）は戦後1955年に結党したオーストリアの右翼ポピュリスト政党である。2019年5月にイビツァ島での政治スキャンダル・ビデオ（イビツァ事

件[1]）が発覚するまでは、オーストリア国民党（ÖVP, Österreichische Volks-partei、以下国民党と略記）との連立与党を組んでいた。自由党の金庫番と言われたハインツ＝クリスチアン・シュトラーヒェ（Heinz-Christian Stra-che）は2006年以来自由党の院内会派代表を務めていた。ところがイビツァ事件が発覚すると、直ちに国民党の首相セバスチアン・クルツ（Sebas-tian Kurz）から2017年から続いた国民党（中道右派）と自由党（右翼ポピュリズム党）の連立政権の解消を通告され、シュトラーヒェは副首相を辞職し、国民議会は解散総選挙となって暫定内閣が成立した。この国民党との連立政権で内務大臣を務めていたヘルベルト・キックル（Herbert Kickl）は、自由党の中でも排外主義で知られた議員で、現在の自由党党首ノルベルト・ホーファー（Nobert Hofer）の後継者とも目される人物である。

1.　ポピュリスト政党・自由党の扇動に対抗する

　直ちに、NGO「難民手続きにより多くの公正さを」（NGO Mehr Fairness im Asylverfahren、以下「NGO公正」と略記）がシュタイアーマルク州グラーツ検察に対して、民衆扇動罪（オーストリア刑法283条）の嫌疑で自由党大会での演説を調査検討することを請求した。NGO公正はこの演説の、特に上記の箇所を「特定の民族、国籍集団の持つ人間の尊厳を傷つけ一括りにしてアフガニスタン国籍の人たちを侮辱した」とした。自由党は独自にウェブ上に自由党テレビ（FPÖ-TV）[2]を持っており、この演説も含めた党大会の様子をストリームで流している。またユーチューブ（YouTube）でも同じ動画が流れている。この侮辱的な動画もたちまち不特定の人たちの目に触れ、拡散したのである。

2.　演説の内容

　演説の中でキックルは、シュトラーヒェの後を受けて党首になったホーファーをたびたび持ち上げ（包摂）、難民受け入れに反対して（排除）、現状を最悪の状態である（現状の否定）と説きながら、これを格下げ（ダウン・グレード）して、ゼロラインまでもっていく（排除）と表現する。しかし、そもそもトリプルAは一般的に高く評価されたからではなく、意図

的に語呂合わせで作った評価トリプル A であり、評価そのものには現在の難民に対する処遇が「良すぎる」という意味を持たせている。むしろ、トリプル A というスキャンダルをでっち上げて、「攻撃的な（aggressiv）アフガニスタンの（afganisch）難民申請者（Asylbewerber）」を問題化しようというのである。しかも、人種が明確に名指されている。そこから理解される難民申請者の属性として「ならずもの」と「アフガニスタン出身者」を強調し、何らの根拠もなく感情的に民衆に訴えることで、難民の受け入れ反対と難民に対する排斥への動機を強め、すでに社会の中に包摂しているアフガニスタン出身者を排除するためのディスコースを構築し、「トリプル A のダウングレード」というドラマを演出しているのである。これを自由党の役職にあるキックルは徹底的に実行するのだと党大会で強調した。しかも、国民党・自由党連立政権が成立していた当時の自分の役割であった内務大臣を何度も強調し引き合いに出す（権威への依存）ことで、まるで政治的な正当性があるかのようなニュアンスを漂わす方略を用いて、会場に集まった党員、自由党テレビの視聴者に訴え、そしてそれがユーチューブで流されるやいなや無限に拡散した。このように不特定多数の聴衆に向けて、恐怖の政治を扇動し実行しようとする。自由党は難民受け入れの政策に反対しており、自分たちは難民受け入れによる被害者であるという物語が背景にある。

3.　ポピュリスト政党・自由党が連立政権に入る──被害者意識と自己欺瞞

　オーストリアの政治では、自由党との連立政権はすでに 3 度成立している。まず最初に社民党（SPÖ）と自由党連立政権で 1983 年から 86 年の 3 年余りの期間続いた。1999 年の選挙後は第 1 党の社民党が国民党との連立交渉に失敗し、国民党・自由党の連立政権が誕生した。この際、1995 年欧州連合加盟のオーストリアの政治状況について、当時の加盟 14 か国は深い疑念を示したのである。そして、その自由党のイェルク・ハイダー（Jörg Haider）、シュトラーヒェ、キックルと続く自由党のポピュリスト政治家の系譜がその排外主義を代表している。ヴォダック（Ruth Wodak）はオーストリアのハイダー[3] 化現象として以下のように論じている。

　　1999年10月3日オーストリアは国際的に注目された。つまり、オーストリア自由党が、外国人に対する派手で極端に民族主義的なスローガンを軸に据えた選挙キャンペーンを繰り広げた結果、投票総数の27.2%を獲得したのである。選挙期間中にはオーストリア社民党はオーストリア国民党（1999年10月までこの両党が大連立政権を構成していた）と同様に無力のように見えた。（Wodak 2015: 177、筆者訳）

　ヴォダック（2015）が指摘しているのは、大衆紙ノイエ・クローネン・ツァイトゥング（オーストリアの最も有名な一般紙）の選挙4日前のトップニュースが、ハイダーの「首相への行軍」であったことである。当初はこのことは純粋に「オーストリアの現象」だと考えられており、1986年の「ヴァルトハイム・スキャンダル」と同様にオーストリアのスキャンダルだと思われていた。ヴァルトハイムのスキャンダルもハイダーの成功も、克服されてこなかったオーストリアのナチズムという過去の現れだと考えられたが、一方で、ナチズムの過去については、ドイツのように加害者の立場ではなく、オーストリアは1938年3月12日ナチの攻撃の最初の犠牲者[4]であり、すべてのナチの凶行はヒットラーとその親衛隊によるものだと自ら語ることで、繰り返し主張し続けてきた「物語り」を明確に意識しながらも、生きながらえていくためには自ら嘘をつくことで、居心地よく自己欺瞞の中に生きてきたのだと指摘しているのである。そして今やこの恐怖の政治であるポピュリズムが常態化したというのである。

Ⅱ．ヘイトスピーチはコミュニケーションなのか

　ここでは、ヘイトスピーチがコミュニケーションであるのかという問いに答えるために、まずヘイトスピーチの定義を確認したのちに、ルックマンのコミュニケーション・ジャンルの理論からヘイトスピーチがどのようなものであるかを考察してみよう。

1．ヘイトスピーチの定義

　師岡（2013）は「ヘイトスピーチとは、広義では、人種、民族、国籍、性などの属性を有するマイノリティの集団もしくは個人に対し、その属性を理由とする差別的表現」とし、本質的な部分として「マイノリティに対する『差別、敵意又は暴力の扇動』（自由権規約 20 条）、『差別のあらゆる扇動（人種差別撤廃条約 4 条本文)』」であるとして、扇動により差別行動や殺戮につながる [5] としている。つまり、マイノリティの属性を理由として差別的表現をするのであるが、それが本質的に差別や敵意によるものであり、差別行動や暴力を扇動する可能性を含んでおり、ジェノサイドへと発展しかねない危険な行為 [6] のことを指している。

　ブライアン・レヴィン（Brian Levin）（2009）の「憎悪のピラミッド」によると、偏見、偏見による行動、差別、暴力行為、殺戮（民族浄化）までの射程の範囲にあるものを指しており、基本的にそれらは「憎悪犯罪」（Hate Crime）であると理解されている。

　ヘイトスピーチが扇動により憎悪犯罪になった例は多くあり、ナチス・ドイツ（Nationalsozialistische Deutsche Arbeiterpartei ＝ NSDAP、国家社会主義労働者党）の独裁政治の中で行われたユダヤ人虐殺、日本の関東大震災の際に起こった朝鮮人・中国人虐殺事件（1923 年）、ルワンダの虐殺事件（1994 年）、日系ブラジル人少年・集団リンチ殺人事件（1997 年）など、大量虐殺、民族浄化につながる事件は世界中で多数発生しており、神奈川県相模原市の障害者大量殺傷事件は 2016 年 7 月 26 日のことで、決して過去の事件ではない。

　具体的に考えてみよう。ヘイトスピーチが単なる「偏見」として始まったとする。例えば、ヘイトスピーチに反対する論文を書く筆者に対して、「N は反日だ」と誰かが心の中で思っているとする。それだけであれば、そのメッセージは顕在化もしていないし、他者への働きかけも行われていないので、その萌芽は不可視である。しかし、それが発話されるやいなや「偏見による行動」となり、「N は反日だ」というメッセージが話し手から（複数の）聞き手へと伝わり、（複数の）聞き手は今度は話し手としてその偏見を発話し、さらなる聞き手に共有されていき拡散することになる。うわ

さの伝播と同様である。そして、その情報を信じた職場の同僚が、本来は正式なメンバーである「Nを委員会から外そう」として「不当な介入」を行ったとする。するとそれはすでに「差別」へとつながる偏見による行動なのである。そして、その偏見による行動がNという人格に対して正当にもその発言権を奪うことで一定の不利益を生じさせたとすると、法益（例えば人事権）が損なわれたのであるから、明確な「差別」と言っていいのである。そして、ある会合の帰り道に「Nを殴る」という暴力行為に至り、その1週間後「CDE研究会」のメンバーであるNが殺傷される（殺戮）という事件が起きたとする。これが例えば偏見からエスカレートした殺戮というヘイトクライムである。

　誰かがインターネットで類似の書き込みを始めると、直ちに無数の読み手の目に触れることになり、ツイッターやフェイスブックのようなSNS（Social Network Service、ソーシャル・ネットワーキング・サービス）ではそれが瞬時にして拡散していくのである。

2. ルックマンの「コミュニケーション・ジャンル」(1986)

　トマス・ルックマン（Thomas Luckmann）は『現実の社会的構成』（The Social Construction of Reality）（1966）で知られる社会学者であるが、コミュニケーション・ジャンルという現実分析のための理論を打ち立てたことでもよく知られる。彼はコミュニケーション・ジャンルを「知識の社会的伝達の基本形態」（Grundformen der gesellschaftlichen Vermittlung des Wissens）（1986）と題する論文で、Ⅰ. 行為と知識、Ⅱ. 経験、言語と知識、Ⅲ. コミュニケーション・ジャンルの3節から論じている。しかし、この議論を彼が始めたのは『経験的社会学研究ハンドブック』（Luckmann 1969）である。また、このジャンル論には2.1項で詳述するハイムズのスピーキング・モデルが大きな影響を与えている。コミュニケーション・ジャンルの内構造を理解するのに参考になるので、ハイムズから始めよう。

2.1　ハイムズのスピーキング・モデルから

　ルックマンの「コミュニケーション・ジャンル」の説明の前に、ルック

マンが大きく影響を受けたと考えられるデル・ハイムズ（Dell Hymes）の
モデルについてみておこう。

　ハイムズは、この研究で分析のための 7 つのカテゴリーを提示している。

1) 表明的（expressive）（Emotive）
2) 教唆的（directive）（Conative, Pragmatic, Rhetorical, Persuative）
3) 詩的（Poetic）
4) 接触（Contact）
5) メタ言語的（Metalinguistic）
6) 参照的（Referential）
7) 文脈的（Contextual）（Situational）

　上記はハイムズの原文に従って、筆者が訳し、その訳語（原語）に加え
てそれぞれの分類に入る別の用語も添えたものである。そして、彼はこの
モデルを発展させて以下のように「スピーキング・モデル」（SPEAKING-
Model）にまとめた。

S = Setting（環境、状況）
P = Participants/Personnel（参加者、関与者）
E = Ends（目的、目標）
A = Art, Characteristics（発話の種類や形式、話された内容）
K = Key（発話のモダリティ、喜びや誠実さ）
I = Instrumentalities（チャンネル、コード）
N = Norms of Interaction and Interpretation（相互作用や解釈の規範）
G = Genre（発話という出来事の会話形式）

　このモデルをルックマンは後に「家計（経済）」（Haushalt）と名づけ、
「〈家計〉におけるコミュニケーション・ジャンル」としてエスノグラ
フィーのモデル化を試みている。

　ここで、具体的なヘイトデモの例からスピーキング・モデルを説明しよ

（写真①）京都市東山区、八坂神社と円山公園の近く

う。写真①、②は筆者が参与観察した 2019 年 3 月 9 日に京都市東山区で撮影したものである。在特会らは 2009 年 12 月 4 日に京都朝鮮第一初級学校を襲撃した。その 10 年後にあたる 2019 年 3 月 9 日に彼ら（3 名で、2 名が街宣車の中、1 名は徒歩で単独で街宣した。4 名とも言われている）は「朝鮮学校襲撃 10 周年記念ヘイトデモ」を実施すると予告したのである。シーズンの観光客で賑わう東山四条の八坂神社近く、円山公園をスタート地点にして街宣を呼びかけた。すでに 14:00 までに警察はかつて「カマボコ」と称された常駐警備車を配置し警備を始めていた。円山公園ではすでにカウンターが集まり始めていた。ちょうど 15:00 を過ぎた頃、主催者を乗せた街宣車が東山四条から円山公園に向かう通りに入ってきた。警察が誘導するためにそこまでは難なく入ってきた（写真①）。しかし、そこで待ち構えていたカウンターとのせめぎあいが一気に始まった（写真②）。警察は直ちに排外主義者を乗せた車を守るようにカウンターを含む市民と向き合った。この写真はちょうどその場面にあたる。

　この写真を観察しながら、ハイムズのスピーキング・モデルを説明しよう。

（写真②）八坂神社から円山公園へと向かう通り沿い

環境や状況（Setting）

　時は2019年3月9日、観光シーズンである。街宣の行われた場所は、観光客で賑わう京都市東山区にある円山公園入口付近から四条河原町交差点を経て京都市中京区にある京都市役所前までの公道である。街宣の届け出をしていたために、警察の警護が準備されており、街宣をする方は安全に街宣が実施できる環境にある。春の観光シーズンであるために様々な国から来た観光客で犇めきあっており、観光客は「いったい何事が起こったのか」わからない状況にあった。カウンターも約150名出動している。

関与者・参加者（Participants）

　ヘイトスピーチをするヘイター3〜4名、警察官約300名、カウンター・パート約150名、その場に居合わせた人たち（観光客を含む）多数。ただし、カウンター・パートとしてその場にいた人たちと、たまたまそこに居合わせた人たちの中にはいわゆる当事者であるヘイトスピーチの被害者が含まれている。ここで少し詳細に見てみよう。

　参加者は、1人称である加害者ヘイター、2人称である被害者コリアン、

それ以外の3人称からなる。本来は必ずしも加害者でも被害者でもない3人称は、容易に1人称にも2人称にもなりうる。そして、被害者に共感（Empathie）することのできるカウンター・パートは時に2人称となり対抗言論を行使するのである。ヘイトスピーチの場面では、ヘイターはカウンター・パートにたびたび言及することもあり、実際にはヘイターから2人称扱いされる場面が何度も生じうる。警察官たちはヘイトスピーチの対象ではないので、ヘイターにとっての2人称ではないが、カウンター・パートの市民と対峙することで、カウンターパートにとっての2人称にもなる。警察官が「そこをどきなさい」と発話する時には、警察官が1人称となり、カウンターパートが2人称となる。警察と市民の間には権力関係が生じている、つまり警察権力という法的権力を持つ警察官と市民権のみでその場にいるカウンターの間には明確な権力関係（格差）が生じている。この関係は、市民として対等に並ぶ関係[7]であるとは言えない。警察官の方から一定の指示を出すことで、関係性が変化し市民と向き合う関係（権力関係の中で向き合っている）になるのである。

目的、目標（Ends）

　彼らの公表したものからは「朝鮮学校襲撃10周年記念ヘイトデモ」が目的である。しかし、有罪判決を受けた事件の10周年を記念するとは、いかにも彼らの差別行動を自ら正当化[8]し記念しているにすぎないのである。被害者である在日コリアンを侮辱し貶め、彼らの人権を侵害する。この日の街宣デモの目的はしたがって名誉毀損と言えるものであるが、彼らの一連の行動は明らかに排外主義に分類されるものであり、ヘイトスピーチを垂れ流すことで一般市民の心の中に排外主義を植え付け、右傾化した社会の中で人々を扇動し排外主義に走らせようとする。それまで行動を起こさなかったサイレント・マジョリティが偏見を持ち、レイシズムが顕在化するきっかけともなる。

発話の種類や形式、内容（Art）

　ヘイトスピーチの発話は人を侮辱する表現を持つ。イントネーションは

概ねデモの際に用いられるイントネーションであるために、内容がわかりにくい場合であっても街宣であることはすぐに了解される。例えば、在日コリアンに対して「半チョッパリ（韓国で在日コリアンを侮蔑する呼称）は、地上の楽園北朝鮮に帰れ」「ゴミはゴミ箱に、朝鮮人は朝鮮半島に」「公園泥棒民族、こどもたちに謝れ」などの侮辱的な内容の発話である。

発話のモダリティ、喜びや誠実さ（Key）

　発話のモダリティとは、言語学的に言うと意味論や語用論で言われるカテゴリーである。発話者の立場や聞き手との関係性が表明されると考えていい。英語やドイツ語では助動詞で表現される「……しなければならない」「……すべきである」「……してもよい」「……できる」などの表現や意味のことである。「きっと」「必ず」「絶対に」「できることなら」などの副詞でもこれらのことは表現できる。ヘイターが「……しなければならない！」「……せざるを得ない」と発話する場合に含まれるモードの部分を指している。つまり、「私は家に帰る」というのは事実の表明であるが「私は家に帰らざるを得ない」と言うとモードが付加されていると理解できるのである。ヘイターの発話には、事実を淡々と主張するのではなく、ある種の必然性や正当性が担保されているかのような表現にするために、この発話のモダリティが利用されていることがある。彼らの排外主義の主張は、話法である直説法、接続法、命令法のモードを使い分けることでも表現できる。直説法で断定的に主張し、接続法（間接法）では人のことばを引用し、命令法では行動についての指示・命令を行い、ヘイターの主張に同調することを求めているのである。「帰れ！」と言うのは命令であり、「お帰り下さい」は表面的には依頼であるが、修辞的には「お帰り下さい」（関西イントネーション）の方がより侮蔑的である[9]。

チャンネル、コード（Instrumentalities）

　使用言語のチャンネルやコードのことである。在特会がロート製薬に押しかけた際にヘイターたちは上品なことば使いと乱暴で下品なことばを使い分けた。これは同じ言語の中で、社会階層による言語変種を行ったり来

たりする「コード・スイッチ」[10] という現象である。例えば、標準語と方言を使い分けるのもコード・スイッチである。「お帰り下さい」（丁寧）と「出ていけ！」（乱暴な命令）は、ほぼ同じ意味で使われているように見えるが、場面に即した語用論的な意味は違うことがあり、言語変種の違いを利用した巧みな発話である。

相互作用や解釈の規範 (Norms of Interaction and Interpretation)

　人間のコミュニケーション行動である限り、何らかの規範は相互作用の中に見出される。当然のことながら、規範をめぐる駆け引きは相互作用の中で行われるので、それをせめぎあいと呼ぶことができる。

出来事の会話形式 (Genre)

　これがジャンル論の議論である。私たちの会話をイベントとして考える。例えばファーストフードの店でハンバーガーを注文した時、「フライドポテトはいかがですか」と店員が言う。「いりません」と言うと、「ご注文を繰り返します」と「ハンバーガーお一つですね、250円いただきます」とほぼマニュアル通りに店員の発話が行われる。メニューにないもの、マニュアルにないものに対する応答は店員にはできない。例えば、「パンはカリッと焼いて下さい」というのは大手ハンバーガー店ではできないが、個人の店では注文できる場合もある。また、私たちも、ハンバーガーの店で全くメニューにない「きつねうどん」を注文することはない。通いなれた食堂なら「ちょっとご飯多めにして」などと言うことも可能であるが、このハンバーガー注文の場面は典型的な「ファーストフード店での注文の場面」のやり取りである。

　高等学校の教室場面で考えてみよう。教員は迷わず教室の前から扉を開ける。すると学級委員が「起立」と声をかける。生徒たちは立ち上がり、学級委員の「礼」というかけ声に合わせて礼をして「着席」のかけ声で着席する。教員は「礼」に合わせて「おはようございます」と言い、生徒たちが着席するや否や出席を確認し、「では教科書23ページ」と言いながら授業が始まる。このようなコミュニケーションは、一定の場面で一定の条

件のもとに開始され（Check-in）、一定の条件のもとで終了する（Check-out）。私が自宅で息子に向かって「起立」などと言うこともなければこどもが起立することもない。当然、この場面にはここで繰り広げられる出来事（イベント）に関する規範があり、その規範に則った会話の形式があるのだ。職業生活や学校生活にはそのような決まった会話形式が極めて多いことに気づくのである。

　私たちは家庭の中では、ファーストフードの店の会話や教室の会話をすることはない。それぞれの場面には Setting（環境、状況）に特有の条件や道具立てがあるのである。私たちはその場面の中で適切な参加者の行動をとるように要請されてもいるのである。

　これをヘイトスピーチの例で考えてみよう。ドイツ東部にあるザクセン州の州都ドレスデンで排外主義団体ペギーダ（Patriotische Europäer gegen die Islamisierung des Abendlandes）が行っている「夜のお散歩」（Abendspaziergang）は、月曜日の夕方 18 時頃から始まることが多い。街宣の会場となるのは聖母教会（Mariakirche）に隣接するノイマルクト（Neumarkt）が多い。ルッツ・バッハマン（Lutz Bachmann）らのスタッフが、チェックインの演説を行う。「こんばんは、ドレスデン」、そして、演説の途中では決まって「私たちがその人民なのだ！」（Wir sind das Volk.）、「嘘つきメディア」（Lügenpresse）などのスローガンが発せられ参加者がそれを唱和（シュプレヒコール）する。デモ行進の前には決まって注意事項が述べられる。「アルコールは禁止です」このヘイトスピーチ街宣のスタイルは、日本の街宣の場面でも多く見られる形式である。

　発話は一定の環境の下で行われる。ヘイトデモであれば、場所は屋外であり、警察の警護がある状況で、ヘイト・メッセージを産出しやすい環境が整えられてしまっている。警察官たちは、排外主義に反対する市民であるカウンター・パートを守るのではなく、むしろカウンターに向き合いヘイターを守るように位置している。そして、街宣の案内や連絡は SNS を使うことが多い。

2.2　ルックマンの「コミュニケーション・ジャンル」(1986)

　ルックマンのコミュニケーション・ジャンルの議論は、「社会的行為の
もつコミュニケーション上の問題を解決するためのモデル」(1986: 200) と
いうタイトルと同じ意味である。まず最初に彼は、「社会的な現実が〈も
ともと〉構成されるプロセスは、確かに大抵はコミュニケーション上のプ
ロセス（kommunikativ Vorgänge）であるが、いつもそうであるわけではな
いし、必然的にそうであるわけでもないのだ」と明言している。つまり、
ルックマンはこのコミュニケーション・ジャンルの議論では、いわゆる円
滑なコミュニケーションだけを前提として議論しているのではなく、むし
ろ否定的な意味でのコミュニケーションとそのプロセスもこの対象に十分
になりうるし、その意味でも問題解決のためのモデルであると言及してい
るのである。ところが、ルックマンは「それに対して、社会的現実のすべ
ての再構築がコミュニケーション行為から成り立っている」と言及し、そ
のすきまに「否定的な意味でのコミュニケーション」やその現実がこぼれ
落ちる危険性を指摘しているのである。コミュニケーションということば
の広い意味で言うと、コミュニケーション上のプロセスは基本的にコミュ
ニケーション的（kommunikativ）だと述べる。しかし、行為は別だという。
そして、コミュニケーション上での機能ではなく、意図的にコミュニケー
ション行為の形式性（Formalitäten）に注目するのである。社会的な行為の
中には、コミュニケーション的と言えるものもあれば、そうではないもの
があるというのである。ヘイトスピーチは、コミュニケーション上のプロ
セスとは言えるが、社会的行為としてみればいわゆる円滑なという意味で
のコミュニケーション的なものであるとは言えないと理解すればいい。

2.3　ルックマンのコミュニケーション・ジャンルの構造

　ルックマンのコミュニケーション・ジャンルには共通の機能がある。そ
れは、社会的な行為の持つ一般的な文脈の中で、とりわけコミュニケー
ション上の問題を「解決」(Lösung) することである。つまり、問題解決
をするために、コミュニケーション・ジャンルを想定し、その問題に取り
組むということである。この章の問題として考えれば、コミュニケーショ

ン・ジャンルとしてのヘイトスピーチを想定し、その問題に取り組むという考え方である。また、社会の中で制度化されるものの多くは、本来は問題解決のために考えられたコミュニケーション・ジャンルであると考えるのである。

2.3.1　コミュニケーション・ジャンルの内構造（Die Binnenstruktur kommunikativer Gattungen）

　コミュニケーション・ジャンルは、社会的な知識の蓄積の中でアクセス可能な記号システムを持っているという。これを彼はコミュニケーション「コード」と呼んだ。とりわけ話しことばのジャンルでは完全には記号化されていなくとも、最小限の体系化がなされているという。

　例えば、「次は桂、桂です。嵐山方面はお乗り換え下さい。京都河原町終点までこの電車が先に到着します」という文を考えよう。これは何であろうか。どうして私たちは電車の車内放送であることが容易にわかるのか。

　地名が出てくる。そして、「次は……、……です。」という決まった表現で地名が繰り返される。乗り換え、終点、到着などの語彙は電車やバスなどの交通機関で使用する特有の語彙である。また、これは関西弁まじりの標準語で話しているので、関東弁との違いがある。最初のところは、会話分析の記号を使うとこのように記述できる。

車掌Ａ：つぎは↑（.）かつら：（.），つぎは：かつら：です．
【記号】
　：　　長音で伸ばす
　（.）　短いポーズ（休止）
　?　　上がり調子
　,　　上がり調子でもなく、下がり調子でもない
　.　　下がり調子
　↑　　上がる
　＿　下線部を強調する

　これらの特徴から、車内放送であることが明らかになる。そのそれぞれが、コミュニケーション・コードである。言語情報には地名、交通機関の語彙などが挙げられる。そして、言語情報にまつわる情報であるパラ言語情報（声の高さ、声色、速さ、など）は、1回目の「つぎは」の後の小休止、地名の最後をちょっと伸ばし、2回目の地名を伸ばして発話しすぐに終わる。この話し方全体のイントネーション、声の高さ、話す速度などもこれが車内放送であることを明確に示すコードから来ている。

　このような話し方は自宅で家族とはしない。「きょうの↑（.）ごはんは：焼きめし↓（.）ごはんは：（.）焼きめし：です .」などと言ったら家族は笑い転げてしまうのである。

　典型的なのは、百貨店のエレベーターガール（最近は少なくなったが）や観光バスのガイドさんの話し方である。あるいは、駅弁や車内販売の売り子さん。新幹線で「乗車券を拝見します」という車掌の言い方も独特である。魚市場のセリでのやり取り、授業中の教師と生徒のやり取り、医者と患者とのやり取り、駅のキオスクでのやり取り、ハンバーガー・ファーストフード店での注文のやり取り、フレンチ・レストランや立ち食いそば店でのやり取りなどはすべてイベントなのである。フレンチ・レストランや高級割烹でのやり取りには書かれたマニュアルは必ずしもないが、知識として蓄積されたものがあり、それがコミュニーション上のマナーとして常に参照されコミュニケーション行動が成立する。そこで逸脱があれば、それに対応するためのコードが参照される。

　電車の車内放送の場合、ファーストフード店の接客方法と違って、書かれた詳細なマニュアルはないが、私たちの「電車」の知識が活性化され、声色、声の高さ、速さ（緩急）、ピッチ、アクセントなどのパラ言語情報、ポーズ、語彙、丁寧さなどについての知識がすべて活性化され、あっという間にそれらの情報のネットワークの中でその場面を思い浮かべることができ、理解できるのである。言語テクスト内に存在する「言語情報」（基本的に文字化できるもの）と「非言語情報」（身振り手振り、顔の表情〈笑ったり、泣いたりも含む〉、身体の動き、近接距離、衣服など）、そして言語情報に伴うパラ言語情報が主にそれらの情報を構成している。

　それに加えて、阪急電車の車内放送では、基本的なイントネーションが標準語に近いが、方言の特徴が含まれている場合がある。この事例のように車内放送では標準語がベースになっているが、「つぎは」や「かつら」（地名）に方言使用（音韻）が含まれていることがあり、社会的な立場や職業上の言語特徴（特定の社会層の言語使用上の特徴）として、乗客に対する敬意表現が使われていることもある。「つぎは：(.)」というのは「つぎの停車駅は」という意味であり、「は」が長音になることで、そのことが了解される。もし、「つぎはね」と言ったとする。「つぎはね」と言った瞬間に「電車の車内放送」ではないという期待値が聞き手に活性化され、「聞き手の耳」が動きだすのである。車掌の声色は、ちょっと鼻がつまったような高めの声で、息は咽頭の上の方にためてから出す。これが社会言語的な側面から見た、言語変種と言われる言語的バリエーションの特性である。

　ヘイトスピーチで使用される表現（言語情報）に関しては、ステレオタイプ、熟語、決まり文句、また歴史的によく使われてきた侮辱表現や言い回しの中に、人を侮辱し貶めることばが多くあり、それらが用いられている。握りこぶしを上に挙げるポーズなども、発話の途中で非言語情報として使われている。

　ルックマンは相互作用のモダリティに関しては、まじめ、ふざけている、虚構、仮説などを指摘しており、コミュニケーション・プロセスの枠組みに関しては、聞き手のデザイン（Recipient design）がコミュニケーションの枠組みの中に含みこまれていることが示されている。

　メディア性についても、話しことば、書きことば、対面、何らかのメディアによる媒介（プラカード、旗）などが指摘されている。

2.3.2　コミュニケーション・ジャンルの外構造（Die Außenstruktur kommunikativer Muster）

　コミュニケーション・ジャンルの外構造とは、ジャンルと社会環境、民俗的また文化的なグループ化、ジェンダーの配置、制度などの文脈全体に関わるものである（Günthner 2000）。ここではコミュニケーション行動と社会構造との間の関係から導かれるレベルの構造が問題になる。つまり、

コミュニケーション・ジャンルの外構造は、相互の関係性、コミュニケーション環境、コミュニケーション場面の定義と（ジェンダー、年齢、地位などによる）行為者のタイプの選択によって成り立っているという。社会環境とは空間的に限定可能な社会的な単位であると考えられている。それらの単位とは、比較的固定化した社会関係、コミュニケーションの生じる慣例的な場所、共有される時間のマネージメント、共有される歴史によって特徴づけられるという。例えば、家庭、職場、公共施設、裁判所、総じて社団法人、宗教団体、政治団体、職業組合などのことである。制度的な領域ならびに司法手続きの場合には、主だった行為、象徴的な関係という文脈、記述的な的確さ（これは「相互的な実現レベル」や「外構造」のこと）が検討される。学術的な領域における話しことばや書きことばのジャンルならびに祈り、説教、慣習的な祭り事や常套句のような宗教的なジャンルは主観的な経験の再構築の際に社会的にルール化された形態として分析される。

　ルックマンが指摘する司法手続きについては、ヘイトスピーチ解消法を例にとるのがいいであろう。つまり、京都朝鮮第一初級学校襲撃事件の判決、徳島教職員組合襲撃事件判決など司法手続きの中で制度的に構築されつつあるものはこの外構造にいずれ入ってくるものである。京都朝鮮第一初級学校襲撃事件の判決で示された人種差別撤廃条約に関しては、国際条約批准により発生する国内での履行義務のために国内法の整備が必要なのであるが、これらの司法手続きはまさに外構造の構築のプロセスであるとともに象徴的な関係を示している。そして、国内法であるヘイトスピーチ解消法が、国際法とのつながりを持つことが判例により示され、国内法に反映されるプロセスの中で成立したものであると理解できる。また、ヘイトスピーチ解消法が求める「国との適切な役割分担を踏まえて、当該地域の実情に応じた施策を講ずるよう努める」と記しているのも、法規制を求めるコミュニケーション行動とヘイトスピーチ解消法以前の社会構造とそれ以降の社会構造との関係から導かれる外構造構築のプロセスであり、大阪市、東京都、国立市、神戸市、川崎市などの地方自治体レベルでの取り組みと条例化という構造化の問題も外構造構築のプロセスであると考えら

れる。つまり、コミュニケーション・ジャンルの外構造は、社会とのインターアクションにより生じる新たな関係性、それによって生じた新たなコミュニケーション環境を含んでおり、街宣やヘイトスピーチ・デモというコミュニケーション場面の定義は、内構造と外構造とのインターアクションによりいわばバージョンアップされる。そしてそこに生じる「コミュニケーション・ジャンルの場面実現構造」で新たに問題解決のための試みが続くのである。

　ルックマンによると、外構造にはヘイターなどの行為者のタイプの傾向、ヘイトスピーチの起こる社会環境、空間的にある程度限定可能な社会的な単位が要件として想定されていたと言えるのであるが、それは概ねサイバー空間を想定したものではなかった。ところが、インターネットという社会環境の中でヘイトスピーチが発生する現在の状況を考えると、固定化した社会関係は想定できず、コミュニケーションの生じる慣例的な場所はサイバー空間として無限大に拡大し、一旦ある書き込みが共有されるやいなや、すでに時間のマネージメントも不可能となる。また、フェイク書き込みにより、本来は共有されるべき歴史的事実によって特徴づけられるはずの在日韓国・朝鮮人という対等の市民に対する理解と共生の試みは困難となり、偏見を取り除くことが極めて難しい事例が生じてしまうのである。

2.3.3　コミュニケーション・ジャンルの場面実現構造 (Die situative Realisierungsebene kommunikativer Gattungen)

　ズザンネ・ギュントナーとフーベルト・クノプラウフ (Susanne Günthner & Hubert Knoblauch 1994) が、ルックマンのコミュニケーション・ジャンルの内構造と外構造の間に新しい分析レベルを導入した。それが、コミュニケーション・ジャンルの場面実現構造である。

　コミュニケーション・ジャンルの内構造として理解されるのは、会話の例で示したように様々なコードからなる記号の集積であり、外構造とは社会環境の中で比較的固定化したもの、制度化したものを指している。彼らはコミュニケーション行動はその間で実行され、実現されると考えるのである。したがって、後で述べるが、外構造に制度内で慣例化した人種差別

の構造がある場合は、本書のエツァータ論文の例にもあるように、警察という制度の中に巣くう人種差別が活性化され機能している限り、その環境の中で捜査が行われてしまうのであり、場面実現構造は容易にその影響を受けつつ実現されていくのである。

　つまり、特定の場面で実現されるコミュニケーションは一定の社会的な環境の中にあり、様々なコードからなる記号の重なり合いによって構成されており、その場面での実現構造を分析する、というのがコミュニケーション・ジャンルの考え方である。

　接触の始まり（チェックイン）とその終わり（チェックアウト）、出会いの挨拶と別れの挨拶、自分の考え、願い、謝罪、招待、受諾と拒否、評価と対抗評価などの慣習的なものは場面実現構造の要素に入る。これらは話の流れ、隣接ペア、質問と回答、要請とその履行などと記述される。また、長い会話の構成に見られるストラテジーも場面実現構造の要素である。話の続きに関しては伏線のパッセージ、事前・事後のパッセージ、優先される構造がある。

　また、アーヴィング・ゴフマン（Erving Goffman 1983）によりさらに、

  a）参加のフォーマット（発話のフォーマット、参加者の立ち位置、立場、地位、社会的属性、ジェンダーなど）
  b）継続的参加のフォーマット（一定のコミュニケーション行動が繰り返される。かなり長い時間のコミュニケーションの流れがある）、ジャンルの凝集性（回帰性の原則。あるジャンルの話をはじめ、そこにユーモア話を入れて、話の落ちをつくる。）
  c）社会的文脈

と言われる非言語的な社会的装置が挙げられている。

　例には典型的なコミュニケーションのひな型のある会話を思い浮かべるといい。例えば大学のオフィスアワー、診察時の医者との会話、人事委員会での業績評価の話し合いなどが該当する。共有される手順や想定される会話内容、空間的また時間的な秩序などがファクターとなる。c）につい

てはハイムズのスピーキングモデルの項目が概ね該当する。

Ⅲ．シュルツ・フォン・トゥーンの コミュニケーション理論

　ルックマンのコミュニケーション・ジャンルの理論ではコミュニケーション・ジャンルの場面実現構造と言われた内容を、今度は心理学的なプロセスとして考察してみよう。そのために、ヘイトスピーチの現象をシュルツ・フォン・トゥーン (1981) の「コミュニケーション四角モデル」から考察する。まずは、その原型となったモデルから見てみよう。

1.　シャノン＝ヴィーバーの電信モデル

　基本的なコミュニケーション・モデルの多くはその原理を簡単に説明するために、シャノン＝ヴィーバー (Shannon & Weaver) の電信モデル (1949) と同様に、話し手と聞き手をファクターに入れている。シャノン＝ヴィーバーの電信モデルの場合は、7つのファクターが設定されている。1) 話し手（発信者）が情報源となり、それを電信の回路へとコード化するのが 2) トランスミッターで、音声をマイクが電気信号に変換する。そこからの電信回路が 3) 通信チャンネルである。電信モデルでは概ね電気信号の流れる電線ということになる。この通信チャンネルでは 4) ノイズが

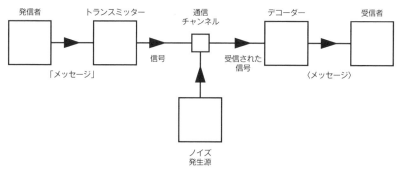

図 1　シャノン＝ヴィーバーの電信モデル

発生する。その後、電気シグナルを受信し、そのシグナルからノイズを除去しながら言語コードを読み取る5）デコーダー、そして6）聞き手（受信者）である到達地点にたどり着くことになる。それが7）フィードバックされるという仕組みである。

　コミュニケーション・モデルは、いずれの場合も、私たちのコミュニケーションの仕組みを理解するためのモデルであり、仮説的な装置だと考えればいい。このシャノン＝ヴィーバーの電信モデルから、様々なモデルが考案されてきた。

2. シュルツ・フォン・トゥーンのコミュニケーション四角モデル（1981）

　ここでは、心理学者シュルツ・フォン・トゥーン（Schulz von Thun）の四角モデルを応用する前に、その概要を理解しよう。このコミュニケーション四角モデル（1981）は、私たちの日常のコミュニケーションには4つの側面がある 11) というもので、以下の通りである。

　　1）事柄の情報（Sachinhalt）（私は何について情報を伝えているのか）
　　2）自分の事情（Selbstoffenbarung）（私の事情については、どのようなことを知らせているのか）
　　3）関係（Beziehung）（私は相手をどう思っているのか、相手とはどのような関係にあるのか）
　　4）要請（Appell）（私が相手に要請していることは何か）

　では、それぞれの点についてもう少し説明する前に、シュルツ・フォン・トゥーン（1981）の例から「自動車の運転中」を紹介しておこう。
　自家用車に一組の夫婦が乗っている。妻が運転し、夫が助手席に座っている。夫が「君、前の信号は青だよ！」と言った。それに対して妻は「あなたが運転しているの、それとも私が運転しているの？」と答えたという例である。この例で考えると、夫のメッセージからは次の4側面が確認できるという。

1) 事柄の情報：「信号は青である」
2) 自分の事情：「急いでるんだけど」
3) 関係：「君には私のサポートが必要だ」（＝私の指示通り運転して
　　ほしい）
4) 要請：「エンジンを蒸かすんだ」

　そこで、妻は「あなたが運転しているの、それとも私が運転している
の？」と答えたというのである。妻は明らかに３）関係の側面で、運転者
は妻であり、同乗者が夫であることを指摘することで、夫の４）要請に対
して、自らの４）要請「指図をしないでほしい」を「あなたが運転してい
るの、それとも私が運転しているの？」という問いの形で示したことにな
る。
　その妻のコミュニケーションの４側面をその可能性として考えてみよう。

1) 事柄の情報：「今は信号は青だけど、もうすぐ赤になるわよ」
2) 自分の事情：「急ぐよりも、安全運転が優先ね」
3) 関係：「私にはあなたのサポートは必要ないわよ」（＝私には長い
　　運転経験があるのよ）
4) 要請：「運転手は私よ。私の判断で運転するのよ。指図しないで
　　ね」

　と４つの「聞き耳」を可能な４側面として記述してみた。しかし、これ
はあくまでも状況に依存した聞こえ方であり、かつ主観的な聞こえ方であ
る。あくまで仮説であるが、この妻の応答に対して、夫が「女の運転はこ
れだから」と発話したとする。すると、話題の対象がたちまちにして妻か
ら「女性一般」に広がり、その瞬間まで話し相手ではなかった後部座席の
女性の友人までをも対象とすることになり、「女性一般」をいわば敵に回
すことになる。つまり、そこに「居合わせた（だけ）の人」も「聞き耳」
を持つことになる。もしその場所が、公共スペースであり複数の聞き手が
いたとすると、複数の聞き手の耳は、それほどアクティブに聞き耳を立て

なくとも、簡単にダンボ状態になりうる。聞こえてくる話は、特定個人である妻に対する話ではなく、その属性を共有する集団が聞き手となりうるからである。これが「当事者性を伴う聞き手」なのである。聞き手のそばに立って、本来は聞いていないふりをしていた女性の耳はすでにアクティブになっている。なぜならば、その語りはすでに自分にも向けられているからである。こうしてアクティブな聞き手が発生するのである。この車の例では、聞き手は特定個人であるが、集団的な聞き手がすぐに想定されうることが理解される。類似の例では、女性一般を対象にした侮辱的な発話がなされると、悪質なものになれば、女性に対する「ハラスメント」として社会問題化もされる。その前提や背景には、男性優位社会があり、マジョリティとしての男性が、その数ではなく権力構造からして優位に立っていることが想定される。そして、その差別的発言が性差別であり、その女性が外国人であれば複合差別になると説明できる。

　したがって、権力構造の中で優位に立つものが差別されているという議論をするのはかなり難しい。それは差別ではなく、ある意味で不当な対応を受けているだけのことで、本来の差別とは違うのである。ヘイトスピーチをする人たちが、自分たちは加害者ではなく、むしろ被害者なのだという論法を用いることがあるが、この事例とよく似た議論のし方であり、議論を混乱させはするが、本来の差別事例とは区別しなければならない。

3.「聞き耳」とダイクシス（言語学的指示性）

　「聞き耳」で強調されるのは、発話のダイクシス（指示性）を聞き分けるということである。例えば、独身のはずの男性が「私の家は……」と言っても聞き手からの反応はないのに、「私たちの家」と言った瞬間に、聞き手だった人はいきなり発言権をとり、話し手に替わり、「えっ？　結婚したの？」と聞き返す。この聞き手は私と私たちを明確に聞き分けていたことになる。ダイクシスを人称代名詞の私たち（ドイツ語の wir）、あなたたち（ドイツ語のSieあるいはihr）の違いから説明してみよう。例えば、「私たち学生会は、あなたたち新入生を心から歓迎します」と言ったとする。「私たち」というのは当然、すでに大学で学んだ経験のある先輩のことで、

新入生とは違うことが示されており、そこに卒業生が来ていたとすると、その卒業生は私たち（1人称）でもなく、あなたたち（2人称）でもなく、彼ら（3人称）ということになる。これらの人称代名詞やここ／あそこ、こちら／あちらなど、文脈の中で一定の指示性を持つ語彙、表現あるいは人称代名詞や指示代名詞など特定の品詞が対照的にあるいは連続して使われることで、発話の中では既知と未知、事柄の当事者性と非当事者性、あるいはその権力関係などが、コミュニケーションの参加者のそれぞれに違って意識されるのである。例えば、統一前の西ドイツで「こちら」と言えば、「むこう」は壁の向こうの東ドイツということになる。在日コリアンを標的にしたヘイトスピーチの場合は、ヘイトする側が「日本から出ていって下さい」と言うと、こちらにいるのが「私たち」日本人で、出ていくべきと意図されているのは、「あなたたち」朝鮮人のことで、「あなたたち朝鮮人を追い出します」という意味に理解できる。

4．コミュニケーションの4つの側面をさらに理解する

　さて、コミュニケーションの4つの側面を、あらためてシュルツ・フォン・トゥーンら（1981）によって、それぞれ説明しておこう。

1）事柄

　伝えようとする内容については、その情報の当否や真偽、論理性が問われる。聞き手はその情報を疑わしく思うこともある。また、問題点と議論のし方のズレについても指摘されうる。議論のし方によって信ぴょう性や議論の優位性が強調されることがある。そして、発話内行為のように、発話で言及した事柄そのものを伝えようとしているわけではないこともある。例えば、「今日は暑いなあ」と発話したとしても、おそらく話し相手（聞き手）にもその日が暑いことはすでに共有されていることが容易に想定される。この場合は、4）の要請に関わることとして、「冷たい飲み物でも出してくれへんかなあ」という意図かもしれないし、結果的に相手が気を利かして扇風機を回してくれたり、冷たい飲み物を出してくれることもある。暑いという現状値（Ist-Zustand）と発話が促す行為という目標値（Soll-

Zustand）との差として理解することもできる。その差があることが発話の動機になっているからである。

2）話し手の事情や意図

　コミュニケーションを行う際には事柄だけを伝達しているのではなく、話し手（情報の送り手）についての情報が含まれる。例えば、ある人の発話からは、その人が日本語母語話者であるが、方言話者で、奈良県南部出身のアクセントがあり、敬語が少ないことが特徴で、どうも急いでいるらしく、言いたいことがあるがそれをまだ言っていないことがわかったとする。言語変種に関わる情報（方言、社会階層など）やパラ言語学的情報（話す速度が速いあるいは遅い、声のトーンが高いあるいは低い、声が大きいあるいは小さいなど）、非言語情報（顔色や表情、身振り手振り、汗、服・履物・帽子など身に着けているもの）などからも話し手に関する情報が読み取れる。

3）関係

　メッセージの送り手と受け手との関係のことである。どのような表現を用いているのか、例えば、依頼なのか、指示なのか、命令なのか。上から発言しているのか、下手に出ているのか。尊敬しているのか、謙譲しているのか、軽蔑しているのか、侮辱しているのかが、話す内容と話し方（トーン）によって伝わるのである。アクティブな聞き手はそれを聞き逃すことはない。これは、2）の事情と深い関係にある。そして、聞き手は「それって私のこと？」と発話し、自分が当事者になっていることに気づくことさえある。もし、複数の聞き手がいる場合、当事者性のある聞き手と当事者性のない聞き手とでは聞こえ方に違いが出る。また、発話の内容次第で、相手との関係が確かめられることがある。例えば、「私も離婚歴があってね、前の連れ合いとの間にもこどもが二人いるんです。」と自己開示する発話が導き出された時には、話し手と聞き手の両者の関係の親密さは大きいことが予想されるが、聞き手の方が「えっ、そんな話聞いてもいいの？　やめてー！」と言ってしまえば、実はその親密さはまだ定着したものではない可能性が十分にあると理解できる。あるいは話し手が親密

さを深めようとしただけかもしれない。

4）要請

　コミュニケーションの意図や目的あるいはそれに近いものである。相手にあるいは相手を通して引き起こしたいことや、伝えたいメッセージなども含まれる。発話によって引き起こそうとする行為や結果として起こるであろう行為も含まれる。要請としては、共感してほしいこともあれば、驚いてほしいだけかもしれないし、援助を要請しているのかもしれないし、ただ話を聞いてほしいだけなのかもしれない、あるいはむしろ指示や命令に近いものなのかもしれない。人を侮辱し、名誉を棄損したいだけということもありうる。インターネットでは、意図せず炎上することがあるが、これは目的というよりは、結果に近い場合が多いと思われる。ただ、意図があったにも関わらず「そういうつもりではなかった」という典型的な否定論法が使われても結果とは言えない。

5．実例からコミュニケーションの4つの側面を説明してみよう

　安田（2014：23-24）が2013年3月24日に大阪で行われた在特会などの「日韓国交断絶国民大行進」なるデモの際のことを回想して書いている場面から、発話部分と安田の内省が記述された箇所を取り出してみよう。いったいこの対話はどのように説明できるだろうか。

【例1】「なにが……よかったの？」
　「これで終わったよ」
　李信恵は無言のままだ。
　「まあ、よかったね、名指しで攻撃されること、なかったもんね」
　今にして思えば、私はなぜ、そんなことを口にしたのかわからない。ただ、デモ隊から彼女を直接に中傷する言葉が飛び出さなかったことに安堵したのは事実だった。うつむいたままの彼女を少しでも元気づけたいという気持ちもあった。
　だからもう一度、私は言った。

「個人攻撃されなくて、本当によかったよ」

その瞬間、彼女が顔を上げた。表情が強張っていた。かっと見開いた瞳の奥に、怒りと悲しみの色が見て取れた。

「なんで……」

かすれた声が返ってきた。

「なんで……よかったの？　なにが……よかったの？」

李信恵は私を睨みつけながら、なにか必死に言葉を探しているようだった。私はどう反応してよいのかわからず、ただ黙って彼女の表情を見ているしかなかった。

彼女の目に涙があふれている。唇が小刻みに震えている。

耐えきれなくなったのだろう。彼女は泣きじゃくった。

「私、ずっと攻撃されてたやん。死ねって言われてた。殺してやるって言われてた。朝鮮人は追い出せって言われてた。あれ、全部私のことやんか。私、ずっと攻撃されてた！　いいことなんて、少しもなかった！」

まずは、フォン・トゥーンらの４つの側面からそれぞれで説明してみよう。

この事例には、関係面で言うと、当事者性が顕著に表れた、当事者の叫びが含まれており、この場面の直前に行われたヘイトスピーチのことばは、当事者と非当事者とでは違って聞こえることを明確に示している。李の感じた恐怖は、当事者であるマイノリティにしか聞こえないのである。安田と李のコミュニケーション場面の中で、安田が伝えようとした事柄は、非当事者にとっては単なる「事実」であるかもしれない。その「同じ」事実が、当事者である李にとっては、自分に対する激しい攻撃として聞こえるために、極度の恐怖を引き起こしていたことがわかる。「単なる」事実とは到底考えられない「当事者の心に響く」事実なのである。したがって、主観的には同じ事実であるとは言えないのである。

二人の経験したヘイトスピーチ場面では、在特会らの話し手、伝えようとしたヘイト・メッセージ（事柄）、聞き手である安田（非当事者）と李

（当事者）がそのコミュニケーション場面の主な構成要素である。話し手である在特会らとの関係面から見ると、安田は日本人でメッセージの直接の宛先ではない。安田はヘイトスピーチをする1人称ではないが、標的になっている2人称のコリアンでもない。ヘイトスピーチをする人たちとの関係からすると、むしろ第三者（3人称）であり、「聞き耳を立て」ていた人たちに近いと言える。そして、この当事者であるコリアンへの大きなダメージは、この後に説明される要請との関係からさらに説明できる。

　フォン・トゥーンらの考察の興味深いところは、この議論を話し手からだけではなく、聞き手のコミュニケーションをも同じ四角モデルで説明しようとする点にある。そして、それを「4つの耳で受けとる」として、ともすれば話し手中心のコミュニケーション分析を聞き手の側面からも分析しているのである。ヘイトスピーチの被害者のことを考える上では聞き手に焦点をあてた分析が重要なのである。

　では、実際に起こったヘイトスピーチ事件の別の例からからごく短い発話の部分を取り上げてみよう。

　　以下には、2009年12月4日京都朝鮮第一初級学校の校門前で行われたヘイトスピーチからやり取りの一部を文字化している。まず、場面の名称、左から行数、Z1は在特会（主権回復の会など）のメンバー1という話し手、発話の順である。

【例2】「キムチ臭いねん」
　1　Z1：ただそれだけ。
　2　Z2：キムチ臭いねん。
　　　（…　…）
　10　Z3：日本から出ていけ何がこどもじゃ、こんなもん、お前：(.)
　　　　スパイのこどもやないか
　11　Z4：スパイの（こどもやんけ）：
　12　Z5：朝鮮学校を日本から叩き出せ：？

1行目の話し手Z1の発話「だだそれだけ」とは内容的には「（朝鮮人は）

日本から出ていけばいい」という前言までの内容を指しており、このヘイトスピーチでの侮辱・名誉毀損の「落としどころ」に向かうための表現として「ただそれだけのことや」という表現を用いている。話し手 Z1 の発話を受けた Z2 が「（お前ら＝朝鮮人）キムチ臭いねん」と文脈とその状況からはおよそ導き出されえない新たな情報（レーマ）である「偏見」を加えて侮辱している。朝鮮人というテーマ（既出情報）は変わらない。さらに、その後「スパイ」がレーマ（＝偏見）として用いられている。テーマは朝鮮人から朝鮮学校へと変わっていることがあるが、指しているのは同じく集団としての朝鮮人である。「スパイ」というのはすでに価値評価を伴う表現であり、この襲撃事件で校門前で行われたヘイトスピーチの文脈では、明らかに「北朝鮮と共謀するスパイ」という否定的な意味で、朝鮮学校生の祖国である朝鮮民主主義人民共和国との関わりを、「スパイ」として否定しようとしているのである。加害者たちの発話の関係面に関しては、朝鮮人を侮辱するものであり、上からの目線、つまり「日本では日本人の方が偉いのだ」[12] という発想で発話していることが容易に読み取れる。また、イントネーションからは関西弁であることがわかり、しかもその下品なことば遣いから荒っぽい労働者階層を思い起こさせる。ただ、地域差はあるが関西人には喧嘩の場面では急にヤクザっぽいことば使いになる人がしばしば見受けられることから、映像と音声からは上品そうに聞こえることば使いと荒っぽいことば使いの両方をコード・スイッチしながら発話しているように見える。「スパイのこども」はこどもたちの自尊感情を否定する極めて下劣で悪意に満ちた表現である。そして、それが在特会、主権回復の会などの加害者が狙った「要請」に該当する部分であり、侮辱することで社会的な評価を下げようとする意図が読み取れるのである。これで、偏見による行動から差別そして暴力行為へとエスカレートしたヘイトスピーチ（差別言論）への道すじ（扇動によるエスカレーションというモデル）がおおよそ理解できる。

　フォン・トゥーンらの分析手法をヘイトスピーチに応用して解ることは、まず話し手には「聞き手のデザイン」（recipient-design）が必要で、聞き耳には4つの側面があること、そしてその聞き手には当事者性によるアク

ティブな聞き方があるということである。私たちが話し手になる時も、聞き手になる時もこの「聞き手のデザイン」をどのくらい意識し実践できるかが決定的なポイントである。次に、聞き手にはどのような声が聞こえているのかを想像することである。私たちの語りは、バフチーンのポリフォニーではないがかなり多声的である。その声のどれが聞き手に届いているのかを想像できることが極めて重要である。そして、ハラスメントやヘイトスピーチが行われている時に、それとして認識できる繊細さを持つように意識を高めることが重要である。

Ⅳ．ワツラヴィックらのコミュニケーション・モデル

　ヘイトスピーチは、言語的暴力であり、人の尊厳を傷つけ、侮辱する。エスカレートすると民族浄化（ジェノサイド）にもつながりかねない危険な言語行動であることは、すでに見た通りである。つまり、言語行動ではなく物理的暴力につながりかねないのである。また、ヘイトスピーチが起こる社会的背景には、権力を持つ多数派（マジョリティ）と権力を持たない少数派（マイノリティ）の存在とその関係が見出されるが、多くの場合には歴史的経緯が重要な要素として含まれている。そのヘイトスピーチはコミュニケーションと呼べるのであろうか。

1．ワツラヴィックらの 5 つの格率

　ポール・ワツラヴィックら（Paul Watzlawick et al.）（1967）はコミュニケーションの 5 つの格率を以下のように記述した。彼らはベイトソン（Bateson）（1935）の理論に大きく影響を受けているが、ここではワツラヴィックらの格率の理解を優先し、この章のテーマである排外主義とヘイトスピーチの具体例から説明を試みる。

　　1　人間はコミュニケーションしないではいられない。
　　2　すべてのコミュニケーションには内容面と関係面がある。

　　3　コミュニケーションは常に原因と結果である。

　　4　人間のコミュニケーションはアナログモードとデジタルモード
　　　を使っている。

　　5　コミュニケーションは対称的であり、相補的な相互作用である。

格率1「人間はコミュニケーションしないではいられない。」

　「私たちはコミュニケーションしないではいられない」という意味である。つまり、およそあらゆる発話行為は広義のコミュニケーション行動に含まれるという考え方である。ヘイトスピーチの犯罪性は、聞き手とのコミュニケーションを断絶しているように見えるが、実は広義のコミュニケーション行動の考え方からすると、一見「断絶」に見えるコミュニケーション行動でさえコミュニケーションしていることになる。

　ワツラヴィックらは「私たちは行動しないではいられない」という議論から始めた。そして、一定のメッセージ性が含まれることで、そのメッセージは論理的あるいは正当なものであっても、非論理的あるいは不当なものであっても、聞き手のリアクションをそれなりに引き出すことになる。その結果、コミュニケーションが成り立っていると考えるのである。私たちの日常的な表現では「コミュニケーションが成り立っている」というのは、多かれ少なかれ「意思疎通が成り立っている」場合のことを指すが、ワツラヴィックらと同様に筆者は基本的に広い意味でコミュニケーションということばを用いており、その意味ではポピュリスト政治家のヘイト・コミュニケーションも「断絶のコミュニケーション」とは理解しない。積極的なコミュニケーションであろうが、受動的なコミュニケーションであろうが、声高なリアクションであろうが沈黙というリアクションであろうが、コミュニケーション行動なのである。喧嘩別れや離婚も十分にコミュニケーション行動なのである。

　例えば、飛行機の中でお菓子が配られる。その時にある乗客は自分の番が来るのを楽しみに待っている。ところが、別の乗客は、目をつぶって知らん顔をしている。これは、一見コミュニケーションをしていないように見えて、「今、私はお菓子はいりません。放っておいて下さい」という

メッセージをキャビン・アテンダントに伝えていることになる。もしお菓子が欲しかったら、すぐに声をかけなければ、お菓子はどんどん遠くに行ってしまうことになる。ちなみにインターアクションは彼らの議論の中では上位概念である。

格率２「すべてのコミュニケーションには内容面と関係面がある。」

　シュルツ・フォン・トゥーンのコミュニケーションの四角モデル（４側面）でも、事柄と関係が区別されていたように、ワツラヴィックらでも内容（報告）と関係に関する格率がある。

　内容はメッセージの内容やその情報を指しているが、コミュニケーションはその情報伝達に終わらず、そこに関係性が含まれている、あるいは読み取れると理解していい。

　情報が正しい場合でも、フェイクニュースのように情報が誤っている場合でも、有効な情報であっても無効な情報であっても、あるいは判断できない情報であっても、それとしての内容を伴っている。関係性で含意されているのは、その情報が伝達される際の指示や命令に関わる側面である。情報として同様のことを伝えている場合でも、「スピードを上げるんだ」と命令するように言うのと、「あの信号まだ渡れるかな」と修辞疑問に近い表現で伝えるのとでは、コミュニケーションの参加者の関係が違って理解されるのだ。つまり、内容に関する情報が伝達される際に、一定の表現形式をとることで、そのコミュニケーションのインストラクションの側面、つまり伝達される情報（情報のレベル）の持っている教示の姿勢がメタレベル（情報についてのレベル）で機能していることが聞き手に伝わり理解されるということである。

格率３「コミュニケーションは常に原因と結果である。」

　これは、会話分析の道具立ての一つである「隣接ペア」をモデルに考えるといい。

【例3】「おはよう」
　　1　A：おはよう
　　2　B：おはようございます

　Aが「おはよう」と発話することで、Bが「おはようございます」と発話するのを誘発しているのである。固定電話で以前成り立っていた会話「もしもし、鈴木です」「もしもし、田中です」は、現在の携帯電話での通話では成り立たなくなっているが、話し手が名前を名のると、それに誘発されて聞き手も名前を名のってしまうという原因と結果である。いのちの電話などではこの手法が使われ、複数回電話をかけてきた相談者を特定するために、この手法が意識的に用いられた。

【例4】「昼ごはん食べに行かへんか」
　　1　C：昼ごはん食べに行かへんか。
　　2　D：何食べる？
　　3　C：ラーメン。
　　4　D：いいよ、行く。

　Cが1行目「昼ごはん食べに行かへんか。」と誘っている。その隣接ペアは4行目の「いいよ、行く。」である。そしてその間に2行目「何食べる？」と3行目「ラーメン。」がもう一つの隣接ペアとして挿入され入れ子構造になっている。ただし、格率3の原因と結果という考え方では、必ずしも隣接ペアで考える必要はなく、1行目の昼ごはんの誘いに対して、2行目の「何食べる？」という質問を誘発していると考えればいいのである。3行目の「ラーメン（でもどう？）。」という発話に対して、4行目「いいよ、（それなら）行く。」という発話が3行目の発話の結果として導き出されている。駆け引きをしながら条件を出していく場面ではよく見られる原因と結果の構造である。

格率 4「人間のコミュニケーションはアナログモードとデジタルモードを使っている。」

　コミュニケーションに含まれる 2 つのモードのことで、アナログとデジタルのモードと説明されている。計算システムの基礎のように 0 か 1 として明確に伝達されうる非連続なデジタルな情報があり、それらは高度な複合体を構成しうる。その一方で、関係性のようにファクターが相互に補完していたり、視覚的には全体をよく把握できるような連続体にはアナログでしか伝えられないものが含まれている。アナログ・コミュニケーションには、体の動き、手振り身振り、距離の取り方のような近接学的なもの、態度、顔の表情などの非言語情報も含まれている。

格率 5「コミュニケーションは対称的であり相補的な相互作用である。」

　A と B という二人の個人がいる場合に、その二人の関係に注目する。B の行動に対して A が反応する。そして A の反応がさらに B のその後の行動にどのように影響を与えるのかを考えるという。A と B の行動を相互作用として理解すると、連続した発話、応答が生じているのがわかる。A と B の行動を相互作用として理解し、そのプロセスの中で変化が生じていくのを見るのである。

　例えば親と子の会話、教師と生徒の会話を考えるといいという。A が一定の強い主張（assertion）をする。それに対して、B はそれに応じた応答（submission）をする。そして、さらに A はそれに応じてさらに主張する。このように対話が進展していく中で、常に相手の応答（リアクション）に対応しながら自分の次の応答を決めていくプロセスのことである。そのことをコミュニケーションの対称性と補完性と言っている。

　コミュニケーションでは、最初から権力格差がある場合、その多くは両者の社会的関係や社会的な立場の違いからくるのだが、その関係の中で対称性を保つのはそう容易ではない。むしろ、非対称的な関係の方が想定しやすい。しかし、ここでワツラヴィックらが言うのは、固定した社会関係のことではなく、発話やスピーチが行われているその場で生じている非対称性と対称性のことである。例えば、社長と部下の会話の場合に、社長の

主張で始まったとする。社員の応答は社長の主張に答えたものであり、そこにある種の対称性を見ており、また補完性を見ているわけである。ただし、これはある種の対称性や補完性が生じるように会話がなされることを期待値として想定する場合のことである。デフォールト値が想定される場合、それは明文化はされていないが、社会的に書き込まれた知識であり、多くの人に共有されていると考えられている。あるいは、そのようなコミュニケーション上の力学が働くという考え方である。友人を食事に招待した時、断ってくることを期待して招待することはまれで、招待するという行為にすでに「招待を受けてくれる」という期待値が含まれていると想定できるということである。もちろん、断ってくることを想定して招待者名簿に特定の人の名前を入れておくということも、コミュニケーション上の方略としてはありうることであるが。

　ヘイトスピーチが行われる時に、カウンター・パートがそこに不在であれば、ヘイターたちとヘイトスピーチに親和する観客とは好意的な聞き手となり、両者が補完しあう場が生じてしまう。しかし、ヘイトスピーチが始まる場所に、あるいは近くにカウンター・パートが存在すると、その場はヘイターたちの思うようにはならない。ヘイトスピーチを始めた時から対称的な関係と非対称的な関係の中で調整されながら進行せざるを得ないことになる。そして、補完的な関係にはおよそならない。当然、それは円滑なコミュニケーションでもなければ、意思疎通が可能になるわけでもない。ヘイターとカウンター・パートの対立する関係の中では、それが直接的な対話ではないので相手の主張に耳を傾けるわけではない。フォン・トゥーンの「聞き手の耳」はあまり機能しない。また、かなりの程度で両者は一方的にコミュニケーション行動をしている。しかし、その相手の応答に大きく影響を受けながら、時にはカウンター・パートのことを言及しながら、進行することもある。カウンター・パートが同時にスピーチや音楽などでヘイトスピーチを妨害する意図がある場合は、ヘイターがスピーチを中止したり断念したりする。それは、ヘイターの主張（assertion）に強く応答したカウンター・パートの主張（assertion）であり、弱い応答（submission）ではないと言わなければならない。

　これら5つの格率から、その基本的な考え方を、ヘイトスピーチの行われる場面でのコミュニケーションに言及しながら応用して説明した。あくまでも、ヘイトスピーチというコミュニケーション・ジャンルを理解するためのモデルである。ちなみに、フォン・トゥーンらの四角モデルが考案された際には、ワツラヴィックらの格率も参考にされている。

V.　インターネットのヘイトスピーチと　　メディア性

　メディア性について考えてから、ヘイトスピーチの街宣デモやインターネットでの書き込みの問題が持つ別の側面を浮かび上がらせよう。

1.　インターネット以前と以降　メディアの発達と言語の変容

　インターネット以前のメディアの時代には、多くの現代語の中で書きことばと話しことばの明確な差異と、その明確な境界線があった。それがメディア環境とユーザーの変化により、その「間（あいだ）に」書きことばでもなく話しことばでもない言語使用の場が生成したのである。当然、そこで発生する問題に対しては、新たな法的規制が必要なまでになった。それがSNSの空間のことである。

　書きことばと話しことばは、テクスト言語学の対象となり、テクストの種類は社会言語学でも分類された。テクストの種類には、学術的なテクスト（学術書、学術論文、学位論文、研究リポート、学会発表、学術的な議論など）、ジャーナリズムのテクスト（新聞、ラジオ、テレビの報道、週刊誌などの雑誌）、文学作品（小説、エッセイ、詩、短歌、俳句など）、舞台芸術（脚本、台本など。これらには言語情報だけではなく、非言語情報も多く含まれるがそれらが記号として書き込まれている。楽譜など）、教科書や教材（学習を目的として主に学校で使用される）、広告（商業目的で作成され、看板、車内広告、新聞・雑誌などに掲載される広告、テレビコマーシャル＝映像、ラジオコマーシャル＝音声のみ）、経典や聖書（宗教的なテクストで、儀礼に関するものも含む）、手紙文（個人間でやり取りされる私信）、商業文書（商業目的で作成される文書で、取引に関する文

書全般を指す）、**公文書**（公的・私的に作成される文書で、一般に用いられたもの。その後公開されるべきもの。公開までに時間のかかる場合もある。公的機関での話し合いの記録もここに含まれる）、**法的な文書**（いわゆる法律の文章、裁判、法律上の手続きで使用されるテクスト）、**マニュアル**（電気製品、機器、工具、自動車、そのほかの物品の使用説明書。また、接客のためのマニュアル、危機管理マニュアルなどのこと）など多岐にわたるテクストが分類される。そして、テクスト産出のための言語使用上のルールは明文化されている程度には差はあるものの、参照されるべき規範は存在し、手続き的知識として私たちの知識の中で共有されているのである。

　テクストというのは、それだけで話しことばと書きことばの単純な2分類では到底覆いつくせないものであることがわかる。SNSではしかしその参照すべき規範が崩壊していると言っていい。また、インターネット以前の話しことばと書きことばの分類とはかなり違ったものになっている。

　インターネット以前には、話しことばはその場面に応じて細かく使い分けがなされた。都市部では様々な社会階層の人たちが方言の違いも抱えながら、必要に応じて敬語を多様に使用し、コミュニケーション行動を行った。当時は直接の会話は重要で、井戸端会議や店先での雑談、銭湯での雑談は重要な情報交換の手段でもあった。日常の電話は、今とは違い相手と話すことで初めて相手が誰であるのかがわかる。電話をかけた方がまず最初に話すのではなく、電話がかかってきたために受話器を取った者がまず、「もしもし、○○です」と名のるのがルールであった。そうして、電話をかけた方が後から名のり、用件を伝えるのである。まだ電話が一家に一台あるかないかの時代で、当時は電話権料が高額で、利用料も市外になると極端に高額になった。電話が必ずしも便利に使えない場合は、ごく当たり前のように手紙を書いた。手紙にも詳細なコード化されたルールがあった。手紙も、ラブレターのように郵送する場合もあれば、郵送しない場合もあった。その頃の電話は、電話番号に市外局番、市内局番と個別の番号が割り振られていたので、そのおおよその地域や集落を推定できた。電話をかけることそのものが費用と手間のかかるものであり、電話の向こうまでたどり着くには「遠い」感覚があった。

　テレビやラジオの放送も生放送が主流の時代から、録音・録画を流す放送と生のニュース報道に分かれた時代になった。そして、携帯電話が発達することで、一家に一台の固定電話から、一人一台の携帯電話の時代になり、今や一人が複数の通信チャンネルを持つようになった。携帯電話の向こうにいる人はもはや「遠く」にいる人ではなくなった。

　インターネット以降のメディアにも複雑なコード化された書記のルールがあった。電子メールが利用され始めた時でも、最初の頃には、手紙の書式のルールがよく使われており、いきなり用件から始まるメールは少なかった。

　しかし、インターネット以降のメディアの中で際立つのが新たなコミュニケーションツールであるSNS、その機能であるチャット、またネットのまとめサイトの読者の書き込みなどである。「話されたことば」と「書かれたことば」の違いは問題ではなく、そのメディア性によって単純な二項対立では把握できなくなったところに問題の本質への手がかりがある。

2.「近さの言語」と「遠さの言語」

　ペーター・コッホとヴルフ・エスターライヒャー（Peter Koch/ Wulf Oesterreicher）（1986）は「話されたことば」と「書かれたことば」を分析し、言語使用のストラテジーとメディア性から言語の特性を議論した。「話されたことば」と「書かれたことば」のメディアを文字と音声とで区別し、「話された」（gesprochen）特徴と「書かれた」（geschrieben）特徴からその程度の差をモデルとして提示した。

　「話されたことば」は、

　　a）親密な会話（vertrautes Gespräch）
　　b）友人との電話（Telephonat mit einem Freund）
　　c）インタビュー

　　g）面接の会話（Vorstellungsgespräch）
　　h）説教

　　i）講演

の順に、「話しことば性」から「書きことば性」の特徴が強くなる。それ
はもちろん言語使用の場面が私的な空間から公的な文脈ないし空間へと移
行し、言語表現に公共性が求められるからである。
　書かれたことばでは、

　　d）文字化されたインタビュー
　　e）日記
　　f）私的な手紙

　　j）新聞記事
　　k）運営規則

の順で「話しことば性」から「書きことば性」が強くなるが、「話された
ことば」のg、h、iの「話しことば性」よりも、「書かれたことば」d、e、
fの「話しことば性」の方が強いと説明されている。それは、「書かれたこ
とば」d、e、fの言語使用が私的な文脈で行われている一方で、「話された
ことば」g、h、iはより公共性の高い文脈で行われる言語使用だからであ
る。ヘイトスピーチの街宣やデモ行進中のヘイトはこのスケールで言うと、
「話されたことば」であるが、gに近い「書きことば性」が強く感じられ
るものがある。それに対して、インターネット上の書き込みは「書かれた
ことば」であるが、SNSというメディアの特徴から「書きことば性」より
も「話しことば性」が強く、多くの場合には両方の特徴が混合して現れて
いると考えていい。
　コッホら（1985）はこの「話しことば性」から「書きことば性」へのス
ケールに、コミュニケーションの条件と言語化のストラテジーから「近さ
の言語」と「遠さの言語」というカテゴリーを見出していった。その際に
用いたコミュニケーション上のパラメーターは、コミュニケーションの
パートナー同士が持つ社会関係、人数、空間的時間的な設定、話者交代、

テーマの固定化の度合い、公共性の程度、偶然性と参画、言語的・状況的・社会文化的文脈の役割（共有された知識の蓄積、共通の社会的価値と規範など）である。とりわけ、以下に示すコミュニケーションの条件を強調し、「書きことば性」と「話しことば性」との対照を試みた。

・コミュニケーション・パートナー（参加者）との間の<u>役割分担</u>が「話されたことば」ではオープンであり、<u>話者交代</u>もそれに応じて規則的に生じる（対話性）。それに対して、書かれたことばは固定的な役割分担が想定され、極端な場合には全くのモノローグに近いものになる。
・コミュニケーションは<u>協働作業（Kooperation）</u>[13]である。この点は、グライスの協調の原理やルックマンの言語分析理論（1972）などから導き出されているが、話されたことばの言語産出と言語受容が直接に結びついていることが強調されている。つまり、隣接ペア（「ラーメン行かへん」／「行く」）ではなく、「ラーメン行かへん」と質問されて「どの店」と質問で応答していても、話し手と聞き手の双方が対話のプロセスを順にその場で作っている限りで言語的に連続している、そのつながりのことを指しているのである。

　言語産出を行う話し手である「作り手」（Produzent）と聞き手である「受け手」（Rezipient）がともにコミュニケーションのプロセスを築いているという意味である。それが、書かれたことばになると、書き手と読み手との間のつながりは話されたことばとは違ったつながりとなり、場合によっては距離が生じたり、あるいは切れてしまうことさえ起こりうるのである。

　原稿をもとにして講演をする場合には、聞き手は対話の相手のようには存在しないが、あいづちや笑いなどの「聞き手のシグナル」（Hörersignal）を送ることができるし、聞き手が質問をしたり意見を言うこともある。対面である限り、話し手には聞き手の存在が大きな意味を持っているのである。しかし、聞き手を一切目の前にせず話し続けるような講演、例えば「放送大学のビデオ撮り」であれば聞き手が目の前に存在しないので、聞き手を目の前にする授業のライブ録画とではかなり違っ

たものになると言っていい。

　インターネットの利用が日常化した現在では、電子メールで用件を伝える時には、郵送した書簡ほどの言語形式が問われなくなった。また、携帯電話の向こうにいる人は、固定電話の向こうにいる人に対する感覚とは違ってきている。固定電話が一家に一台あった頃には、電話の向こうには一つの家族がいた。ところが、携帯電話の向こうに家族がいるかどうかは問われなくなり、個人のみが存在する。例えば、私のゼミ生が深夜に携帯で電話をしてきて「しんじさん、いますか」などと言うことはかつては起こりえなかった。また、ライン（LINE）やメッセンジャー（Messenger）のようなチャット機能を使用した時、応答が頻繁に行われる場合には話されたことばでのやり取りに近くなる。言語使用ではエモティコン（emoticon）や絵文字（emoji）も頻繁に使われ、言語使用そのものが書きことばでもなく話しことばでもない世界が成立する。もともとは顔の表情をアルファベットの文字などを使って描いていた表情も、エモティコンや若者ことば、ある種の身体性が持ち込まれることで、言語の質が急激に変化するのである。

　Twitter や Facebook などの SNS での侮蔑、侮辱、誹謗中傷などは、広い意味でのコミュニケーションに入るが、決して積極的な協働作業ではない。むしろ、匿名性の高い SNS を悪用した人権侵害と言わざるを得ない。しかし、影響関係は確かにあり、それが人権侵害の被害として表れ、それを救済するために法規制が行われ、ヘイターは次の手段を考え出す。例えば選挙活動の中でのヘイトスピーチである。

・話されたことばでの対面コミュニケーションでは、物理的な距離が近い場合が多く、共通の行動をしていることが多い。つまり、コミュニケーション場面の文脈を前提としているのであり、共有している知識が多いと想定されている。一方、書かれたことばでは、読み手は個人的な関係は少なく、匿名の読み手である場合が多く、匿名であるにも関わらず公開されることでコミュニケーションは公的な性格が強くなる。場面や社会文化的な文脈は広範にわたって言語化されなければならない。

・話されたことばによるコミュニケーションは直接性が高いために、自発

性（Spontaneität）が高いとされる。つまり、計画できないということである。やり取り（対話）の中で自己訂正や他者訂正などが行われたり、言いよどんだりもする。一方で、書きことばは自発性よりも計画性が強い特徴があり、やり取りの中で訂正されることはまずないし、言いよどむことはできない。むしろ、書くというプロセスの中で、すべてが計画されてしまうのである。

　日本語では敬語使用や 2 人称の使用を調節したり、否定的な表現を避けることもできる。ドイツ語では接続法や話法の助動詞、また心態詞（Modalpertikel）を使用することで聞き手とのコンタクトを緩和することもできる。また、やり取りのプロセスに関しては、書かれたことばの場合、書き手と読み手のコミュニケーションのプロセスは、手紙のような通信手段を用いる場合には手紙が一往復するのに少なくとも数日かかり、手間がかかった。ファクシミリが開発されてからは、手紙より早く書面のやり取りができるようになったが、e-Mail が使われるようになり、携帯電話では SMS（ショートメッセージ）が使われ、スマートフォンやタブレット式端末を用いてチャットでやり取りを行うと、瞬時のうちに約束の変更も行えるようになった。計画性の高い手紙や商業文書、公文書のやり取りも、メールの添付ファイルで文書を送付し交換する作業ができるようになった。チャットではほぼ同時に対話のプロセスが進行することもある。LINE や messenger を使ったチャットも二人の対話が進行するものと、グループで進行するものとでは違った構成になる。しかし、この場合は二者間、グループのメンバー間は匿名の関係ではない。
・自発性の意味するのは、より強い表現、感情のこもった関与などで、書かれたことばでは出にくいものである。

　さて、これらの特徴を総括してコッホとエスターライヒは、対話、自由な話者交代、パートナーとの信頼関係、対面での相互作用、自由なテーマの展開、非公共性、自発性、強い参加的態度、場面による制約をもって、話されたことばの特徴とする。これが「近さの言語」である。一方で、独白、話者交代なし、パートナーを知らない、空間と時間の分離、決まった

テーマ、十分な公共性、熟慮、わずかな参加的態度、場面に拘束されない
などは、書かれたことばの特徴だとする。これが「遠さの言語」である。

　ヘイトスピーチの街宣の場合は、話されたことばであるが、対話ではな
い。一方的な発話であり、2人称である本来のパートナーとの信頼関係は
なく、テーマの展開は自由ではなく決まった攻撃対象に向けられている。
しかも、十分に公共性のある環境で行われる。

　インターネットでのヘイトスピーチの場合は、書かれたことばであるが、
話されたことばの特徴を多く持っている。書かれたことばの特徴である空
間的時間的な分離があり、テーマは多かれ少なかれ決まっており、発せら
れるのは侮辱し排除する言説である。論理性の欠如からも書き込みに熟慮
した特徴は見られない。

VI.　差別の意匠——制度内で慣例化した 人種差別とスーパーダイバーシティ

　2018年にドイツ連邦内務省が作成したポスターによって難民に対して
帰国推進キャンペーンが繰り広げられた。11月13日から20日までの期間
にドイツ国内約80都市で掲示された超大判ポスターである。レビンの
「憎悪のピラミッド」に基づいて中川（2020）は「実践された言語的差別」
の例に挙げ、詳細に分析している。この時もポスターに隠蔽されたレイシ
ズムをドイツの右傾化した政治状況の中で読み取れることを議論したので
ある。

　ビュール（Bühl）（2017）によると、制度内で慣例化した人種差別（institu-
tioneller Rassismus）が典型的に指摘される領域があり、それが教育、労働
生活、住宅市場、保健、医療、法律と警察の6つの領域である。制度内で
慣例化した人種差別の問題は、その多くが移民の背景を持つ市民に対する
差別である。

　制度内で慣例化した人種差別の議論を最初にした一人がストークリー・
カーマイケル（Stokely Carmichael）である。アメリカ合衆国1960年代での
ことで、彼が議論したのは移民先であった合衆国での黒人差別問題である。

公民権運動の中で学生非暴力調整委員会第 3 代議長にもなっているが、彼はブラック・パワーの議論 14) の中で、制度内で慣例化した人種差別を最初に指摘した論者であるとされる。これはアメリカ合衆国という白人優位社会の中で、立法、行政、司法を掌握していたのがいわゆるホワイト・パワーであり、その白人優位社会の中であえてブラック・パワーを主張することで、社会制度、社会組織の中に見出されるホワイト・パワーにはそもそもの最初から制度内で慣例化した人種差別（institutional racism）が含まれているということを主張したのである。カーマイケル（1992: 4-5）によると、「レイシズムは顕在化してもいるし隠蔽されてもいる」という。しかも、個人としての黒人に対して行動する個人としての白人も存在するが、黒人コミュニティに対して行動する白人コミュニティもあるというのである。つまり、レイシズムには個人レベルのレイシズムと制度的なレイシズムとが存在するという議論である。彼が挙げる例で見てみよう。白人テロリストが黒人教会を爆破し 5 人のこどもが殺害されたとする。これは個人としての白人テロリストの引き起こした人種差別事件であるという。ところが、それと同じ町で、つまりアラバマ州のバーミンガムで 500 人の黒人のこどもたちが毎年乏しい食糧、避難シェルター、医療施設のために死亡しているとすると、それは制度内で慣例化した人種差別に原因があるというのである。黒人社会の中にある貧困と差別という条件ゆえに、何千もの人たちが、物理的に、感情的に、知的に破壊されるというのである。これが制度内で慣例化した人種差別の機能であるという。

　本来、社会的な問題を解決するために議論され制度化されたはずの社会制度であるが、そこには白人優位社会の中で作られたがゆえに制度の中にすでにレイシズムが入り込んでいるという議論である。

　現在のメディア、とりわけインターネット以降のメディアは、スーパー・ダイバーシティ 15) の状況にある。その中で、個人としてのレイシズムと制度としてのレイシズムとがインターネットの中で複雑に絡み合っているのだ。そして、場合によっては個人としてのレイシズムの確信もないままに SNS の書き込みを行い、制度としてのレイシズムに「のっかり」ゲームのように人種差別を実践する SNS ユーザーが現れたのである。彼

らは新自由主義という社会背景の中で、社会の主流の中に存在しながら、少数者をいわゆる権謀術数理論（Verschörungstheorie）によって誹謗中傷する。ペギーダのシュプレヒコールでたびたび登場する「嘘つきメディア」（Lügenpresse）、「帝国市民」（Reichsbürger）、在特会の語彙にある「スパイ養成機関」、関東大震災の時の「鮮人は毒薬を井戸に投じたり」[16]などもその例である。この議論は陰謀論とも言われるが、これらの語彙はある種の論法の中で使用されるものであり、そこに論理性は見られない。いずれにせよ、ネット上のヘイトスピーチとは厳密には区別できない状態で使用されて偏見に満ちたフェイクニュースを垂れ流すのである。SNSユーザーの差別書き込みの中には、いわゆるデマが多く含まれており、それがいわゆる権謀術数理論に該当するのであるが、インターネット時代のスーパー・ダイバーシティ状況の中でこの入れ子構造は、それぞれが単体で存在するわけではないので、簡単に見わけがつかないことが極めて困難な状況をつくっている。このように、ますます右傾化する社会の中で、今や日本でも世界でもヘイトスピーチとその恐怖が「常態化」してしまったのである。

参考文献

ルート・ヴォダック著，石部尚登，野呂香代子，神田靖子編訳（2019）『右翼ポピュリズムのディスコース――恐怖をあおる政治はどのようにつくられるのか』明石書店

ルート・ヴォダック著，中川慎二訳（2019）「第8章　主流化――排除の常態化」石部尚登，野呂香代子，神田靖子編訳『右翼ポピュリズムのディスコース――恐怖をあおる政治はどのようにつくられるのか』明石書店所収

師岡康子（2013）『ヘイト・スピーチとはなにか』岩波書店

安田浩一（2014）「第2章　新保守運動とヘイト・スピーチ」金尚均編『ヘイト・スピーチの法的研究』法律文化社

中村一成（2014）「第3章　ヘイト・スピーチとその被害」金尚均編『ヘイト・スピーチの法的研究』法律文化社

Carmichael, Stockely & V. Hamilton, Charles（1967）*Black Power.* The politics of Liberation in America. New York.

Dürscheid, Christa（2018）Koch/Oesterreicher und die（neuen）Medien. In: Gruber, T. et. al（Hrsg.）*Was bleibt von kommunikativer Nähe und Distanz? Mediale und konzeptionelle Aspekte von Diskurstraditionen und sprachlichem Wandel*（=ScriptOralia). Tübingen, Narr.

Goffman, Ervin (1983) Felicity's Condition. In: *American Journal of Sociology* 89:1, pp.1-53.

Günthner, Susanne & Knoblauch, Hubert (1994), „FORMS ARE THE FOOD OF FAITH". Gattungen als Muster kommunikativen Handelns. In: *Kölner Zeitschrift für Soziologie und Sozialpsychologie*, Jg. 46, Heft 4, 693-723

Hymes, Dell (1962), The Ethnographies of Speaking. In: Gladwin, Thomas; Sturtevant, William C. (Hrsg.), *Anthropology and Human Behavior*. Washinton, DC, Anthropological Society of Washinton, 13-53

Hymes, Dell (1964), Introduction: Toward Ethnographies of Communication. In: Gumperz, John J., & Hymes, Dell (Hrsg.) (1964), 1-34

Koch, Peter & Oesterreicher, Wulf (1986) Sprache der Nähe — Sprache der Distanz. Mündlichkeit und Schriftlichkeit im Spannungsfeld von Sprachtheorie und Sprachgeschichte. In: Deutschmann et. al. (hrsg.) *Romanisches Jahrbuch Band 36 · 1985*. Walter de Gruyter, Berlin, New York. 15-43

König, Rene (1969), *Handbuch der empirischen Sozialforschung*. Ferdinant Enke Verlag, Stuttgart. Bd. 2.

König, Rene (1979), *Handbuch der empirischen Sozialforschung. 2.*, völlig neubearb. [Gesamt] Aufl. Bd.13. Ferdinant Enke Verlag, Stuttgart. 1115

Levin, Brian (2009) The long Arc of Justice: Race, Violence, and the Emergence of Hate Crime Law. In: Perry, B. & Levin, B. (ed.) (2009) *Hate Crimes Volume 1 Understanding and Defining Hate Crime*. Praeger Publishers, London.

Luckmann, Thomas (2002), Wissen und Gesellschaft. Ausgewählte Aufsätze 1981-2002. *UVK-Verlagsgesellschaft*, Konstanz. 157-210

Luckmann, Thomas (1988), Ende der Literatur? Kommunikative Gattungen im kommunikativen „Haushalt" einer Gesellschaft. In: Smolka-Koerdt, Gisela/Spangenberg, Peter M./ Tillmann-Bartylla, Dagmar (Hrgs.), *Der Ursprung von Literatur. Medien, Rollen, Kommunikationssituationen zwischen 1450 und 1650*. Wilhelm Fink Verlag, München. 279-288

Luckmann, Thomas (1986), Grundformen der gesellschaftlichen Vermittlung des Wissens: Kommunikative Gattungen. In: *Kölner Zeitschrift für Soziologie und Sozialpsychologie*. Sonderhefte. Westdeutscher Verlag, Opladen. 191-211

Luckmann, Thomas (1969), Soziologie der Sprache. In: König (1969). 1050-1101

Nakagawa, Shinji (2017), Kommunikative Gattungsanalyse. Ex: 言語文化論集. 関西学院大学経済学部研究会

Shannon, Claude E. & Weaver, Warren (1949) *The Mathematical Theory of Communication*. University of Illinois Press.

Schulz von Thun, Friedemann (1981) *Miteinander reden: 1. Störungen und Klärungen*.

Allgemeine Psychologie der Kommunikation. Rororo, Rowohlt Taschenbuch Verlag. Hamburg.

Schütz, Alfred & Luckmann, Thomas（2003）*Strukturen der Lebenswelt.* UTB

Vertovec, Steven（2019）Talking around super-diversity. *Ethnic and Racial Studies* Vol.42, NO.1, 125-139. Routledge.

Watzlawick, Paul; Bavelas, Janet Beavin & Jackson, Don D.（2014）*Pragmatics of Human Communication. A study of interactional patterns, pathologies, and Paradoxes.* Northon Paperback reissued. New York and London.

Wodak, Ruth（2015）*Politics of Fear. What right-wing populist mean.* Sage. London, Los Angels, New Deli.

注

1）イビツァ・スキャンダルと言われるこの事件は、2019年5月オーストリア国民党・自由党連立政権の崩壊に至ったオーストリアにおける政治スキャンダルである。副首相（当時）シュトラーヒェと自由党幹事であったグデヌス（Johann Gudenus）が国民議会選挙を控えた2017年7月、金庫番シュトラーヒェの人脈にあたる大物の姪とも言われるロシア人女性と共にスペインのイビツァ島の別荘で会っていることろを盗撮され、そのビデオが2019年5月17日に南ドイツ新聞とシュピーゲル誌のオンラインで公表されたことからスキャンダルに発展した。シュトラーヒェはその翌日閣僚辞任を表明した。このビデオが問題になったのは、党に近い組織から党に流れた不透明な資金の流れのことをこの二人が話題にしていたからである。シュトラーヒェはまだ政治家復帰を果たせず、真相も十分に究明されたとは言い難い。

2）自由党のテレビは、https://www.fpoe.at/fpoe-tv/（2019年10月20日）で公開されており、ユーチューブでは、自由党大会全体の動画は、https://www.youtube.com/watch?v=qCHB-5vFpEk（2019年10月20日閲覧）で、キックルの演説は、https://www.youtube.com/watch?v=UsF1KeiKRwk（2019年10月21日閲覧）で閲覧できる。

3）ハイダー（Dr. Jörg Haider）は、オーストリア共和国政府の Wer ist wer（https://www.parlament.gv.at/WWER/PAD_00490/）によると、1950年に Oberösterreich 州 Bad Goisern で生まれ、2008年10月11日に Kärnten 州の Lambichl で自動車事故による不慮の死を遂げた自由党の政治家。ポピュリストとして知られている。ウィーン大学で法律学と国家学を学んだ。法学博士。ハイダー現象とは、Wodak（2015：178）によると、すでに1990年代に始まっていた現象で、2000年に国民党との連立を組んだ自由党（FPÖ）の政治的特徴だとしている。つまり、修正主義の歴史観、文化国家ドイツという土着的で排外的な構造、熱狂的な反移民とイスラム嫌いで反ユダヤの修辞法、そして娯楽と真剣な政治の間、政治のフィクション化とフィクションの政治化の間にある境界線を不明瞭にしかねない政治の演出というイデオロギーを信奉する右翼ポピュリスト政党であるということである。（筆者による原文に忠実な訳）

4）被害者理論（Opferthese）あるいは被害者神話（Opfermythos）とも言われる。つ

まり、オーストリアはナチスドイツによる 1938 年のドイツ併合の犠牲者であるとする議論のこと。併合前のオーストリアや、戦後のヴァルトハイム事件（1986 年オーストリア大統領選挙でナチスドイツの時代の戦争犯罪について問われた事件）でも知られるように、オーストリアの戦争責任が問われるのは 1970 年代以降である。

5）師岡（2013）の第 2 章、とりわけ p.48 に要約されている。

6）『神奈川新聞』2020 年 1 月 11 日付記事によると、川崎市の多文化交流施設「ふれあい館」（川崎市桜本）に在日コリアンの殺害を宣言する脅迫文が年賀状として送りつけられていたという。文面は「謹賀新年　在日韓国朝鮮人をこの世から抹殺しよう。生き残りがいたら、残酷に殺していこう」というものである。

7）やまだようこ（2000）「人生を物語ることの意味」やまだようこ編著『ライフストーリーの心理学　人生を物語る──生成のライフストーリー』ミネルヴァ書房、1-38 頁参照

8）Wodak, Ruth（2015）*Politics of Fear. What right-wing populist mean.* Sage. London, Los Angels, New Deli. 57-59.「正当化のストラテジー」参照

9）中川慎二（2020）「インターネットとヘイトスピーチ──言語と法から市民権に取り組む」神田靖子他編著『ポピュリズムに対抗する民主主義教育』明石書店、311-332 頁参照。この論ではドイツ連邦内務省の作成したポスター（2018）を例にして「お帰り下さい」の発話モードを分析している。

10）バイリンガル環境での言語習得の際にコードスイッチは観察される。

11）中川慎二（1999）「第 1 章　コミュニケーションと表現」栗山次郎編著『理科系の日本語表現技法』朝倉書店参照。この中で、フォン・トゥーンのコミュニケーションのメカニズムを論じている。

12）この襲撃事件のビデオには「端の方歩いとったらええんや、はじめから」「約束というのはね、人間同士がするもんなんですよ。人間と朝鮮人では約束は成立しません」という侮蔑し侮辱する表現が記録されている（中村 2014）。それらの表現から、話し手から見た関係性を強調して提示していると考えることができる。

13）矢代京子、町恵理子、小池浩子、吉田友子（2009）『異文化トレーニング』三修社参照。コミュニケーションの範囲を考える上で参考になる例が示されている。例えば混雑した通勤電車の車内で遠くに見つけた友人とのアイコンタクト、家庭でこどもが朝食のテーブルに置いたカタログ、前の晩に帰宅せずそのまま翌日に出勤した同僚の衣服など興味深い例が示されている。つまり、広い意味では、メッセージ性がある限り、それらの例が特定のコミュニケーション場面であり、その一つ一つはコミュニケーションであると理解することができるのである。

14）カーマイケルの関わったブラック・パワー運動は、公民権運動の中でも 60 年代に起こる左翼運動からの反人種差別運動である。

15）スーパー・ダイバーシティというのは、スティーヴン・ファートヴェック（Steven Vertvec）（2019）によると彼がエスニック研究（2007）の中で提唱した概念で、英国におけるエスニック、移民研究の統計データを考察した際に見出した新しいパター

ンのことである。新しい不平等、レイシズムを含む偏見、新しい社会的分断、空間と
「接触」の新しい経験、コスモポリタニズムとクレオール化の新しい形態を含む概念
のことである。およそ新自由主義を背景とする社会的ダイバーシティを示していると
考えていい。

16) 中央防災会議災害教訓の継承に関する専門調査会（2008）『1923 関東大震災報告
　書』第 2 編「第 4 章　混乱による被害の拡大　第 1 節　流言蜚語と都市」参照

第6章

ヘイトスピーチと互恵性原則
——インターネット上のヘイトスピーチについてドイツでの事例をもとに考える

河村克俊

はじめに

　「ヘイトスピーチ」は私たちの社会が対応を迫られている喫緊の課題の一つである。そこにみられる「ヘイト」の内容は恐らく社会全体のもつ傾向と無関係ではなく、私たちの社会がいまどのような方向へと進んでいるのかを可視的に示すものであるだろう。これを放置するならば、現在認められる言葉による暴力という現象はさらに進行するに違いない。またヘイトスピーチのもつ負の威力は、ソーシャル・ネットワーキング・サービス（Social Networking Service）が社会に浸透しコミュニケーションの手段として日常化したことを背景に、拡大することになったといえる。ドイツ連邦政治教育センターのウェブサイト「ヘイトスピーチとは何か」の最初のページには、このタームの意味を要約する以下のような記述がみられる。「ヘイトスピーチは刑罰にあたる表現とあたらない表現を包含するグレーゾーンのうちにある。もし人が貶められ、侮辱されるならば、またその人に対する憎悪または暴力が喚起されるならば、それはヘイトスピーチである。それはしばしば人種差別的、反ユダヤ主義的、性差別的な発言であり、特定の人々または集団をターゲットとしている。ヘイトスピーチはそのことによりインターネットとソーシャル・メディア空間において集団に向けられる人間敵対主義ないし民衆扇動といった現象を包括する概念である」[1]。

　法に触れかねない発言が許容されるのは、思想を表現するための言論についてはそれがどのような内容をもつにせよ、公的な場所で語ることが許されねばならないとする社会的な同意があるからに他ならない。そして、これは近代以降主に為政者を批判するために一般市民がもつべきであるとみなされた「言論の自由」という基本的な権利につながる。「言論の自由」は民主主義社会の根幹にある権利であり、複数の考え方を許容しつつ一つの共同体を構成するために不可欠の基本的な権利であるだろう。しかしそれは相互性ないし互恵性原則と抵触しない限りでのみ無条件に認められるものであり、この原則に抵触するとき、またこの原則が機能していないところでは制限を受けることになるはずである。相互性ないし互恵性は「平等」に通じる基本的原則であり、この原則を基礎づけるのは誰もがもつ人

間の「尊厳」である[2]。

　本章では、「言論の自由」がドイツやヨーロッパではどのような条件の下で制限を受けるのか、またこれと関連する「ドイツ基本法」にみられる尊厳概念の含意ならびにその由来、そして自由を制限する原則としての互恵性について考察する。そのため以下では先ずヘイトスピーチの定義を確認し（Ｉ）、次にドイツでの具体例を概観する（Ⅱ）。そのうえで、「言論の自由」が制限を受ける事例ならびにこの制限の背景にある人間の「尊厳」について考察する（Ⅲ）。最後に、互恵性原則の観点からこの問題について考える（Ⅳ）。

Ｉ．ヘイトスピーチの定義の確認

　アンネ・ヴェーバー（Anne Weber）によればヘイトスピーチとは、「人種的嫌悪、他国人に対する敵意、反ユダヤ主義ないしはその他の不寛容に基づく憎悪による情宣活動によって、それらを助長し正当化することを教唆することであり、また攻撃的な愛国主義や自民族中心主義、差別や敵意に基づき、マイノリティや移民そして移民の子孫に対してなされる不寛容な言語表現である」[3]。ここでの定義によればヘイトスピーチとは、愛国主義や自民族中心主義に基づき、自国や自民族に帰属しないと思われる人やそのグループに対してなされる憎悪の表現である。自分の国を優先するという考え方は、日常的に様々なメディアを通じて為政者の言動のうちにすら聞かれることもあり、現代社会では多くの人が特に違和感をもつことなしに受け容れているようである。その根幹にあるのは自己ならびに自己に関わるものを特別扱いしようとすることであり、自愛の感情であるだろう。この点に関して人間は他の動物と基本的に異なるところがないといえそうである。しかし自民族を優先するために何らかの理由が必要となり、これを満たすための理論的な説明が求められるとき、これは素朴な次元を超えることになりかねない。ダーウィニズムから派生し20世紀前半に社会や政治に強い影響力をもつことになった優生学がここで想起される[4]。

　言語学者イェルク・マイバウアー（Jörg Meibauer）によれば、「ヘイトス

ピーチは次の点に特徴をもつ個人や集団に対してなされうる。例えば肌の
色、国籍、出身、宗教、性、性的傾向、社会的地位、健康状態、外見、ま
たこれらの組み合わせなど。このリストはもちろん完全なものではない。
というのも、原理的には人間のもちうるどのような特徴もヘイトスピーチ
のターゲットとなりうるからである」5)。ここでの定義からは様々な人々
がヘイトスピーチの被害者になりうることがわかる。後にみるように現在
ドイツでは特に西アジアや北アフリカ諸国から難民としてやって来た人々
がヘイトスピーチの標的となっている。また「移民の背景」というカテゴ
リーが公的統計に用いられており、これについて負の烙印を押されたと感
じる人がいる6)。

　また言語学者ヨアヒム・シャロート（Joachim Scharloth）はヘイトスピー
チを次のように定義する。「ヘイトスピーチは他者を貶め、けなし、誹謗
する特殊な形式である。誹謗は社会の多数派からネガティヴに評価される
社会的特性をある人に付与することである。つまり無価値で道徳的に非難
すべきであるとみなし、また周辺的位置づけという社会的特性を与えるこ
とである。それ以外の種類の誹謗と異なりヘイトスピーチで問題となるの
は、ある人をある集団を代表するものとして名指しし、そのネガティヴな
諸性質をその人に付与することで不可避的にこのネガティヴな諸性質がグ
ループに集合的に…ふりかかることによって、誹謗がその威力を増大する
ことである」7)。この定義はソーシャル・ネットワーク（SNS）を用いた
ヘイトスピーチを意識したものである。インターネット上である種の特性
のゆえに人が誹謗されるとき、それは同じ特性をもつすべての人にふりか
かることになる。しかも短時間に広範に拡散されることになりうる。そし
てこの点にこそ現在ヘイトスピーチの影響が議論される最大の理由がある。

　デュッセルドルフやデュースブルクなど複数の経済・工業都市を擁しド
イツ産業の推進力となっているノルトライン・ヴェストファーレン州は、
ドイツで最も多くの外国人が居住する州でもある8)。2016年7月この州の
「児童ならびに青少年保護のための研究チーム（Arbeitsgemeinschaft Kinder-
und Jugendschutz Landesstelle NRW e.V.）」の専門者会議で、州の青少年担当
大臣クリスティーナ・カンプマン（Christina Kampmann）は次のように述

べている。「言論の自由は民主主義において中心的な価値をもつ。しかし言論の自由はヘイトスピーチを拡散し、そのことで他者を侮辱し、傷つけ、脅かすための隠れ蓑になってはいけない。なぜならヘイトスピーチは暴力であるからだ」[9]。またこの記事の編者は次のように述べている。人々が「互いを尊重し合うことは、インターネット上でも不可欠である」[10]。ここではヘイトスピーチが暴力とみなされ、それが公的な場で表明されるべき「言論」の範疇に帰属するものではないことが強調されている。確かにインターネット上に現れるヘイトスピーチのもたらす影響は特に若い世代のインターネット使用者に強くふりかかることが予想される。この影響から先ず保護されるべきであるのは、自らの判断力を形成する過程にある若年層の使用者であるとみなすわけだ。

Ⅱ．ドイツでのヘイトスピーチの事例

　ノルトライン・ヴェストファーレン州にある「児童ならびに青少年保護のための研究チーム」の資料[11]には、ヘイトスピーチの事例として次のような表現があげられている。先ず「外国人は出ていけ」「難民の洪水」「イスラム化の脅威」など。また暴力行為を肯定し、これを煽る表現として、「奴らはすべて、容赦なく射殺すべきだ／焼却すべきだ／ガス室へ送り込むべきだ」や「奴らを絞首台に」などがみられる[12]。「ガス室」の例は第二次世界大戦中にナチスがユダヤ人等を強制収容所のガス室で殺害したことを想起させる表現である。政府ないし政治家を非難するものには、「政治はドイツのイスラム化を支援している」がある。ここにはキリスト教民主同盟を中心とする現在の政府が採る難民政策を批判するはっきりとした意図が読み取れるだろう。またその内容が恐らく事実とは異なるにもかかわらず意図的に拡散されていると思われる事例に以下のような発言がみられる。「難民たちはみな高価な携帯電話をもっている」「難民たちはスーパーマーケットで支払わなくてもいい」[13]。これらの表現がインターネット上の公共圏で使用されるとき、刑罰に値するとみなされることがあるわけだ。また実際に民衆扇動罪が適用された事例として右翼的市民グループ

「西洋のイスラム化に反対する愛国的ヨーロッパ人（die Patriotischen Euro-päer gegen die Islamisierung des Abendlandes：PEGIDA）」創設時からの中心メンバーであるルッツ・バッハマン（Lutz Bachmann）が 2014 年 9 月、自身のフェイスブックで難民を「やっかいな賤民の群れ」「畜生ども」「汚らしい愚民たち」と罵ったことがあげられる [14]。これに対してドレスデン簡易裁判所は 9600 ユーロの罰金を科した。これは円換算でおよそ 120 万円ほどの金額であるが、検察側はこの刑を軽すぎるとみなし上訴している [15]。

　ここでの事例に難民にまつわるものが多数ある理由は、2015 年から2016 年を頂点としてシリアやイラク、アフガニスタンなどをはじめとする国々から難民となった人々が多数ドイツ国内に入ってきたこと [16]、またそのことが現在に至るまで社会全体に影響を与え続けていることにあるといえるだろう。多数の難民申請者を受け容れるため、ドイツでは都市部だけでなく小さな町やその近辺にも難民施設が設置されることになった。難民を支援しその生活をボランティアとして助けようと活動する市民が多数いる一方で、宗教や生活スタイルの異なる人々がドイツ社会に多数流入することに反感や不安を抱く市民が同じく多数おり、その後次第に反感や不安を抱く人々が増加することで社会全体が右傾化することになったようである。政府の採った難民受け容れ政策に反対する右翼政党「ドイツのための選択肢 AfD」が連邦議会にはじめて議席を獲得したのは 2017 年 9 月の総選挙だった [17]。先に触れたルッツ・バッハマン等により 2014 年秋旧東ドイツ地域のザクセン州の州都ドレスデンに生まれた市民グループ「ペギーダ（PEGIDA）」もまた、その誕生の直接の理由は難民の受け容れに関わる問題だった [18]。その地の市民のなかには難民申請者が多数自らの町に来ること、またその人々のために公費によって施設が建てられ、その生活をケアすることなどに強い反感をもつ人が少なからずいたようである。1990 年の再統一により、それまで経験したことのない自由競争という環境のうちに統合され、不利な条件の下で再スタートしたものの、いまだにこの新たな環境に十分適応することのできないまま生活を続ける多数の市民を抱える旧東ドイツ地域では、旧西ドイツ地域とは異なる市民感情が支配的であるようだ。恐らくそれは難民申請者がドイツ人である自分たちよ

りも優遇されているという、事実とは異なる情報に基づいて生じる嫉妬心
の混ざった感情であるだろう。そして 2015 年夏には、ザクセン州の小さ
な町ハイデナウで難民施設が放火される事件が起こっている[19]。ヘイト
スピーチの延長線上に実際の暴力が起こりうることが、この事例から確認
できるだろう。

Ⅲ．言論の自由とその制限

　以上にみたヘイトスピーチの定義ならびに事例からは、それが自分と異
なる属性をもつマイノリティである他者に対する敵対性の表現であり言動
であることがわかる。法に触れる可能性をもつ言動が許されるのは、先に
みたように「言論の自由」という基本権が社会的に高い価値を認められて
いるからに他ならない。ドイツ基本法 5 条に次のように述べられている。
「誰もが自分の意見を言葉、文書…により自由に表現し広める権利をもつ
…」[20]。あらゆる種類の課題について対立する複数の意見のあることを
認め、公正な議論を通じてこれを調整し、一つの意見にまとめていくこと
が民主主義社会には求められている。複数の対立する意見を公共の場に提
示し、これについて議論することは民主主義の原則であるだろう。そのた
めには「言論の自由」がどうしても必要である。この基本権のもつ特別の
位置づけは、民主主義が成立するためにそれが不可欠の原理であることに
基づくといえる。ただしそれは無制限に許容されるものではない。同じく
基本法 5 条によれば、「この権利は…青少年保護のための法的規定、個人
の名誉権により制限される」[21]。言論の自由は無条件に尊重される権利
ではなく、少なくとも青少年保護そして個人の名誉を守るために制限を受
ける。先に触れたようにインターネット上でのヘイトスピーチのもたらす
様々な被害から未成年者を保護することについては既に行政がそのための
活動をはじめている[22]。

　ドイツの憲法学者クリストフ・メラーズ（Christoph Möllers）によれば言
論の自由が制限を受ける最も重要な事例は、「国家社会主義者の残虐行為に
ついて『[実際にはなかったこととして]否認すること、[正当な行為として]同

意すること、ないし［その残虐性や悪性を］軽視すること』であり、これは刑罰によって禁止されている。ホロコーストは歴史的事実であるので、そもそもそれを否認することがなぜ『言論』の保護に関わるのか問わねばならない」[23]。これはドイツの近・現代史の脈絡に人間のもつ価値が極度に侵害された事件を反省することから導き出される不可避の帰結である。またこれは犠牲となった人々の名誉だけでなく、この人たちと同じ特徴、宗教、民族的出自をもつすべての人の名誉を保護することに関わるだろう[24]。

　そしてこの名誉を保護することの背景には特殊な価値である人間の「尊厳」が認められる。ドイツ基本法ではその第一条で「尊厳」が主題化されている。「人間の尊厳は不可侵である。これを尊重し、かつ保護することは、あらゆる国家権力に義務づけられている」[25]。ここでの「不可侵」とはあらゆる条件、あらゆる状況のもとでそれは侵害することが許されないということである。メラーズによれば、基本法に記載された諸々の基本権のうちに序列はないが、人間の尊厳は「例外」であり、特別の位置づけをもつ。「第一章は基本法のほとんどすべての基本権を含んでいる。それは…市民に権利を与え国家を義務づける法である。この章は人間の尊厳からはじまっており、この尊厳は明らかにこの憲法全体にとって特別の意味をもつ規範である。それ以外の基本権はこの規範に続く」[26]。また基本法の複数の注釈書によれば「尊厳」は、誰もが人類に帰属するものとして生得的にもつ価値であり、外国人や無国籍者はもちろんのこと、反社会的な人や犯罪者にも認められ、現在生きている人だけでなく胎児や死者にも認められる[27]。それは人類に帰属するすべての構成員が例外なくもつ価値である。

　ではこのような価値が人間に認められる理由は何なのだろうか。この点について、ドイツ基本法へと至る近代の尊厳概念形成の脈絡において特に重要な役割を演じたとされるイマヌエル・カント（Immanuel Kant）の所論に即して考えてみたい[28]。他の動物と異なり人間は本能すなわち自然法則に完全に制約されるわけではなく、この制約を相対化することができ[29]、これを制限してある別の法則（「道徳法則」）[30]を定立すること、またこれにしたがうことができる。換言すれば、人間には自然法則の制約の

もとにありつつ、新たに行為のための法則を自ら立法すること（すなわち「自律」）、そしてこれにしたがうことが可能である[31]。ここに人間だけがもつ特殊な能力が示されている。この法則の特徴は自分を特別扱いすること（自愛）を制限し、自らを社会の他の構成員と同等に扱うことを命じることにある。換言すれば、行為への反省の脈絡で自分の採る行為選択の原理が他者の権利や利益を侵害するものでないかどうか吟味し、それが他者の権利を侵害する場合にはこれを修正し、その原理をすべての人が採ったとしても軋轢や争いが起こらず秩序が保たれるような行為原理を自らの原理とすることを命じる。したがってこの法則にしたがうことで、自分の行為原理がすべての他者の行為原理と矛盾を起こさず、互いがそれぞれの目的遂行において共存できることになるはずである[32]。

　例えば、一般性が高いと考えられる「困窮状態の人をみても援助しない」という行為原理は、これをすべての人が自らの行為原理とするならば、自分自身が困窮するとき誰からも援助してもらえなくなる。もちろん自分が困窮するとき、これを誰もがもつべき行為原理とみなすことはできないに違いない。したがってこの行為原理は一般化可能ではない。また、「他に方法がなければ嘘の約束をしてでも困窮状態から抜け出す」という行為原理については、困窮するとき少なくない人々がこれをもつことになると思われる。しかし他者がこの原理をもつことは誰も望まないだろう。またこの原理によって約束を行った人相互の間に利害の対立が起こりうるので、これは一般化可能な行為原理ではありえない。カントの意に即して解釈するならば、これらの例を逆にした「困窮状態に陥っても嘘の約束はしない」や「困窮している人をみたら援助する」といった行為原理が、法則となりうる行為原理であり格率であるだろう。そして、このように一般化可能な法則を定立することないしこの法則を自覚すること、ならびにこの法則にしたがうことが可能であることのうちに道徳性が成立し、そこに人間だけのもつ特殊な価値が基礎づけられる。カントによれば「道徳性と、道徳性をもちうる限りでの人間性とが、唯一尊厳をもつものである」[33]。このように自然法則（本能）と異なる独自の行為法則（道徳法則）を自ら立法する能力のうちに道徳性ということが既に読み込まれており、そこに他者

との調和の可能性が想定されている。誰もがこの法則を常に意識している
わけではなく、またこれに常にしたがっているわけでもないけれども、カ
ントによれば行為選択への反省の脈絡で自らの行為原理を真摯に振り返る
とき不可避的にこの行為法則が自覚されることになる。そして、自らの採
る行為原理が一般化しうるかどうかを反省することを通じて、この法則が
常に潜在的に行為主体を制約していることが明らかになる。また、誰もが
この法則を自らのうちに潜在的にもっており、これを自覚しまたこれにし
たがうことが可能であるので、実際に道徳的にふるまうか否かということ
に関わりなくすべての人に尊厳が認められることになる[34]。ドイツ基本
法にみられる尊厳概念には、少なくとも一つの解釈の事例として、このよ
うな人間理解の思想史的背景が認められるわけである。

　メラーズのコメントに戻るならば、そこにはまたホロコーストを歴史的
事実として認め、これを否認することを虚偽の発言とみなすという戦後一
貫してドイツ社会が採る考え方が読み取れる。虚偽の発言については「言
論の自由」に認められる保護は適用する必要がないに違いない。また他者
を侮辱し貶める発言についてドイツの連邦憲法裁判所は次のように述べて
いる。

　「言論の自由という基本権は事柄上様々な発言を保護するだけではない。
それはまた批判が先鋭化し論争的となり極端に表現されることをも許容す
る。特例をなすのは外的な侮辱や誹謗を意味するような他者を貶める発言
である。この場合は例外的に言論の自由と人格権とを慎重に比較考量する
ことは必要でない。なぜなら言論の自由は規則的に名誉の保護に後置され
るからである。しかし言論の自由にとって深刻なこの帰結は、提示された
外的侮辱ならびに虚偽の批判に関して厳格な諸基準を適用することを求め
る」[35]。

　ここでは言論の内容についての正確な把握など条件はつくものの、「言
論の自由」に対して「名誉の保護」が社会にとってより高い価値であるこ
とが改めて確認されている。ヘイトスピーチはそれが他者を誹謗し侮辱す
ることで貶める発言である限り、誰もが同等にもつ「名誉の保護」という
権利に基づいて制限を受けることになるわけである。これはまた社会全体

の秩序を保つという目的にも関わるだろう。ヨーロッパの人権協定「人権と基本的自由を保護するための協定」10 条[36)] によれば、言論の自由には「義務と責任」がともない、その行使には「秩序の維持」や「他者の…権利の保護」などが前提とされる[37)]。秩序が保たれている社会とは誰もが同等の構成員としてその自由を行使することで他者の自由と争いを起こすことがなく、また互いに名誉が修正不可能なほどには傷つけられることなく共存することのできるような社会であるだろう。すなわちそれは各自の「自由が他者の自由と共存しうるような」[38)] 社会であり、このような社会においてのみ利害関心の対立のうちに生きざるをえない私たちが安心して意見を衝突させることができるようになるはずである。そしてこの「安心」が、現在のインターネット空間ではまだ十分に保証されているとはいえないわけだ。ドイツでは 2017 年にインターネット上でのヘイトスピーチが法律により規制されるようになった。「SNS における法執行を改善するための法律」[39)] である。この法によれば、ユーザーがネットワーク上にヘイトスピーチにあたる文言を載せると、フェイスブックやユーチューブやインスタグラムなど管理会社が責任を負うことになる[40)]。法律によるソーシャル・ネットワーク空間上のヘイトスピーチ規制がはじまったといえる。

Ⅳ．ヘイトスピーチと互恵性原則

　以上にみたように、「言論の自由」は無制限に許容される権利ではなく、ドイツ基本法では青少年保護ならびに名誉を侵害されない権利等によって制限されている。またヨーロッパ人権協定によれば「言論の自由」には「義務と責任」がともない、その行使には「秩序の維持」や「他者の…権利の保護」が義務づけられている。このことは何を意味するのだろうか。ここで想起されるのが相互性ないし互恵性原則である。先にみたノルトライン・ヴェストファーレン州の青少年担当大臣カンプマンの講演記事の編者はインターネット上でのヘイトスピーチを念頭に次のように述べていた。「互いを尊重し合うことは、インターネット上でも不可欠である」[41)]。互いを尊重し合うとは、少なくとも相互に侵害しないことであり、それは相手

の目的や希望の成就を妨げないことであるだろう。あるソーシャル・ネットワークの利用者によれば、インターネットが使われだした当初は利用者たちがコミュニケーションに関する「黄金律」[42] を身につけており、またそこから「自らが送信するときは控えめで、他者から受信するときは寛大であれ」という新たな「黄金律」を産み出したという [43]。「人からされたくないことは、あなたも人にしてはいけません」と定式化される自然法ないし倫理学上の「黄金律」[44] は、時代や文化圏を超えて誰もが認める人と人との関係を規定する最も基本的なルールである。これはまた様々なモラルの基層に位置する原理でもあるだろう [45]。そしてこの行為原理である「黄金律」は相互性ないし互恵性原則を表現するものに他ならない。他者に対する「ヘイト」は互恵性の対極に位置するものである。他者に対する「ヘイト」、すなわち「人間憎悪」についてカントは次のように述べている。

　「この悪徳は嫉妬、恩知らず、他人の不幸を喜ぶという嫌悪すべき一族を形成する。——これらのもとにみられる憎悪はしかしあからさまではなく、暴力的でもなく、隠されておりベールで覆われている。そして隣人に対する義務の忘却に加えて卑劣さを付加しており、それゆえ同時に自己自身に対する義務を傷つける」[46]。

　ヘイトスピーチは言葉による「あからさま」な「ヘイト」の表現であるが、それが他者に対する悪意ないし憎悪に基づくものである限りこれを行う者の心理のうちにカントは同じく隣人に対する義務の忘却、卑劣さ、自己自身に対する義務を傷つけるといった契機を読み込むだろう。ここでの隣人に対する義務とは、他者の目的や願望の成就を妨げないこと、そして可能な限りこれを支援することであり、自己自身に対する義務とは自分のもつ潜在的能力を可能な限り開発することである [47]。「ヘイト」はここで他者に対する義務を忘却するだけでなく自己自身に対する義務を傷つけるといわれている。これは何を意味するのだろうか。自己の潜在的能力を開発するためには、これを引き出すための手段ないし道具が必要であり、また不可避的に他者が必要であるだろう。いかなる手段ももたず、他者との接触を遮断するならば、自己の開発は決して望めない。またこの開発のためには他者からこれを妨害されないことが必要である。他者から妨害され

たくなければ自分もまた他者を妨害しないことが求められるだろう。そして自己の能力の開発のために求められているのが先に触れた互恵性である。言葉本来の意味に即して考えるならば、互恵性とは他者を単に自分が求めるものをうるための手段としてのみ扱うのではなく、また自分と同様の存在者として扱うことを、その目的や願望の追求を妨げるのではなく可能な限り支援し助力することを意味するだろう。この点について命令形で表現するのが次の「定言命法」である。

　「あなたの人格のうちなる人間性を、またどの他者の人格のうちにもある人間性を、常に同時に目的として扱い、決して単なる手段として扱わないように行為しなさい」[48]。

　人間に尊厳が認められるのは誰もが自己のうちにこの人間性をもっており、この人間性が道徳性すなわち道徳法則を自ら立法し、そしてこれにしたがう可能性をもつからに他ならない。また、社会生活を営むなかで私たちは互いに自らの目的を遂行するために他者に関わっており、このことが人間は相互に他者を手段として扱っていると解釈されている。このことを認めたうえで、他者をただ手段として扱うのではなく、これに加えてさらに目的として扱うこと、つまりその人を自分と同様に目的をもった行為主体として認めることが、ここで求められているわけである。また誰もが他者の人格のうちなる人間性を尊重し、目的として扱うならば、そこに互恵性に基づく公共体が生まれるはずである。

　また、自らを目的として扱おうとする限り自己に対してふりかかるヘイトスピーチはあらゆる手段を行使することでこれを退けねばならない災厄である。憎悪に満ちた言葉の暴力は私たちの自己意識を苛み、自身の能力の開発どころか自分であろうとすることすら困難にする。したがってこれを退けることは自分自身に対する義務となる。換言すれば、もしそのヘイトスピーチの暴力によって私たちが自らの生きようとする意欲を否定するほどに傷つくならば、この暴力を排除することと同時に、自らを維持することが自分自身に対する道徳的義務[49]となる。

　そしてまた他者に対して憎悪表現を行うことは確かに自らを貶めることになるので自己を目的として扱うこと、すなわち自らの潜在能力を可能な

限り発展させるという課題に真摯に取り組むこととは矛盾するだろう。したがって他者に対する憎悪を表現するヘイトスピーチは、他者を傷つけるだけでなく自己自身のもつ潜在能力を開発するという課題の遂行を妨げるという側面をもつと考えられる。それは互恵性原則の対極に位置しており、互いを尊重し合うことだけでなく自らを目的として尊重することをも妨げるものである。このような観点から、ヘイトスピーチのもつ負の威力について改めて考えることが必要ではないだろうか。

注

1）„Was ist Hate Speech?" URL: http://www.bpb.de/252396/was-ist-hate-speech　同サイトには、インターネット上でのヘイトスピーチの一部は特定の内容を拡散するために雇われている人々によるものであり、その背後には自分のイデオロギーをユーザーの間に広めようとする依頼人（Troll）がいるとされる。"Troll" には、「〈挑発的な電子メール〉をインターネットで流す〈挑発に乗ってくる者を探す目的〉」という意味がある。以下を参照。『ジーニアス英和大辞典』大修館書店 2018 電子版、項目 "troll 1"。なお、本章で引用する電子媒体の出典（URL）は、断りのない限りすべて 2020 年 1 月 7 日に最終確認したものであり、注の各所での表記を省略する。

2）先にみた連邦政治教育センターの「ヘイトスピーチとは何か」というサイトには言論の自由と人間の尊厳に関する次のような記述がみられる。「言論の自由という基本権は無制限に許容されるものではない。それは人間の尊厳が侵害されると直ちに制限される。ヘイトスピーチという概念のもとにまとめられた言論は徹底して犯罪構成要件を満たしうるものである。すべての犯罪構成要件はまた 14 歳以上の子どもと青少年にも妥当する」（URL: http://www.bpb.de/252396/was-ist-hate-speech）。

3）Anne Weber, *Handbuch zur Fragen der Hassrede*, Generaldirektion für Menschenrechte und Rechtsangelegenheiten, Europarat 2009, S. 2.

4）ここではドイツの国家社会主義者（ナチス）が自らの民族政策の正当性を主張するために優生学をその思想的基盤として用いたことが想起される。自然のうちなる生物の間に進化の度合いの優劣があり、最も進化した生物である人間が自然全体を支配しているのと同様に、人間種に限ってもそのうちに進化の度合いの優劣があるとみなし、最も進化の度合いの高い民族がそれ以外の民族を支配することが理に適っている、という考え方である。優生学はその学的根拠が当初から疑われており、第二次大戦を経てその学問性がいったん否定されている。しかし戦後再び発展した進化生物学や遺伝学、そしてこれらにより形成された遺伝子工学等は、優生学的な考え方を認める新たな誘因となっているようである。いずれにしても人種間に優劣をつけることは理に適っておらず、優生学は政治がこれを求めるところでのみ再び顕現することになるだろう。以下を参照。Stephanie Lavorano, *Rassismus*, Reclam 2019, S. 36; Artikel

„Eugenik" in: *Europäische Enzyklopädie zu Philosophie und Wissenschaften*. Hrsg. von Hans Jörg Sandkühler...", 4 Bde., Hamburg 1990, Bd. 1, S. 944f.

5）Jörg Meibauer, hg., *Hassrede/Hate Speech. Interdisziplinäre Beiträge zu einer aktuellen Diskussion*, Gießner Elektronische Bibliothek 2013, Einleitung, S. 2.

6）連邦統計局は「移民の背景（Migrationshintergrund）」を次のように定義している。「ある人は、その人自身または少なくとも両親の一方が出生によってドイツ国籍を取得したのではないならば、移民の背景をもつ。この定義は個別的には以下の人々を含む。1. 移住してきた、または移住してきたのではない外国人、2. 移住してきた、または移住してきたのではない国籍取得者、3.（最近の）移住者、4. 両親の一方であるドイツ人の養子となることでドイツ国籍を取得した人、5. 以上にみた4つのグループの人々のもとにドイツ国籍をもって生まれた子ども」（Statistisches Bundesamt. Fachserie 1 Reihe 2.2. Bevölkerung und Erwerbstätigkeit. Bevölkerung mit Migrationshintergrund—Ergebnisse des Mikrozensus 2017—Erschienen am 1. August 2018. Artikelnummer 2010220177004. S. 4); Lavorano, ibid., S. 19。ラヴォラノによれば、この表現についてはこれに該当する人々のなかに、負の烙印を押されたと感じる人がいる。同書21ページを参照。なお、「3.（最近の）移住者」とは、ドイツから東欧その他へ移住した人々またはその子孫で、近年再びドイツへ戻ってきた人々を意味する。以下を参照。Lavorano, ibid., S. 19.

7）Joachim Scharloth, „Editional", in: *Aptum. Zeitschrift für Sprachkritik und Sprachkultur, Themenheft: Hate Speech/Hassrede*, 2017, 02, S. 97.

8）各州の外国人数については、1位がノルトライン・ヴェストファーレン州264万8645人、2位がバイエルン州185万8425人、3位がバーデン・ヴュルテンベルグ州177万7350人。以下を参照。Statista: „number of foreigners in German federal states in 2018". https://www.statista.com/statistics/891288/foreigner-numbers-by-state-germany/ 2020年3月18日最終確認。

9）Kinder- und Jugendschutz für Nordrhein-Westfahren: „Hate Speech" https://www.ajs.nrw.de/wp-content/uploads/2016/06/PM-AJS_Hate-Speech-2016.pdf

10）https://www.ajs.nrw.de/wp-content/uploads/2016/06/PM-AJS_Hate-Speech-2016.pdf

11）HATE SPEECH[,] HASS IM NETZ[,] Informationen für Fachkräfte und Eltern[,] lfm: Landesanstalt für Medien Nordrhein-Westfahren (LfM), AJS NRW, S. 12.

12）同上。

13）以上はすべて上記「児童ならびに青少年保護のための研究チーム」のホームページから引用した文言である。

14）Kinder- und Jugendschutz für Nordrhein-Westfahren: „AJS Merkblatt Hate Speech". https://www.ajs.nrw.de/wp-content/uploads/2017/04/AJS-Merkblatt_Hate-Speech_Rechtsfragen_0317.pdf

15）Kinder- und Jugendschutz für Nordrhein-Westfahren: „AJS Merkblatt Hate

Speech". https://www.ajs.nrw.de/wp-content/uploads/2017/04/AJS-Merkblatt_Hate-Speech_Rechtsfragen_0317.pdf　これに対してバッハマンの弁護士はバッハマンには責任がないとして同じく上訴している。上記 HP を参照。

16）「連邦移民難民局 Bundesamt für Migration und Flüchtlinge」の資料によれば、2016 年にドイツ国内で難民申請を行った人は 74 万 5000 人以上にのぼる。以下を参照。Bundesamt für Migration und Flüchtlinge[,] *Aktuelle Zahlen Ausgabe: April 2019[,] Tabellen[,] Diagramme[,] Erläuterungen[,]* www.bamf.de S. 5: „Entwicklung der Asylantragszahlen seit 1953 ".

17）以 下 を 参 照。Alternative für Deutschland: „Fraktion im Deutschen Bundestag". www.afdbundestag.de　なお AfD は 2020 年 1 月の時点で連邦議会に 89 の議席をもち、キリスト教民主同盟とキリスト教社会同盟 CDU/CSU 246 議席、ドイツ社会民主党 SPD 152 議席に次ぐ第三党である。以下を参照。https://www.bundestag.de/parlament/plenum　Sitzverteilung im 19. Deutschen Bundestag. Stand: Januar 2020.

18）ハンス・フォアレンダー他によれば、2014 年秋にドレスデン市ならびにその周辺の行政区により難民申請者のための新たな宿泊施設の設置計画が公表されたことが、ペギーダ設立の決定的な誘因となったようである。以下を参照。Hans Vorländer, Maik Herold, Steven Schäller, *PEGIDA. Entwicklung, Zusammensetzung und Deutung einer Empörungsbewegung*, Springer 2016, S. 6.

19）*Bild-Zeitung*, 27.08.2015, S. 2.

20）Grundgesetz, Art. 5 (1), in: *Grundgesetz mit Menschenrechtskonvention… Textausgabe mit ausführlichem Sachverzechnis und einer Einführung* von Prof. Dr. Dr. Udo Di Fabio, dtv 2017, S. 7.

21）Grundgesetz, Art. 5 (2), in: ibid.

22）以 下 を 参 照。Landesveranstalt für Medien Nordrhen-Westfahren (LfM): „ Hate Speech. Hass im Netz. Informationen für Fachkräfte und Eltern ". https://www.ajs. nrw.de/wp-content/uploads/2016/06/PM-AJS-Hate-Speech-2016.pdf

23）Christoph Möllers, *Das Grundgesetz. Geschichte und Inhalt*, München [2]2019 ([1]2009), S. 48f.

24）民衆扇動罪を扱う刑法130条4項は以下のような内容をもつ。「公共においてまたは集会で国家社会主義者による暴力及び恣意的支配を是認、賞賛または弁護することによって被害者の尊厳を傷つけることで公共の平穏を乱す者は、3 年までの自由刑または罰金刑となる」（*Strafgesetzbuch… Textausgabe mit ausführlichem Sachregister und einer Einführung* von Professor Dr. jur. Thomas Weigend, Universität zu Köln. 56. Auflage, Stand 1.4. 2018, S. 92）。なお、この点についてのより詳細な議論は以下を参照。金尚均「ヘイトスピーチとしての歴史的事実の否定と再肯定表現に対する法的規制」（金尚均『差別表現の法的規制――排除社会へのプレリュードとしてのヘイトスピーチ』法律文化社，2017 年，160-194 ページ）。

25）Grundgesetz Art.1(1), in: *Grundgesetz…* von Prof. Dr. Dr. Udo Di Fabio, ibid., S. 6.

26) Möllers, *Das Grundgesetz*, ibid., S. 39, u. S. 48.

27) 以下を参照。Jarass/Pieroth, *Grundgesetz für Bundesrepublik Deutschland*. Kommentar 14. Aufl. Prof. Dr. Bodo Pieroth, München 2016, S. 42f; *Grundgesetz-Kommentar*, Bd.1. begründet von Prof. Em Dr. Ingo von Münch, hrsg. von Philip Kunig, 5. Aufl. München 2012, S. 11f.

28) ディートマー・フォン・デア・プフォルテンは人間の「尊厳」がローマ帝国の時代に社会的地位や名誉と結びつき、一部の人間にのみ認められる特殊な価値を意味する概念であったことを紹介し、それから時代を経ることで尊厳概念が人間一般のもつ概念へと変化する過程を跡付けている。そして、近代においてカントが人間のもつ特殊な能力である自己立法ないし自律のうちにこの概念を改めて基礎づけたことが第二次世界大戦後の尊厳概念の形成に決定的な影響を与えたと述べている。以下を参照。Dietmar von der Pfordten, *Menschenwürde*, München 2016, S. 32-36.

29)「人間の選択意志はなるほど感性的ではあるが動物的ではない。なぜなら感性は選択意志の活動を必然的に規定するものではなく、人間には感性の衝動による強制から独立し、自己を自己自身から決定する能力が備わっているからである」(Immanuel Kant, *Kritik der reinen Vernunft*, Riga ²1787 (¹1781), B 562/ A 534, Neudruck: Hamburg 1971, S. 524。「選択意志」は欲求能力であり、基本的に感性的であるが、しかし感性がこの欲求能力を必然的に規定することはない。そして人間は感性と異なる本性である理性に基づくことで欲求能力を制限しつつ自己決定することができる。

30) この法則は例えば次の命法のうちに表現される。「あなたの意志の格率が常に同時に普遍的立法の原理として妥当しうるように行為しなさい」(Kant, *Kritik der praktischen Vernunft*, Riga 1788, A 54, Neudruck: Hamburg 1980, S. 36。この命法は「定言命法」と名づけられている。自愛や傾向性に基づく個人的な行為原理である「格率」を修正することで、自分を特別扱いせず社会の他の構成員と同等に扱うことを命じる行為原理として再構成し、これに即して行為することがここでは求められている。

31)「意志はそれゆえ単に法則のもとに服しているだけではなく、自らがこの法則を立法するものとして、そしてまさにそれゆえにはじめてこの法則(この法則について意志は自らを著作者とみなすことができる)に服すものであるとみなされねばならない」(Kant, *Grundlegung zur Metapysik der Sitten* (GMS), Riga 1785 in: Akademie Ausgabe, Bd. IV S. 431。自己立法と尊厳の関係については次のように述べられている。「人間性の尊厳はまさにこの普遍的に立法するという能力のうちに存している。なるほどこの立法のもとに同時に服しているという条件とともにではあるが」(GMS S. 440)。理性的かつ感性的な存在者である人間は、一方で自己立法的であると同時に、他方でこの法則に必ずしもしたがうことができない。換言すれば、道徳法則を自ら立法すること、そしてこの法則を意識することと、これにしたがうことの間には乖離が認められる。また、この法則にしたがうか否かということが誰にとっても様々な倫理的反省の場面で課題となる。

32) 道徳法則を表現する「定言命法」は、誰もが自分固有の行為原理である格率をもつ

ことを前提に、すべての人がそれをもつことで矛盾や対立が起こらないような格率を改めて自らの行為原則とすることを命じる。

33) GMS S. 435.

34) 例えば以下の解釈を参照。「自律的存在者の価値は同一であり絶対的である。理性的存在者はそれが自律的である限り尊厳をもつ。それはこの存在者が自らの自律を使用するか否か、またどの程度使用するのか、またその人が道徳的な、善き人間であるか否か、といったことには関わりがない」(Dieter Schönecker/ Allen Wood, *Kants „Grundlegung zur Metaphysik der Sitten". Ein einführender Kommentar*, Paderborn 2002, S. 147)。この解釈によれば人間の尊厳は、人間が道徳法則を自らのうちに定立し、自覚しうることに基づくといえる。そしてこの法則を実際に用いるかどうか、つまり道徳法則にしたがうか否かということとは無関係に、誰もが尊厳をもつわけである。歴史的にみるならば、誰もが尊厳をもつという考え方は、第二次世界大戦の終了後はじめて広く社会的な承認を得ることになったように思われる。戦争に対する深い悔恨のうちにあって人々は人間の尊厳に特別の価値を附与したわけである。したがってそれ以外の様々な価値と同様、これもまた特定の時代のバイアスのもとに定立されたものに他ならない。人間の尊厳に普遍性を認めるという考え方が、多元主義を標榜し多様性を尊重する現代社会において、どのような仕方で改めて説得的に基礎づけられうるのかということについては、さらなる省察が求められるだろう。しかし、少なくとも21世紀初めの私たちの社会で人間の尊厳に特殊な価値が認められているということは間違いない。

35) Bundesverfassungsgericht. Pressemitteilung Nr. 48/2016 vom 2. August 2016. Beschluss vom 29. Juni 2016.1 BvR 2646.

36) „Konvention zum Schutz der Menschenrechte und Grundfreiheiten. In der Fassung der Bekanntmachung vom 22. Oktober 2010", in: *Grundgesetz... von Prof. Udo Di Fabio*, ibid., S. 83.

37) 「(1) 誰もが自由に意見を表明する権利をもつ。この権利は言論の自由と、省庁に侵害されることなく国家の境界を顧慮することなく情報とアイデアを受け取りまた伝達する自由を含む。…(2) これらの自由を行使することには義務と責任がともなう。それはしたがって形式諸規定、諸条件、諸制限ないし刑罰による威嚇のもとに服している。これらは…民主的な社会のうちで次のことのために、すなわち国家の安全、領土に関する侵害を受けないことないし公共の安全、秩序の維持ないし犯罪行為を回避すること、健康ないし道徳の保護、名声の保護ないし他者の権利の保護、内密の情報が流布することを妨げることないし権威の維持、そして裁判における非党派性のために、必要である」(*Grundgesetz... von Udo Di Fabio*, ibid., S. 83)。

38) Kant, *Idee zu einer allgemeinen Geschichte in weltbürgerlicher Absicht*, in: *Was ist Aufklärung? Ausgewählte kleine Schriften*, hrsg. von H.D. Brandt, Hamburg 1999, S. 9.

39) Gesetz zur Verbesserung der Rechtsdurchsetzung in sozialen Netzwerken（Netz-

werkdurchsetzungsgesetz: NetzDG). 以 下 を 参 照。Bundesanzeiger Verlag: „Gesetz zur Verbesserung der Rechtsdurchstzung in sozialen Netzwerken (Netzwerkdurch-setzungsgesetz – NetzDG). Vom 1. September 2017 (BGBl. I S. 3352)".

40) „heise online" に掲載された同法案に次のような文がみられる。「ソーシャル・ネットワークならびにこれと類似するオンライン宅配会社に至るまでのプラットフォームは、今後は積極的に、明らかに刑罰に値する憎悪コメントや扇動的コメントまたは嘘の報告や…『テロリスト団体』の投稿を、24 時間以内に消去しなければならない。さもなければ管理会社には 5000 万ユーロまでの過料、個人には 500 万ユーロまでの過料が…科されることがある。内容が刑罰に値するかどうか明確でないならば、7 日間の試験期間があてられる」。(heise online: „Internetfreiheiten im Koma: Bundesregie-rung befürwortet ›Netzwerkdurchsetzungsgesetz‹". 2017.04.　https://www.heise.de/newsticker/meldung/Internetfreiheiten-im-Koma-Bundesregierung-befuerwortet-Netzwerkdurchsetzungsgesetz-3675569.html). 　2020 年 3 月 13 日確認。

41) Kinder- und Jugendschutz für Nordrhein-Westfahren: „Hate Speech" https://www.ajs.nrw.de/wp-content/uploads/2016/06/PM-AJS_Hate-Speech-2016.pdf

42) Stefanolix, in: *Aptum. Zeitschrift für Sprachkritik und Sprachkultur, Themenheft: Hate Speech/ Hassrede,* 2017, 02 S. 190.

43) Stefanolix, ibid., S. 190.

44) ホッブズは「黄金律」をこのように表現している。以下を参照。Thomas Hobbes, *De cive/ Vom Bürger,* übers. von Andree Hahmann, hrsg. von Andree Hahmann u. Dieter Hüning, Stuttgart 2017, S. 145.

45) カントは「黄金律」について、それが道徳原理としての条件を満たしていないと批判している。特に、それが自己自らを目的として扱うという自己目的性の原則を含んでいないことが批判の対象とされる。しかし、後にみる定言命法「目的の方式」には互恵性原則が明確に表現されており、この点についてカントが「黄金律」をモデルにしていることは間違いない。以下の拙論を参照されたい。「カントと黄金律」木阪貴行，菅沢龍文，河村克俊編『現代カント研究 9　近代からの問いかけ』晃洋書房，2004 年，79-104 ページ。

46) Kant, *Metaphysik der Sitten* (MS), Königsberg 1797, in: Akademie Ausgabe Bd. VI S. 458.

47) この点についてカントは次のように述べている。「自分にとって同時に義務である自己の目的（私自身の完全性）……その促進が自分にとって同時に義務である他者の目的（他者の幸福）」(Kant, MS, S. 398)。

48) Kant, GMS S. 429.

49) 以下を参照。Kant, GMS S. 421.

年　表

			ナショナル（national）
年	月	日	項目
1910	8	29	大日本帝国が大韓帝国を併合
1945	8	14	日本政府が「ポツダム宣言」を受諾（8/15玉音放送）、敗戦
1948	12	9	
	12	10	
1950	6	25	
1951	9	8	日本「サンフランシスコ講和条約」署名
1952	4	28	「サンフランシスコ講和条約」発効、旧植民地出身者は国籍を剥奪される
1953	7	27	
1965	6	22	「日韓基本条約」締結、12月18日発効
	12	21	
1966	12	16	
1969	1	4	
1979	12	18	
1993	10	9	
1995	12	15	国連「人種差別撤廃条約」に日本が加入
2002	12	13	
2003	1	28	
2007			在日特権を許さない市民の会（在特会）活動開始
2008	11	28	
2009	4	11	蕨市で在特会らがフィリピン人一家の強制退去を求めるヘイトデモ
	12	4	京都朝鮮第一初級学校襲撃事件
2010	4	14	徳島県教職員組合襲撃事件
	10	19	
2011	1		
2012	8	10	
	9	11	
2013	2	9	東京・新大久保でヘイトデモ

インターナショナル（international）
項目
国連「集団殺害罪の防止及び処罰に関する条約」（ジェノサイド条約）
国連総会「世界人権宣言」採択
朝鮮戦争勃発
朝鮮戦争、板門店で休戦協定
第 20 回国連総会で人種差別撤廃条約採択
国連「市民的及び政治的権利に関する国際規約」（自由権規約）採択
国連「人種差別撤廃条約」発効
国連「女性差別撤廃条約」採択
欧州評議会「人種主義及び不寛容と闘うヨーロッパ委員会」設置決議
欧州評議会「人種主義及び人種差別と闘う国内立法に関する ECRI 一般的政策勧告 7」採択
欧州評議会「コンピューター・システムを通じて行われる人種主義的及び排外主義的性質の行為の犯罪化に関するサイバー犯罪条約の追加議定書」採択
欧州連合「刑事法の手段による人種主義及び外国人嫌いとの闘いに関する EU 理事会枠組み決定」
国連「女性差別撤廃委員会」一般勧告第 28 号「締約国の主要義務」
チュニジアでジャスミン革命、「アラブの春」につながる
李明博大統領が竹島上陸
日本政府魚釣島、北小島、南小島を購入し国有地化

			ナショナル（national）
年	月	日	項目
2013	2	24	「日韓国交断絶国民大行進 in 鶴橋」街宣実施
	5		JR川崎市駅前で在日コリアン排斥デモが活発化
	9	26	
	9	26	国連「人種差別撤廃委員会」が日本政府に勧告
	10	7	京都朝鮮第一初級学校襲撃事件の被告に京都地裁が有罪判決
	12		「ヘイトスピーチ」流行語大賞のトップ10に入る
2014	8	18	李信恵さん、在特会ヘイトスピーチ訴訟
	10	20	
2015	1	7	
	1	12	
	12	29	大阪市生野区鶴橋でヘイトデモ。JR鶴橋駅で騒乱
2016	1	18	大阪市がヘイトスピーチへの対処のための条例制定
	4	25	徳島県教職員組合襲撃事件、高松高裁で被告に有罪判決
	5	24	「本邦外出身者に対する不当な差別的言動の解消に向けた取組の推進に関する法律」（ヘイトスピーチ解消法）が可決・成立
	5	31	
	6	3	ヘイトスピーチ解消法施行
	12	20	「防犯パトロール」のヘイトスピーチ禁止の仮処分決定
2017	6	19	李信恵さん、在特会ヘイトスピーチ訴訟大阪高裁判決
	9	1	
2018	4		川崎市、差別書き込み削除要請開始
	6		兵庫県、差別書き込み削除要請開始
	6	28	李信恵さん、保守速報ヘイトスピーチ訴訟大阪高裁判決
	7	11	
2019	3	9	「京都朝鮮第一初級学校襲撃事件10周年」ヘイトデモ
	4		統一地方選挙で日本第一党が差別・排外的選挙活動
	5	15	
	8	3	「あいちトリエンナーレ2019」中止
	12	12	川崎市議会「川崎市差別のない人権尊重のまちづくり条例」成立

年　表

インターナショナル（international）
項目
国連「人種差別撤廃委員会」一般的勧告35「人種主義的ヘイトスピーチと闘う」
ペギーダ（西洋のイスラム化に反対する愛国的ヨーロッパ人）がドレスデンで第一回デモ
『シャルリ・エブド』刊行の新聞社が銃撃される
ペギーダ・デモに推定 25,000 人が参加
欧州連合「オンラインの違法なヘイトスピーチへの対処に関する行動綱領」を欧州委員会と大手IT企業との間で合意
ドイツで「SNSにおける法執行を改善するための法律」成立
ドイツ「地下ネオナチ殺人事件」（NSU）（1998 年～ 2011 年）第一審結審
ニュージーランド「クライストチャーチ・コール」採択（パリ）

索　引

あとがき

　ヘイトスピーチの問題は世界的にも深刻である。コロナ感染が蔓延する世界においてヘイトスピーチのターゲットとなった人々は排除を超えて無視されるに至っている。ヘイトスピーチが単なる言葉ではなく、排除と無視へと連動する。しかも、ヘイトスピーチはフェイクニュースを交えて発せられる。あらためて共生のためのファクトチェックの必要性を痛感する。

（金尚均）

　「はじめに」で触れたように2015年度と2017年度に関西学院大学で行った人権共同研究が本論集の基礎になっている。また、その時に得た知見が個人的にはそのまま今回の企画に参加するにあたって土台となった。ヘイトスピーチに対しては、法律による規制とともに、広い意味での啓蒙活動によってこれを批判することが求められるに違いない。「啓蒙」と訳されるドイツ語の „Aufklärung" には、自分を取り巻く既成の価値観から抜け出し、自身の価値観・世界観を自ら形成する、という意味を読み込まれることがある。ヘイトスピーチを認める現代社会の価値観から抜け出すことが、先ずは喫緊の課題である。そのためには正しい知識や情報の収集、真正な歴史認識、そして先入観の相対化といったことが求められるに違いない。決して諦めることなく、絶えずそういった試みを繰り返すことによってのみ、未熟な状態から抜け出し、他者や社会から与えられることで自分が無意識のうちに受け容れてしまっている価値観から独立する可能性が拓けるように思われる。最後に、上記共同研究の機会を提供いただいた関西学院大学の人権教育研究室に感謝したい。

（河村克俊）

　編集では「語句の統一」という作業がある。単なる「表記上のゆれ」か

ら専門用語に至るまで様々なレベルで統一化を図る。それは、同じ事柄について複数の表記があると、一冊の書物の中であるのにもかかわらず、読者に同じ事柄に様々な問題や議論と立場があることがうまくつたわらないからだ。今回の作業で激しくせめぎあいが生じたのは、ドイツ語で institutioneller Rassismus、英語で institutional racism の訳語についてであった。私は言語学者、彼は法学者、かなり考え方、既有知識に差がある。しかし、この論集の学際性はここに如実に現れる結果となり、それは今回の学際的な共同作業の醍醐味ともなった。まず、私は迷った挙句に「制度的レイシズム」とした。カタカナに逃げたのだ。エツァータ論文の訳者である彼は「体制内化した人種差別」を提案した。巧みな訳語である。しかし、私には違和感があった。訳語を選ぶ場合、滑らかに流れる訳語は内容への深い洞察を伴わないからだ。むしろ「この語彙はどういう意味なのか」という疑問が残る方が好ましいといつも考えているからだ。もちろん同じ書物の中で同じ事柄について複数の訳語があるのはよろしくない。そこで、私は「慣例化した制度的人種差別」であると説明した。その際に体制、制度、構造について考えをめぐらせた。東京 2020 組織委員会前会長森喜朗の差別発言はスポーツ界や政界で「体制内化した差別」であり本人にはその差別が見えない。ヘイトスピーチは社会のサイレント・マジョリティとのつながりを考えても「制度内化」したとは言えない。取り上げたレイシズムが「制度的」であるとはつまり「制度のように機能している」が、むしろ「慣例的に」行われている差別であり、この表現でおそらく「川崎市で起きた朝鮮学校幼稚園へのマスク不給付問題」も説明できるということで彼とも意見の一致をみて、長たらしいが敢えて「制度内で慣例化した人種差別」で統一的に表記することにした。おそらく、他の出版では、「制度的人種差別（主義）」「制度的レイシズム」などの訳語が見られるはずである。最後に、根気よく一緒に仕事をしてくれた編集チームのお二人のお働きに心から感謝する。そして、この出版を実現するにあたり、企画の最初の段階から助言をいただいた明石書店社長大江道雅さん、根気よく原稿を丁寧に読んでくださり、適切な指示を与えてくださった編集担当の岡留洋文さんに深く感謝する。ともに前へ進むために。　　　　　（中川慎二）

編者・執筆者紹介

それぞれ 50 音順、[　　]内は執筆担当

[編者]

河村克俊（カワムラ　カツトシ）[第 6 章]

関西学院大学法学部および大学院言語コミュニケーション文化研究科教授。専門は西洋近代哲学史、特に 18 世紀ドイツ哲学。主な業績に、

Spontaneität und Willkür. Der Freiheitsbegriff in Kants Antinomienlehre und seine historischen Wurzeln, Frommann-Holzboog, 1996

『現代カント研究 9　近代からの問いかけ』（共編著、晃洋書房、2004 年）

『新しい視点から見たカント『判断力批判』』（監訳、ゲルノート・ベーメ著、晃洋書房、2018 年）など。

金尚均（キム　サンギュン）[第 2 章]

龍谷大学法学部教授。専門は刑法。主な業績に、

『危険社会と刑法』（成文堂、2001 年）

『ドラッグの刑事規制』（日本評論社、2009 年）

『差別表現の法的規制』（法律文化社、2017 年）など。

中川慎二（ナカガワ　シンジ）[鼎談、第 5 章]

関西学院大学経済学部および大学院言語コミュニケーション文化研究科教授。専門はドイツ語教育、異文化間コミュニケーション、言語教育政策、談話分析、ヘイトスピーチ研究。主な業績に、

『民主的シティズンシップの育て方』（共著、ひつじ書房、2019 年）

『右翼ポピュリズムに抗する市民性教育』（共著、明石書店、2020 年）

『右翼ポピュリズムのディスコース——恐怖をあおる政治はどのようにつくられるのか』（共訳、ルート・ヴォダック著、明石書店、2019 年）など。

[執筆者]

Onur Özata（オヌール・エツァータ）［第3章］

弁護士（ベルリン生まれ）、刑事訴訟を専門とする。政治的動機の暴力事件やヘイトクライム事件の代理人を多く務め、反ユダヤ主義やレイシズムに反対の立場をとる。2015年以来ナチス裁判で強制収容所の生存者の公式訴訟補助人を務める。南アフリカやイスラエルからの依頼人もある。ネオナチ地下組織事件ではミュンヘン高等裁判所で付帯訴訟の代理人を務めた。またハレのテロ事件の生存者の代理人も務めた。ベルリン自由大学、パリ第1大学で法律学を学んだ。2017年から2020年まではベルリン経済法律大学で非常勤講師として警察官に人権を教えた。

郭辰雄（カク　チヌン）［第4章］

特定非営利活動法人コリアNGOセンター代表理事。ヘイトスピーチ根絶をはじめ人権擁護活動、多民族・多文化共生教育、人権・平和などをテーマにした日韓市民交流・協働事業などに取り組む。主な業績に、

『ろうそくデモを超えて——韓国社会はどこに行くのか』（共著、希望叢書、2009年）

『知っていますか？　在日コリアン一問一答』（共編著、解放出版社、2014年）

『日本における外国人・民族的マイノリティ人権白書』（共著、外国人人権法連絡会、2019年）など。

木戸衛一（キド　エイイチ）［鼎談］

大阪大学大学院国際公共政策研究科教授。専門はドイツ現代政治、平和研究。主な業績に、

『変容するドイツ政治社会と左翼党——反貧困・反戦』（耕文社、2015年）

『平和研究入門』（編著、大阪大学出版会、2014年）

Die Remilitarisierung Japans nach 1945: Rückkehr zu einem militanten Nationalismus?, Pahl-Rugenstein Verlag, 2009 など。

辛淑玉（シン　スゴ）［鼎談］

人材育成コンサルタント。専門は企業内研修（職能別研修、人権研修）。主な業績に、

『怒りの方法』（岩波新書、2004年）

『差別と日本人』（角川oneテーマ21、2009年）

『鬼哭啾啾』（解放出版社、2003年）など。

申惠丰（シン　ヘボン）[第 1 章]

青山学院大学法学部教授。専門は国際人権法。主な業績に、

『国際人権法——国際基準のダイナミズムと国内法との協調〔第 2 版〕』（信山社、2016
年）

『友だちを助けるための国際人権法入門』（影書房、2020 年）

『国際人権入門——現場から考える』（岩波新書、2020 年）など。

中村一成（ナカムラ　イルソン）[巻頭エッセイ]

フリージャーナリスト。専門は、在日朝鮮人や移住労働者、難民など非・国民を取り巻
く人権問題や死刑など。主な業績に、

『ルポ　京都朝鮮学校襲撃事件』（岩波書店、2014 年）

『ルポ　思想としての朝鮮籍』（岩波書店、2017 年）

『映画でみる移民／難民／レイシズム』（影書房、2019 年）など。

師岡康子（モロオカ　ヤスコ）[第 2 部コラム]

弁護士。主な業績に、

『ヘイトスピーチとは何か』（岩波新書、2013 年）

『Q&A　ヘイトスピーチ解消法』（監修・編集・著、現代人文社、2016 年）

「川崎市によるヘイトスピーチへの取組みについて」『別冊法学セミナー 13　ヘイトス
ピーチに立ち向かう』（日本評論社、2019 年）など。

インターネットとヘイトスピーチ
——法と言語の視点から

2021 年 3 月 31 日　初版第 1 刷発行

編著者	中　川　慎　二
	河　村　克　俊
	金　　尚　　均
発行者	大　江　道　雅
発行所	株式会社明石書店

　　　　　〒 101-0021 東京都千代田区外神田 6-9-5
　　　　　　　　電　話　03（5818）1171
　　　　　　　　Ｆ Ａ Ｘ　03（5818）1174
　　　　　　　　振　替　00100-7-24505
　　　　　　　　http://www.akashi.co.jp
　　　　　　装幀　　清水肇（プリグラフィックス）
　　　　　　印刷・製本　　モリモト印刷株式会社

ISBN978-4-7503-5184-1
（定価はカバーに表示してあります）